U0530430

灰狼群效应

产业数字化的临界点革命

赵今巍 著

中国友谊出版公司

भारत सेवक

目 录
CONTENTS

推荐序一 数字化是商业生态的系统性重构 //001

推荐序二 产业互联网的新战之法：场景重塑的协作精神 //005

推荐序三 值得关注的产业组织理论新进展 //009

自序 遇见灰狼群 //013

第一部分 灰狼群出现的背景 //001

第一章 产业森林中的每次革命都是技术点燃了火种 //003

第二章 中国消费互联网为产业互联网的诞生提供了重要养分 //007

  互联网在中国消费者市场干了些什么 //008

灰狼群效应
产业数字化的临界点革命

　　　　消费互联网为产业互联网的出现提供了丰富养料 //010

　　　　信息技术形态新进化和衍生技术成熟，为产业互联网奠定基础 //012

　　　　产业互联网前夜——消费互联网巨头入局，即将与灰狼群相遇 //014

　　第三章　传统产业森林被互联网改造的历史 //019

　　　　b2B 市场 1.0：泛产业链信息撮合在线市场 //019

　　　　b2B 市场 2.0：垂直产业链信息撮合 + 自营 / 联营在线市场 //021

　　　　先驱们告知我们的经验 //022

　　结语　灰狼群即将在临界点出现 //026

　　【补充阅读材料】//027

　　　　产业链市场的买卖企业双方极难实现"交易在线"的原因 //027

　　　　"互联网 +"和灰狼群的关系 //029

第二部分　灰狼群现象——产业森林的巨变 //033

　　上篇　灰狼群的竞争力 //036

　　第四章　产业森林孕育的灰狼群改变了产业森林 //037

　　　　以"7-Eleven"为代表的灰狼群现象 //037

　　　　数字时代产业森林商业规则的改变 //041

　　　　金字塔形供应链向蝴蝶结形供应链转变 //046

　　第五章　灰狼群的"竞争力钻石模型" //054

　　　　聚焦精准客户群体及场景 //055

　　　　狼群分工和紧密协作 //057

　　　　"交易在线"的产业组织 //075

目 录

　　产业大数据驱动的灰狼群 //081

　　灰狼群钻石模型的竞争力优势 //086

　　灰狼群的竞争力使其不断进化 //089

第六章　灰狼群中头狼企业特征及盈利模式 //094

　　头狼企业团队的 PKSD 特征 //094

　　头狼企业的"利他赋能"特征 //096

　　头狼企业的"产业大脑"特征 //098

　　头狼企业的"指数增长"特征 //101

　　头狼企业的"盈利模式" //105

中篇　灰狼群在产业森林中的生态规律 //110

第七章　灰狼群带来的数字生态跨链竞合现象 //111

　　不同时代的"越界"经营 //111

　　数字生态的跨链竞合现象 //112

第八章　灰狼群带来的困惑：如何理解边界模糊的新森林 //118

　　重新审视用户和客户的必要性 //118

　　用户和客户在产业链视角下的重新定义 //120

　　目标产业链、紧密关联产业链和全产业链 //126

　　紧密关联产业链与目标产业链之间的关系 //132

第九章　灰狼群带来的数字生态竞合规律　//139

　　产业链五力图 //139

　　产业链战略 //146

　　产业链五力图及产业链战略总结 //155

下篇　灰狼群生态的多样性及产业互联网其他观点剖析 //157

003

第十章　灰狼群生态的多样性 //158

灰狼群会在什么样的产业链市场中出现与分布 //158

产业森林不同产品及服务属性决定灰狼群有不同的基本形态 //162

头狼企业挑选交易角色的方法决定了灰狼群的外在形态 //165

头狼企业赋能角色的方式决定了灰狼群的外在形态 //169

第十一章　灰狼群角度观察产业互联网现有的理论及观点 //175

S2b2C 观点 //175

b2f 观点 //176

沿用消费互联网平台企业的相关理论 //178

【补充阅读材料】//186

虚拟产业集群（VIC）//186

产业链的竞争和融合现象 //187

数字产业经济的生态分布 //189

第三部分　灰狼群生态的形成 //191

上篇　全产业链图谱（分析）体系 //197

第十二章　提前准备 //198

为什么需要全产业链图谱体系 //198

全产业链图谱体系实现的依据——"一切皆可量化" //200

全产业链图谱体系由谁来做 //202

全产业链图谱体系所需要的基础知识和工具 //204

第十三章　全产业链图谱体系 //219

全产业链产品及流转图谱 //220

目标产业链角色图谱 //239

下篇　灰狼群的形成 //263

第十四章　灰狼群的形成 //264

灰狼群形成的一些基本规律 //264

灰狼群形成的路径——灰狼群商业模式画布 //273

第十五章　地理产业集群地区的灰狼群生态形成 //283

从产业集聚、产业集群到数字产业集群 //283

构建地理产业集群和融入数字产业集群 //286

第十六章　灰狼群形成带来的其他思考 //295

一个小故事引发的"产业链的建链、补链、强链" //295

地方政府对灰狼群（数字产业集群）的推动作用 //300

美国产业链结构的演变史与中国产业链结构的变化 //303

产业数字化的三个黑箱及 SSP 分析范式 //307

【补充阅读材料】//310

四步痛点与需求提炼法 //310

企业间无序低价竞争的小故事 //312

后　记 //315

推荐序一　数字化是商业生态的系统性重构

中国是被互联网改造得最彻底的国家。20多年来，互联网对中国的产业经济构成了一轮又一轮的冲击。

1998年以来，大量创业企业涌入互联网赛道，通过新闻门户、邮箱、搜索等新产品改变了人和信息的关系；2003年淘宝诞生，推动了中国零售电子商务的蓬勃发展，同时改变了人和商品的关系；2010年开启了O2O[①]行业的"百团大战"，改变了人和服务的关系；2013年余额宝横空出世，改变了人和金融的关系；2016年有人提出新零售，改变了人和空间的关系。

从1998年的新闻门户到2016年的新零售，都叫消费互联网。2016年以后，互联网试图改变城市治理和城市运营，再接着通过传感器、大数据、云计算改变中国传统制造业的每个生产要素和运转模型，所以前五个阶段叫作消费互联网化，此后将开启产业互联网化进程。

---

① 即online to offline的缩写，指将线下的商务机会与互联网结合，让互联网成为线下交易的平台。

灰狼群效应
产业数字化的临界点革命

产业互联网化正在让每一个经济和社会细胞产生空前的活跃度和新的效率。更关键的是，正在发生的变革是非线性的，它将让所有的坚硬烟消云散，让先行的冒险者有弯道超越的机会。

这本《灰狼群效应：产业数字化的临界点革命》以生动的比喻和原创模型，试图重新阐释中国产业互联网化的内在逻辑。

赵今巍先生把产业环境视为森林。他指出，过去产业森林的游戏法则是物竞天择。"在一定时期内，终究会有一部分企业通过残酷的市场竞争成为同行业中的老虎企业……更大体量的中小企业，它们在面对老虎企业和其他同行的竞争压力时，成为灵活、机敏的狐狸企业。它们不断地用灵敏的嗅觉和敏捷的行动获得生存之地。"但老虎和狐狸始终是对立的，企业与企业之间呈现为非合作博弈关系。

而在消费互联网与产业互联网之间的演变转化的临界点，灰狼群（数字产业集群）的出现将改变游戏规则。灰狼群之间，灰狼群与老虎、狐狸之间，开始表现为竞争、合作、融合的关系，一种正和博弈的数字化产业组织生态正在引发产业森林的巨变。

赵今巍先生对灰狼群现象的解读，重点突出了企业间紧密协作在产业互联网化进程中的关键作用，这与哈佛大学教授马丁·A.诺瓦克（Martin A. Nowak）的观点遥相呼应。

诺瓦克是研究进化论的专家，他指出过去人们所公认的基本进化原则只有两项——突变和选择，前者产生基因的多样化，后者选出对环境最适应的个体。如果从更具创造性的视角来看待进化，应当将"合作"列为第三条进化原则。

"通过合作，进化中才产生了富有建设性的一面，从基因到有机体，从语言到复杂的社会行为，合作就是进化的总设计师。"灰狼群现象正是对企业共建数字生态的体认，"合作"由此上升到商业变革中更高的价值序列。

当然，我们也可以想见以数字产业集群的方式推进产业互联网化，仍然不可避免地会产生摩擦和冲突,即使它们天然地属于进步的一部分。如同我们无从购买一个"人生方案",每一家企业在产业森林中的探索都是绝不重复的经历。但我们至少可以在新世界初露峥嵘之时,表达三点期许:

其一,中小企业有望拿到互联网变革下半程的"船票"。产业互联网浪潮才刚刚起步,现在是黎明前的时分,所有中小企业都非常有机会参与到这场革命中。

其二,新的商业生态呼唤企业组织形态的迭代。所有大中型公司必须面对组织变革课题。高高在上的决策层不可能比一线的战斗人员更聪明和敏感,所以,唯有通过组织再造、文化认同、技术及资本赋能,才足以应对所有不确定性的挑战。

其三,企业由"被革命者"向"主动革命者"的姿态转变。数字化是商业生态的系统性重构,每家企业都无法置身事外,必须主动出击,寻找自己的生态位,进化出与新角色匹配的能力。这是2021年以后产业互联网化的重要方向,它同时是一场"刀刃向内"的艰难长征。

未来世界的地图已经徐徐展开,我们或许并不清楚谁将最先抵达,但商业本就是幸存者的游戏,重要的是我们愿意携起手来共赴前程。

财经作家　吴晓波

推荐序二 产业互联网的新战之法：场景重塑的协作精神

> 白雪茫茫，朔风呼啸之时，独狼孤死，群狼幸存。
> ——《权力的游戏》

HBO电视网史诗奇幻剧《权力的游戏》中，北境之王奈德·史塔克这句贯穿始末的家训越来越成为数字时代的非凡隐喻。其实，在《权力的游戏》中不止"狼家"史塔克，包括"狮家"兰尼斯特在内的其他重要家族，几乎不约而同遵循了"独死群生"的丛林法则，将协作融入血脉并世代传承。

数字中国，互联网技术走过20余年的商业化应用之路，带来个体与个体、个体与群体间的实时连接和互动，激发出前所未有的创新动能、增长速度与商业规模。消费领域数字化与场景化勃勃生机，也令在前线听见隆隆炮火声的洞见者对互联网产业数字化的可能性产生更多的期待。

移动时代，场景重构产品逻辑；数字智能时代，场景重塑协作关系。昨日烽火尚在燃烧，新战争的号角却

灰狼群效应
产业数字化的临界点革命

已吹响。以场景为互联能力，通过新型协作效率与协作网络的构建和更新系统性地解决具体问题，是这场产业数字化革命的制胜关键。

产业互联网的本质是场景互联网，数字时代的场景智慧与互联早已从消费端跨越到产业端。2019年，牛津大学计算机系主任迈克尔·伍尔德里奇（Michael Wooldridge）说道："人工智能（AI）的进步需要足够丰富和复杂的应用场景，在这一点上，中国拥有着令人羡慕的优势。"中国数字用户的规模之大、数字生活方式的渗透之快，使得中国成为广泛场景应用和复杂场景训练的试验场。产业数字化革命的语境下，大道相通。

"Industrial Internet"（产业互联网）概念的提出已是近10年前，时至今日，产业数字化被视为产业革命的基础设施，一路高歌猛进，协助企业依托在线化和数字化技术形成新型协作关系网络与协作效率。不同行业的生产要素、生产方式和生产关系自是不尽相同，但都将围绕具体场景重新排列、组合与建构，并落地生根，成为"有应用的技术"。

首先，场景驱动着协作效率的具体跃迁。今天，中国的产业革命正逐渐进入数据驱动时代。中国跨境电商隐形冠军SHEIN在此命题下，建立直面用户使用场景的敏捷供应链，其"小单快反"的生产形式令新品测试、用户反馈和产品迭代的链路更短、效率更高。从"大规模标准化生产"到"快响应柔性定制"，SHEIN背后由中心向边缘的协作变革，呈现出一种极具领先水平的柔性与创新性。

其次，场景驱动着协作网络的开放普惠。如何将自动驾驶应用于矿山运送渣土？在"一吨煤十吨渣"的作业惯性下，百度Apollo给出的解决方案是在挖机与渣土车上配置传感器，以机器对话完成实时路线规划。这种"机器社交"能够支持矿山中更多高强度、高频率且不乏危险性的工作。未来的企业不仅要解决自身数字化转型的痛点，还要尽可能形成场景化的数据仓库，重点解决数据匹配、资源匹配、能力要素匹配等具体问题，以开放姿态整合产业链上下游的关键合作伙伴。

最后，场景驱动消费互联网累积的优质用户基数、数据能力、组织模式以及资源优势，向传统产业持续渗透。"数据价值化"之于人工智能、大数据、云计算、区块链等为代表的新技术，正频频寻找赋能产业最佳的切入场景。从宏观产业层面观察，哪个种群能够率先将生产、研发、供应、营销、渠道、物流、金融等独立的应用领域连接起来，形成产业链的联动和完备的产业服务系统，无疑就掌握了产业数字化与数字产业化的协同关键。它可能表现为各项技术多线程齐头并进，在某个特定的具体应用场景集成，而后完成突破临界的协作爆发。

未来企业是否举足轻重，不再仅仅关乎规模，而与其在协作网络中的生态位和价值创造息息相关。创新没有先例可循，但传奇故事总以惊人的速度谱写。

灰狼，至今仍是地球犬科之王。它们之所以取得进化的胜利，不只是因其个体的捕食技巧、身体结构或食性因素，更在于灰狼对于环境的深度感知和极致的协作精神，个中复杂性和必然性与当下数字生态世界的竞合规律异曲同工。毫无疑问，这也正是今巍兄《灰狼群效应》的独特价值与魅力所在。

场景实验室创始人　吴　声

推荐序三　值得关注的产业组织理论新进展

自从英国新古典经济学家马歇尔将"组织"归结为与人力、资本、劳动并列的第四生产要素之后，人类对产业组织的研究就越来越重视，而本书就是一本从信息技术的影响角度研究"产业互联网"这一新型产业组织的专著。

人类最早的产业组织理论是从"产业竞争"的角度研究产业组织的，诞生了张伯伦和罗宾逊的垄断竞争、不完全竞争理论，后来人们又在此基础上研究了"产业集中度"的问题。

在科斯提出交易成本理论后，人们又从交易成本的角度研究了产业组织，认为产业组织的形成受到交易成本的影响。因为交易成本的存在，公司内部采用行政命令式的管理就是为了节约交易成本，这是公司存在的意义所在。后来经济学家诺斯又将这一理论拓展到了社会组织研究，认为社会制度的更替也为了节约交易成本。目前因为在交易成本方面的研究，科斯获得了1991年的诺贝尔经济学奖，诺斯也获得了1993年的诺贝尔经济学奖。

信息经济学诞生之后，人们对产业组织产生了新的看法，主要是从信息不对称的角度研究产业组织。法国经济学家让·梯若尔也因为将博弈论和信息经济学的基本方法及分析框架引入产业组织理论研究而获得了2014年的诺贝尔经济学奖。

然而，经济学家们都是从不同的学术视角研究产业组织，但是真正影响产业组织变革的则是技术革命。技术革命对产业组织的影响是巨大的，互联网、电子商业、共享经济、产业互联网等伴随着信息技术革命诞生的新型产业组织已经完全改变了经济的面貌以及人们的生态，因此也有不少学者开始这方面的研究，比如《长尾理论》就是研究互联网电商的经典之作。

从世界范围看，消费互联网已经进入尾声，而产业互联网则刚刚开场，但产业互联网建设涉及众多行业和领域，其应用起来远没有消费互联网那么容易，规模也不会那么大，但其对于提高市场经济效率的作用却不可小觑。笔者在平衡经济学中将经济效率分解为生产效率和交易效率两部分，产业互联网对经济的作用主要就是通过其有效提高市场经济的交易效率，因为产业市场之间产品交易的搜寻成本要远远大于消费市场。

在世界范围内，2012年诺贝尔经济学奖得主埃尔文·罗斯可以算是研究产业互联网的先驱，他最先提出了"匹配市场"的概念。产业市场就是典型的"匹配市场"。"匹配市场"是相对于消费市场而言的，但匹配市场远没有消费市场那么强的通用性，信息更加不对称，搜寻成本更高，往往无法依靠价格这个单一因素保证其正常运行，它经常需要借助外在的、成熟稳定的交易系统才行。在美国，经济学家罗斯设计的住院医生匹配系统，每年让2万名美国医生找到心仪的医院，并以此作为职业生涯的起点；他的纽约高中匹配系统，每年让9万名高中生有序择校；他的英国捐赠肾脏交换系统，应用于肾脏市场，拯救了许多人的生命……罗斯设计的这些交易系统其实就是最早的产业互联网。

推荐序三
值得关注的产业组织理论新进展

从某种程度上讲，产业互联网也是产业发展的基础设施。产业互联网作为一种服务与产业发展的基础设施，在经济社会中具有战略性、基础性、先导性和公共性的特征。世界经济数字化转型是大势所趋，哪个国家最先将产业互联网发展起来，哪个国家将在未来的经济发展中占得先机。

在经济学中有边际效益递增的概念，而边际效益递增是可以通过两种方式来实现的，一种是通过边际成本的递减实现，一种是通过边际收益的递增实现。而产业互联网则兼具两方面的优势，可以通过降低企业的客户搜寻成本而实现企业效益的递增，也可以通过其网状结构帮助企业更好地找到客户，从而实现边际收益的递增，因此国家大力发展产业互联网也是实现高质量发展的必由之路。

本书作者赵令巍在中国较早地洞悉到了产业互联网大潮的来临，并在此领域长期耕耘，他很早就开始从事这方面的咨询、培训，对相关产业进行投资，以及对相关企业进行业务指导。他在本书中呈现的思想来源于实践，未来也必然可以很好地指导实践。

这是一本难得的、由中国人写作的研究产业互联网的专著，通过丰富的案例，对产业互联网的特征、发展路径、盈利模式、组织架构都进行了详细的阐述。其内容不仅涉及通过产业互联网进行产业整合，也涉及通过产业链金融促进行业发展等多个方面，并且对不同类型的企业在产业互联网建设中的角色进行了清晰定位，可以说是一部内容翔实、有深度、有见地的著作。

当前中国的产业互联网行业正蓬勃发展，各个行业都涌现出了不少项目案例。从行业看，这得益于当前信息技术以及衍生技术的成熟为产业互联网的发展奠定了基础；从政策上看，国家也日益将产业互联网的发展上升为国家战略；从资本市场来看，中国正值产业互联网投资、上市的风口期，很多企业都走上了融资上市的轨道，部分企业已经进入上市前期，而作者这本书的推出也恰逢其时。这本书对产业互联网领域的创业者、投资者来说具有极强的借鉴意义,也将对中国产业互联网的发展繁荣起到很好的助力作用。

经济学家　高连奎

自序　遇见灰狼群[①]

自2015年年初开始，我开始专注于企业数字化转型、产业互联网等创新领域的风险投资。其实在这之前我也有20余年的企业服务和企业数字化工作经历。基于该工作的需要，作为主要发起人之一，我开办了国内最早也是迄今为止规模最大的B2B独角兽企业训练营。开办该训练营是由于当时国内研究这两个创新领域的风险基金投资人很少。通过这个训练营，一方面可以筛选出本领域优秀的早中期创新项目企业家，以便协助他们创新和少走弯路；另一方面可以挑选其中好的项目进行风险投资。在这几年中，我也目睹了用互联网及信息技术影响和改变产业经济的创新尝试，以及相关新思潮的兴起。

2018年10月31日，腾讯公司主要创始人马化腾先生基于对未来的思考，发表了名为《拥抱产业互联网，

---

① 灰狼是犬科之王，也是体型最大的犬科动物。它是古生物时代食肉性动物中进化最为完美的三种顶级动物 [剑齿虎、恐怖鸟（泰坦鸟）] 之一，也是其中唯一幸存至今的动物种群。大自然中灰狼群最大的特点是群居、分工协作、紧密团结，具有极强的适应性和生命力。

灰狼群效应
产业数字化的临界点革命

助力实体产业成长》的公开信,其中提到的"产业互联网"这个词,再次让公众和创新创业领域从业者受到很大的触动。这标志着腾讯——中国消费互联网时代的翘楚企业之一,看到并已经决心把产业互联网作为企业走向下一个20年的战略方向。

产业互联网是什么?没有人能够清晰地说出其宏大的内涵,产业互联网的下半场才刚刚开始。马化腾在接受新华社采访时也坦言道:"今天我们面临一个新问题,即从消费互联网到产业互联网的转变……互联网的下半场属于产业互联网。"基于新的经济管理理论一般都滞后于新经济现象的规律,经济和管理学界对产业互联网尚没有统一的认知,仍处于百家争鸣的研究阶段。

因为每个人接触的范围和研究的角度不同,所以对这个词语含义的理解的差异也比较大。有人说产业互联网是一种模式,有人说是一种潮流,有人说是跃迁,也有人说是一种生态……

因为心中有着不同"哈姆雷特",在产业数字化的创新领域,大多数有志于用互联网改变传统产业结构、改变产业链的企业家,近几年都在奋斗中摸索前进。他们创办新型互联网企业,快速消耗掉亿量级的资金,但企业却经常顿足不前。这类现象屡见不鲜。

就像2000年左右中国的互联网经济刚开始时,很难有人能够说清楚互联网对普通民众的生活将产生怎样的影响,也很难有人能够说清楚互联网行业的未来会是怎么样的。但精英们的眼里,对这即将到来的时代都有着憧憬和冲动。

由于我之前从事的风险投资工作,在这五六年间,我接触到数百家在产业互联网浪潮中从事产业和企业数字化的创新服务企业。伴随着这些企业的成长,以及个人的实践,我不断修正自己的认知,与大家一起去尽可能地感知产业互联网这个模糊的"哈姆雷特"。

我认为,可以先简单回顾农业时代、工业时代的企业竞争和过去20多年消费互联网的企业竞争,再在探讨产业互联网下的企业竞争时将这三者

自序
遇见灰狼群

进行比较，这样会有更大的收获。

在农业时代和工业时代，如果把产业市场看成大片连绵的森林，森林中生活着不同价值角色的物种，有从事商品买卖的，有生产商品的，也有做物流、金融等服务的企业，等等。这些物种的形态不断变化，从古希腊的简单农牧业越过黑暗的中世纪来到重商主义，再到百花齐放的市场经济，一直延续到了互联网出现之前。

森林不断发生变化，企业物种也随之或生或灭。但不管物种如何变化，在一定时期内，终究会有一部分企业通过残酷的市场竞争成为同行业中的"老虎"。老虎企业之间互相较劲，把"一山不容二虎"展现得淋漓尽致。当然，森林中有更大体量的中小企业，它们在面对老虎企业和其他同行的竞争压力时，成了灵活机敏的"狐狸"。它们不断地用灵敏的嗅觉和敏捷的行动获得生存之地。

老虎企业和狐狸企业成为森林中的主角。

它们有两个共同特征：第一个特征是直接的"利己主义"[①]。从企业工商注册完成的第一天起，它们就思考在森林中如何与别的狐狸、老虎抢夺资源，如何赢利并活下去，这也就是传统的达尔文"丛林法则"。第二个特征是非合作博弈[②]。第一个特征决定了企业和企业互相之间没有长久的友谊与信任，合作也是短期的、充满猜忌的，即"把后背留给市场中的其他人是危险的"。

这种利己的残酷性延伸到了职场认知。无论是新进职场人员还是高阶

[①] 最原始和古老的"利己主义"体现在物竞天择、适者生存的大自然法则中。从地球出现生命起源（42亿~37亿年前）开始，物种及群落就在不断衍变、淘汰和新生。每一次发生大的自然环境突变，物种及群落的变化将尤为剧烈。最终，经过漫长的数十亿年，形成了适应我们这个时代的缤纷的自然生物生态。这种利己主义被达尔文称为"丛林法则"。

[②] 非合作博弈是指一种参与者不可能达成具有约束力的协议的博弈类型，这是一种具有互不相容味道的情形。非合作博弈研究人们在利益相互影响的情况下如何决策使自己的收益最大，即策略选择问题。负和博弈与零和博弈统称为非合作博弈。

灰狼群效应
产业数字化的临界点革命

管理层，对自身所在企业发展的思考都绕不开木桶原理。该理论强调企业从利己角度出发，要补短板，自身要做强做大，和市场中的同行们竞争，努力成为老虎企业，争取拿下更多的市场份额。

互联网的出现代表了产业数字化（简称"数字经济"）的开始，大量的精英开始面向消费者进行创业。1998年腾讯、新浪、搜狐成立是消费互联网出现的标志，直到2018年产业互联网概念被提出，这20年是消费互联网蓬勃发展的阶段。消费互联网企业用"免费"的噱头和大量补贴，让消费者的购买行为从传统的线下转移到线上。"羊毛出在猪身上，让狗来买单"等数字经济中特有的微观现象开始出现。

大量的消费互联网企业仍然遵循传统的商业竞争规则——物竞天择。在数字经济的上半场，老虎企业和狐狸企业仍是主角，只不过由于互联网"赢者通吃"的规律表现得更为明显，狐狸企业在森林中越发难以腾挪。

回到产业互联网的"哈姆雷特"，我接触到的一些新型互联网企业和大家普遍认知中的消费互联网企业并不一样。这些企业的企业家们试图像上帝造物一样，对其所在的垂直细分市场进行规划和改造，创造出一个新型的、有组织分工的、数字化虚拟的、紧密协作的产业利益共同体。这种利益共同体本质上是新型的数字化产业组织，是一种新型的数字生态。在这样的生态中，众多企业之间有着长久的信任，大家团结在一起参与市场竞争，共同分享市场蛋糕。

2018年，汇通达获得阿里巴巴集团的45亿元投资，它就是一家创造了新型数字生态的互联网企业。汇通达总裁徐秀贤在接受媒体采访时对自己所在的企业有这样的解读："平台（指汇通达）的直接服务对象是乡镇夫妻电器店（在汇通达内部被称为会员店）。平台为会员店提供的服务，不仅在互联网技术层面，也在互联网思维、运营模式等层面。汇通达提出的'5+'服务包含'工具+''商品+''金融+''社群运营+'和'活动营销+'，现在还包含农村'最后一公里'物流服务、农村劳动力进城服务等，充分释放了乡镇夫妻店熟人生意、灵活经营、低成本、自驱动的长处，弥补了农村传统流通体系在后台技术、平台、工具、培训等方面的短板。最后在品类方面，汇通达聚焦物流要求高、售后要求高、体验要求高的'三高'商品，包括家电、农资、农机、农用车以及酒类……"

汇通达经过几年的发展，赋能并合作的乡镇夫妻店（汇通达会员店）遍布全国20多个省份、1.7万多个乡镇，数量累计超过10万家。

截至2018年12月，这家企业通过"5+"服务，帮助合作一年以上的会员店年销售额平均提升47%，同时还带动了50万农民创业、就业，服务网络惠及7000万户农民家庭，覆盖3亿农村人口。汇通达同时又对接上游大量优质的电器生产/品牌企业，短短几年时间，在该平台上连接的会员店收入合计突破2000亿元。

这样由成千上万家实体企业形成的数字产业组织，打破了大多数人对企业参与市场竞争应该利己的传统常识。

在这样的数字产业组织中，产业链上拥有不同价值功能的企业发挥自己的"长板"，用其他生态伙伴补上自己不擅长的"短板"，形成整个产业链、价值链环节及角色组合的"大木桶"，进而参与市场竞争；而非传统企业在内部通过完成封闭的"小木桶"来参与市场竞争。

每家企业在其中都抱有利他的心态，它们不渴望成为老虎企业，也不梦想成为全能选手，从生产研发到客户销售什么都能干。它们只追求把自己在产业链中的价值角色扮演好，把自己擅长的角色工作做到最好。

更不可思议的是，产业组织中成千上万家企业之间建立长期互相信任、协作协同、共生共荣关系的方法，并非传统商业环境下两家企业之间建立这种关系的通常方法。①

在这样的生态中，每个企业不再是以传统意义的利己为核心，每个人都长期地为这个生态做贡献，真正地实现"人人为我，我为人人"，自然而然就在一个产业链市场中形成了数字化的产业集群。

---

① 传统经营中，企业间有可能实现这种关系的路径是存在股权关系，或者企业家之间有亲友关系。

灰狼群效应
产业数字化的临界点革命

传统工业时代的企业"全能特种兵"竞争形式跃迁到了数字时代，以"军队作战"竞争形式体现。在这个过程中，生态内所有的企业都利他达己，形成了合作博弈①的产业链内部市场。

产业互联网形成了企业的"群居"习性，与之相反，农业时代、工业时代的企业则是"独居"习性。这意味着长期只有"老虎""狐狸"的产业森林中，孕育出新的群居物种，本书称之为"灰狼群"（又称数字产业集群、数字产业组织或数字生态）。另外，将灰狼群中的新型互联网企业称为头狼企业（又称链主企业）。②

读到这儿，读者可以合上书想一想，除了中国，还有哪些国家的企业具备头狼企业的特征，能够出现这样的生态？

事实上，除了中国，国外极少有具备灰狼群特征的企业群。日本可以找到一家，那就是世界知名的7-Eleven连锁便利店。

在日本，7-Eleven便利店不是一家单一企业，而是由7-Eleven总部③带领的1.9万多家夫妻店、170多家生产工厂和150多家配送中心组成的数万个具有正和博弈特征的灰狼群生态。在其生态内，数万家企业通过互联网及信息技术紧密地团结在一起，组织分工明确，信息交互畅通，运营高效，最终形成了强大的群体生态效应，以至于零售业有一种说法——世上只有两类便利店，7-Eleven便利店和其他便利店。④

过去的五六年间，像7-Eleven、汇通达这类具有灰狼群特征的数字产

---

① 合作博弈亦称正和博弈，是指博弈双方的利益都有所增加，或者至少是一方的利益增加，而另一方的利益不受损害，因而整个社会的利益是有所增加的。

② 在本书描述灰狼群内容时，会主要使用"头狼企业"这个说法，但在本书最后部分讨论与政府关系的时候，将主要使用"链主企业"这个说法。链主企业是基于产业链的价值链分工，构建正和博弈的数字化产业组织生态。在这个过程中，补足产业链高效运行的短板，最终提升整个产业链的效率。因此，头狼企业虽然有平台企业属性，但更多地体现了产业链升级的支点作用。

③ 即日本伊藤洋华堂公司控股。

④ 出自绪方知行、田口香世通过30年多积累的上千份访谈创作的《零售的本质》一书，他们在书中提及7-Eleven的加盟店和总部是命运共同体。

业集群如雨后春笋般在中国不同的垂直产业链市场中涌现。在全世界产业经济发展史中，还是首次于某个地区集中出现大批灰狼群崛起的现象。

在中国，这些快速崛起的灰狼群在森林中横冲直撞、无所畏惧，一个灰狼群倒下，更多的灰狼群出现。同时，有趣的是，灰狼群与灰狼群之间，灰狼群与老虎、狐狸之间，已经开始不断有竞争、合作、融合的现象。单独的狐狸企业面对森林中新物种加入后的竞争越发有心无力，在有些产业或垂直市场，它们已经退到森林边缘。

以上这种现象展现了未来数字时代产业森林内的竞争格局，也是产业互联网"哈姆雷特"的真相。

灰狼群的出现，是打破旧世界、建立新世界的一点点耀眼的亮光，预示着产业互联网及数字生态时代美好的未来，就如同宇宙由无序混沌开始进入星系形成的时代。这也预示着互联网的下半场（产业互联网）所代表的数字产业集群、灰狼群数字生态，与互联网上半场（消费互联网）所代表的眼球经济、在线市场互联网巨头生态的成长与运行规律有着非常大的区别。

在产业森林中，我也发现了一些老虎企业、狐狸企业向灰狼群融合的现象。有些企业试图成为头狼企业，有些则试图成为灰狼群中的一员。

新世界往往不会以和谐的方式产生，而是在喧嚣和剧变中诞生。灰狼群这种新型的产业组织形态，已经是一条被验证落地可行、产业链拥抱互联网及信息技术的道路。对于供给侧结构性改革实现产业基础高级化、产业链现代化，实现建链、补链、强链，达到网络强国、制造强国、数字中国的目标而言，也是非常值得思考、值得选择的重要路径之一。

本书为了便于读者理解灰狼群现象以及代表未来的数字时代产业森林，从以下几个角度层层递进来做说明：

第一部分是灰狼群出现的背景。我会先简单梳理消费互联网与产业互联网之间的演变转化关系，信息技术不同发展阶段的多变形态（工具或市场）；接着分析过去信息技术与互联网在改变产业链结构上做过的一些尝试与遗憾，以及在消费互联网与产业互联网的不同阶段下，互联网平台企业与头狼企业的发展有哪些区别，以便大家对灰狼群（数字产业集群）出现在数字化的上半场与下半场临界点的背景有所了解。

第二部分是灰狼群导致产业森林游戏规则改变。我会详细介绍灰狼群"钻石模型"的竞争特征、头狼企业的特征和盈利模式，以及灰狼群生态在产业森林中的多种形态和可能的出现之地。同时，读者也可以进一步了解在产业互联网时代灰狼群所代表的数字生态跨链竞合现象，以及需要用到的两个新战略思考工具——"产业链五力图"和"产业链战略"。

第三部分重点讲述灰狼群生态的成长和数字生态SSP分析范式[1]。首先介绍灰狼群的出生与成长过程，这也是灰狼群对传统低效的产业链结构进行系统性解构和数字化高效重构的过程。在文中展开描述"手术刀式"解构产业森林的过程中，读者可以了解到新的产业分析工具——全产业链图谱（分析）体系；而在产业森林的数字化重构中，则可以通过"灰狼群生态商业模式画布"来理解灰狼群生态从"点—线—面"逐步影响产业链的过程。在第三部分的最后，结合灰狼群的成长进一步讨论了一些相关话题，包括中国特色的地理产业集群如何转型到数字产业集群，政府与数字产业集群发展过程中的关系，美中两国的不同产业结构、不同发展路径的比较。然后，将灰狼群所呈现的这些数字生态规律汇总成方法论。

该方法论展现了数字时代以数字生态为市场竞争的主要经济体，对其进行成长及运行规律研究的分析框架，我称之为数字产业集群（数字生态）SSP研究分析范式。这和传统工业时代、消费互联网时代以个体企业或平台

---

[1] SSP分析范式在本书第十六章会做讲解。其中第一个S（structure of related industry chains）侧重数字时代的关联产业链关系分析，第二个S（structure of main industry chain）研究特定产业链相关的产业结构；第三个P（plan&performance of digital eco-industry）侧重研究数字生态的形成及绩效、政府定位及规制等内容。

企业为主要对象，研究其成长和竞争规律的微观理论体系有较大的区别。SSP分析范式的发明，可以让我们相对完整地解读和理解传统工业时代向数字时代跃迁的现象。

在本书的写作过程中，适逢《中共中央关于制定国民经济和社会发展第十四个五年规划和二〇三五年远景目标的建议》出台，该文件第四部分强调了"加快发展现代产业体系，推动经济体系优化升级"，再次提到了"产业基础高级化、产业链现代化"。文件第15条"加快数字化发展"中提到了"发展数字经济，推进数字产业化和产业数字化，推动数字经济和实体经济深度融合，打造具有国际竞争力的数字产业集群"。

村上春树在《远方的鼓声》中写道："一天早上睁眼醒来，蓦然侧耳倾听，远处传来鼓声。鼓声从很远很远的地方、从很远很远的时间传来，微乎其微。听着听着，我无论如何都要踏上漫长的旅途。"

希望我对数字时代灰狼群现象的解读和总结能够为国家产业链升级、建设数字中国助薪添力。谨以此书，记录数字时代消费互联网于中国20余年的蓬勃发展给人们生活带来的巨大变化，也期待传统企业的经营方式因产业互联网的发展、产业链和产业组织的变革早日发生巨变。

愿和听到产业互联网鼓声，并为之努力和贡献的人们共勉。

第一部分
灰狼群出现的背景

自序中简单提及灰狼群在互联网经济临界点出现，这种现象是由厚重的产业经济发展积淀而产生的，因此不用着急看向未来的深处，我们先一起来回顾和了解灰狼群出现之前产业经济的发展史。

第一部分
灰狼群出现的背景

第一章
产业森林中的每次革命都是技术点燃了火种

产业森林中从来都不缺乏革命。每当产生颠覆性技术，就像出现一个新的火种，会引起物种的骚动。逐渐地，星星之火燃烧遍整个森林，最终促进了物种的进化、变异、变迁和森林形态的改变。

整个过程会持续一个相对短的时间（数十年至百年），人们称之为工业革命。这种颠覆性技术的影响力，就相当于大自然由于各种原因导致的环境突变对物种生存进化造成的冲击。

随之而来的是，利己主义和"无形的手"推动着大量新经济体的出现和传统经济体的重生，当然也有大量落后经济体因此被淘汰。经济学家和管理学家都乐此不疲地去跟踪研究这些现象，并总结规律，以此来帮助更多的企业。

灰狼群现象也离不开这个大背景，过去的经济理论和企业竞争规律为理解这种现象奠定了基础。下面快速回放每次工业革命带来的经济社会变化和随之出现的一些主要经济理论：

18世纪60~70年代，第一次工业革命以蒸汽机的发明为标志。这次革命之所以如此重要，是因为人类社会第一次出现以机器生产和社会分工为特征的工业文明，并且取代了以家庭经济和自然经济为特征的农业文明。

这次革命的关键要素是技术和资本，机器生产方式代替了手工作业，工厂成为生产组织的主要方式。英国是典型代表。

亚当·斯密在《国富论》中用"分工"和"无形的手"定义了这次革命。

社会分工最典型的例子是，"一个做钉子的工人如果专注于钉子，那么再熟练的铁匠也只能达到他一半的产量"。李嘉图将这一概念延伸到国家和国家分工的比较优势理论中，并推崇自由贸易。这次革命从产业经济的角度看，产业市场内国家和国家、经济体和经济体、企业体内部都开始进行有效率的分工合作，产业分工成为普遍现象，影响深远。

而"无形的手"假设了理性的人是追求个人价值最大化的人（自私的人），那么整个社会的福祉由此增加。这一条成为近现代政治经济学和市场经济学的理论基础。

第二次革命是从19世纪六七十年代开始，以电力和内燃机的发明为标志，进一步大幅促进了工业文明空前的繁荣，同时也促进了生产和资本的高度集中。由于新兴工业如电力、化学、石油和汽车工业等，都要求实行大规模集中生产，谁拥有资本就能成为老虎企业，因此在一个产业市场中，垄断开始形成。

卡特尔、辛加迪、托拉斯等垄断组织不断出现，使垂直产业链生态被牢牢控制在大企业手上，大量的社会财富也日益集中在少数大资本家手里。到19世纪晚期，主要资本主义国家都出现了垄断组织。

在这次革命中，产业从轻工业走向重工业，生产组织方式走向大规模生产、科学管理和公司制。美国、德国成为其中代表。

20世纪30年代，以哈佛学派的梅森教授和贝恩教授为代表的学者，通过成立产业经济研究小组来研究当时的产业经济现象，推出产业组织学经典的SCP范式[①]，并开始协助政府对垄断性企业和组织在管制方面的政策制定。

第三次工业革命从20世纪四五十年代开始一直到现在，以原子能、电子计算机、空间技术和生物工程的发明及应用为主要标志，也被称为第三次科技革命。

这次革命体现在科学与技术的颗粒度更广泛、更细化、更容易融合，它促进了社会经济结构和社会生活结构发生重大变化。第三次科技革命导致第一产业、第二产业在国民经济中的比重下降，第三产业的比重上升。自动化和互联网化使得经济体追求效率，逐渐减少对人力生产劳动强度的依赖，并转向注重创造。

---

① SCP分别指产业结构（structure）、企业行为（conduct）、企业绩效（performance）。SCP范式是产业链市场的经典分析框架。这个模型以实证研究为主要手段，SCP范式的基础含义是市场结构决定企业在市场中的行为，而企业行为又决定市场运行在各个方面的经济绩效。

第一部分 灰狼群出现的背景

第三次工业革命对产业造成的影响，表现为大大增强了生产要素的国际化流动，推动跨国公司发展和国际经济一体化，生产组织的生产与管理转向信息化、精细化。代表国家是美国和日本。

与此同时，经济理论也得到不断发展，博弈论的出现奠定了现代产业经济学的基础，其主要研究方向是在一个竞争市场中企业和企业之间的关系。

迈克尔·波特则提出了竞争战略的波特五力模型，进一步帮助企业分析产业链市场内的五种力量，找到经营突破之道。这些理论继续以个体作为研究角度，探讨竞争的不同形态。

在此阶段的产业经济发展中，开始出现模块化产业组织学派。这一学派主要研究的方向是一个成品生产企业如何与各个零配件生产企业形成紧密的合作关系，并因此提高经营效率。

第三次工业革命后期，互联网出现了，并逐步开始大规模应用。这种应用除了给企业带来更多的资讯和商机对接，还引发了消费零售领域的变革，主要表现在互联网成为一个新大陆、一个新的虚拟网上大市场。在这里，人和人之间可以进行信息沟通并获取内容，进行娱乐消费、购买商品或购买服务等。

其间产生的信息透明对称、信息加速的现象，使得传统商业世界中买卖双方信息的不对称性逐渐消失，导致市场更加细分化，市场中经济体分工也更加细化。因此，谁能快速抓住客户需求并满足客户需求，谁就有可能成为这个新市场中有影响力的一方。

传统经济体能否成为该时期的老虎，比拼的是对这个虚拟在线零售大市场的理解，以及投入的决心和方式。

在这个阶段，生产函数发生了变化。传统农业时代和工业时代，技术、劳动、资金、土地、厂房、企业家是生产函数中投入的主要要素；而新经济生产函数的投入要素则变为场景、流量、数据、人才、技术、合作方式、资金等。

新的管理理论、方法和工具层出不穷，除了自序中提到的"羊毛出在猪身上，让狗来买单"，还有网络效应、长尾理论、颠覆式创新、共享经济、平台战略、客户需求洞察、精益创业、商业模式画布等。

消费互联网不仅给传统经济带来了实质的冲击，同时也引发了思想的变革。它让大家了解到互联网原来是一个虚拟大市场，这个大市场具有"世界是平的"这种特征，并且还有一些独特的运行规律。实体经济拥抱互联网，意味着要拥抱不同的方法论和运行规则。

先进的技术并不是经济森林发生变革的全部，但是由于它们的出现，人类的经济活动形态、企业的经营行为以及企业自身才会不断发生巨大的变化，经济理论、管理思想也随之不断丰满。

第二章
中国消费互联网为产业互联网的诞生提供了重要养分

中国产业经济的发展并不像发达国家一样接受了几次工业革命完整的洗礼。

在欧美开始第一次工业革命到第二次工业革命完成的百年历史中，率先完成工业革命的帝国主义列强对中国发动了多次侵华战争，导致中国的工业先天不良。在第三次工业革命期间，新中国成立。随着中国改革开放的进程，更多市场化的科技营养开始进入中国的各个产业，农业、工业经济得以高速发展。

第一次、第二次工业革命以及第三次工业革命的前半段，中国产业经济市场化发展还处于早期和中期，工业长期处于不发达阶段。直到改革开放并加入世界贸易组织（WTO），这些情况才有了彻底的改变，大规模的工业化真正发展起来，中国随之成为"世界工厂"和制造大国。

在中国的经济发展过程中，商品供给逐渐从供不应求向供求平衡转变，经济形态和经济理论长期处于跟跑模仿西方市场经济的阶段。

在第三次工业革命的后半段，互联网兴起时，中国已经进入绝大多数市场产能过剩的阶段。在该阶段，普通民众的收入还相对不高，也希望能够找到更便宜、实惠的商品，企业间已经开始出现激烈的竞争，市场经济基本形成。

在这样的大背景下，中国互联网在消费领域市场的创新恰逢其时，20多年间经历了从模仿创新（copy to China）向领跑创新、输出创新（copy from China）转变的过程，人们的衣食住行也随之发生了翻天覆地的变化。

互联网在中国消费者市场干了些什么

一、互联网培养了消费者使用和购买的习惯

互联网在中国生根发芽的过程中,一直实践着人和人、人和内容、人和商品、人和服务关系的递进演化。首先,它解决了人和人之间的信息沟通问题,从OICQ、QQ、MSN再到微信,各种通信工具层出不穷;又有搜狐、新浪,再到今日头条、抖音等新媒体平台。其次,它解决了人和商品、服务的关系问题,例如从8848到淘宝、京东、拼多多,从大众点评、58同城再到摩拜单车。消费互联网企业培养了消费者的强黏性使用和购买习惯。

二、互联网培育了一批消费互联网巨头企业

由于消费互联网"公海流量"的特性,优秀的互联网企业不断出现,与此同时也有大批互联网企业不断死去,上演着不同的企业悲喜剧。

据统计,基于线上互联网市场存活、市值超过百亿美元的中国公司,总共只有15家(见表2-1)。其中近70%(10家)是互联网平台企业,剩余的也布局了消费类平台型业务,比如网易严选和被阿里巴巴以20亿美元收购的网易考拉业务;小米开展了米家业务,这些业务的成长性也非常好;用友软件在筹划做开放平台,让更多的中小型优秀软件供应商通过它的渠道网络把产品销售给现有的企业用户;等等。

表2-1　2019年发布的中国互联网企业100强中的前15名

序号	企业名字(简称)	是否为平台企业
1	阿里巴巴	是
2	腾讯	是
3	美团	是
4	京东	是
5	百度	是
6	网易	否
7	拼多多	是

接下表

续表

序号	企业名字（简称）	是否为平台企业
8	小米	否
9	携程	是
10	雅虎360	否
11	苏宁易购	是
12	东方财富	是
13	爱奇艺	是
14	用友网络	否
15	科大讯飞	否

排名数据来自2019年8月中国互联网协会、工业和信息化部网络安全产业发展中心（工业和信息化部信息中心）发布的中国互联网企业100强榜单。

笔者衡量标准：企业基于消费者和有形/无形对接产品交易产生的衍生收入超过50%，属于平台企业，其他则不属于平台企业；有一种情况，如果企业的第一大业务收入（超50%公司营业收入）中自己研发和生产（包括OEM）有形/无形产品业务销售超过50%，那么该企业仍不属于平台企业。

这种现象的主要原因在于，消费互联网是眼球经济的新大陆。这意味着眼球的转移速度就是鼠标转移的速度，眼球流量是公海，很难在某个岛屿上停留，除非这个岛屿能够给"眼球"带来远超同行的价值。

消费互联网在中国的发展跌宕起伏，技术革命再一次体现了其颠覆性。2011年前后，4G通信技术开始快速应用。PC（个人电脑）互联网开始向移动互联网迈进。腾讯依靠微信，在新大陆站稳了脚跟；百度花费昂贵的19亿美元收购了91无线，获得了"新船票"；阿里巴巴则推出了移动版的淘宝、天猫等；其他不能够适应变迁的PC互联网企业多数被淘汰。在这个过程中，消费者也快速将使用PC互联网的习惯，变为使用以智能手机为载体的移动互联网的习惯。

三、新大陆冲击了传统零售市场，但无法彻底颠覆旧大陆

中国的消费者在互联网可以直接购物并享受线上或线下的服务。由于激烈的竞争，消费者享受着"多、快、好、省、易、爽"的新体验。消费互联网的发展冲击着传统线下消费品生产及流通行业。消费零售市场的变化如图2-1所示。

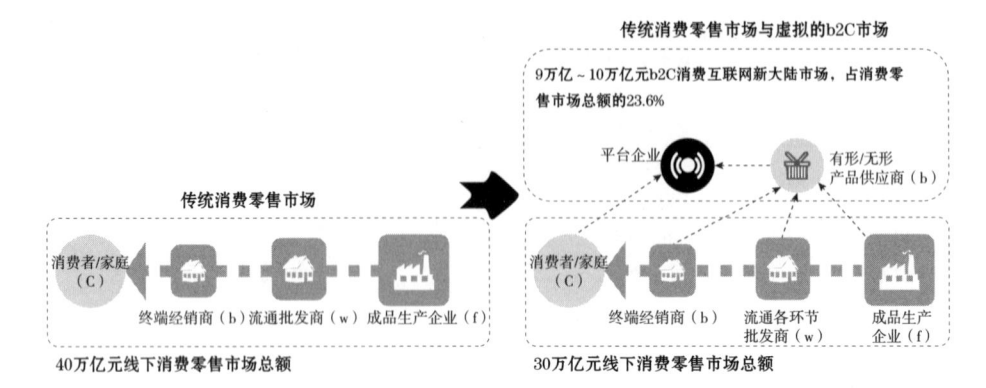

图 2-1　互联网新大陆崛起后的消费零售市场变化

2019年，中国社会消费品零售总额突破40万亿元。互联网及信息技术在过去20多年中对该市场的冲击和影响最大，消费者逐步形成了通过互联网直接购物的习惯，这就是b2C市场[①]——电子商务聚焦的市场。淘宝、京东、拼多多等电子商务平台企业都面向该市场。据国家统计局2020年的统计，全国网上零售额达11.76万亿元，同比增长10.9%，实物商品网上零售额达9.76万亿元，同比增长14.8%，占社会消费品零售总额比重接近1/4，中国电商渗透率位居全球前列。

这意味着中国传统线下零售市场被抢走了25%的蛋糕。传统企业家们在这个过程中有意或无意地忽略了互联网新大陆的崛起，仍以自己传统的商业经验来经营企业，最后得到了惨痛的教训。

消费互联网为产业互联网的出现提供了丰富养料

消费互联网围绕消费者、市场做改变的过程，为产业互联网的发展提供了丰富的养料。

[①] business-to-Consumer。本书中，b特指产业链中在特定购买场景下提供特定商品或服务给购买使用方的企业卖方。这个场景有可能是线上淘宝店，也有可能是线下零售经销店。为了便于讨论有关理论，本书把市场中购买商品的消费者用大写C来特指交易中的强势方。

第一部分
灰狼群出现的背景

消费者在逐渐适应消费互联网的过程中，也在无意间培育了企业触网，因为大部分消费者的另一个身份是劳动者。习惯使用并熟悉互联网特性的劳动者，进一步理解、接受并适应产业互联网的数字化产业链变革会相对容易很多。

> 消费互联网市场巨头的出现，也是消费互联网"公海流量"特性的体现。这个特性史无前例地剥掉了传统线下商业竞争的外衣，让商业竞争在新大陆上更加残酷、赤裸地展现出来。

在消费互联网时代，商业格斗技巧和实践方法要不断总结。正常市场化竞争中商业经营所需要考虑的关键细节，在这个时代被无限放大。比如研究客户画像，确定精准的目标群体以及他们在特定场景的行为痛点，分辨他们的"真伪需求"，不断试错以确定合适的切入点业务，让客户产生强黏性，同时做好变现业务研究，有耐心地收割流量红利，维持购买者的活跃度和数量增长，并计划如何持续扩大购买者的购买量……

"从用户角度出发，而非从产品角度出发思考商业竞争"，这是消费互联网带给中国传统企业家们用以理解商业竞争的最好思路。商业理论在白热化的竞争中不断地完善，为产业互联网的出现和发展提供了丰富的理论支持。

同时，线下仍然存在的占社会消费品零售总额 3/4 的零售商业市场也证明了一个道理，消费互联网并不是万能的。大部分的消费者虽然享受着线上新市场带来的"多、快、好、省、易、爽"，但生活中遍布的大量零售门店仍然具有商品采购的方便性、体验性，以及所见即所得的及时性等购物特征，消费者会通过这些门店来完成自己日常消费品的大部分习惯采购[1]。这意味着线下门店保留着反攻消费互联网的机会。

消费互联网带给产业互联网的不仅是人的改变、新大陆的变化经验、商业竞

---

[1] 消费者长期更依赖线下采购有很多原因，比如临时性便利需要，消费升级后对价格敏感性降低，物品、服务本身特性所带来的体验性需要，客户与商家形成的强捆绑（会员关系或依赖关系）等。

争理论的繁荣，还带来了更重要的一个成果：商业与金融两个创新要素的融合。

无数的资金涌入，需要甄别什么是好的互联网企业，以寻找具有快速学习能力、具备高超商业技能的优秀企业家，并要给互联网企业资金支持。一家没有什么固定资产的消费互联网公司能够在20年前拿到几百万、几千万乃至上亿的资金用于企业发展，同时投资方在绝大多数情况下都是小股东。这是传统企业家不可想象的情形。金融在创新中开始展现其前瞻和担当的一面，风险投资也在这一过程中不断进化和实践，开始正式登上中国产业经济的舞台。

> 商业与资本的融合，以及新经济企业家群体的努力，最终使新大陆建立起来并繁荣发展。同时，商业理论的更新、创新资本的发展，以及双方的合作方式，也为即将到来的产业互联网创新浪潮提供了新的关键要素。

消费互联网带给产业互联网的远远不止这些。回到技术推动经济革命的角度，再来审视在这个过程中，信息技术作为先进生产力对传统产业链市场形成冲击时展现的能量到底有多大。

信息技术形态新进化和衍生技术成熟，为产业互联网奠定基础

一、"信息技术进化成了市场"带来的启示

信息技术在第三次工业革命上半段，已经在传统商业世界发挥威力。信息技术推动每个企业进行信息化改造，从硬件到软件，提升个体企业的竞争力。

当消费互联网到来的时候，信息技术进化出了一个新的形态。这个新形态不仅体现了工具属性，还能够成为一个新的市场。

不少人对此抱有疑虑。国内知名的两位企业家甚至由于认知的不同，产生了

著名的"市场或是工具,业绩打赌论"[①]。

淘宝和天猫的成功是消费互联网的里程碑。其创始人马云在中国信用机制不完善的大背景下,创造了互联网历史上的颠覆性产品——支付宝。通过支付宝,阿里巴巴建立起了人和人、人和企业之间的信任机制。通过精巧的商业设计,消费者逐步形成了在互联网上高频购物的习惯,商家作为卖方也深度卷入其中。"交易在线"的网络消费零售市场随之建立完成。

"交易在线"使阿里巴巴掌握了买卖双方线上的真实交易信息和交易行为,以此获得消费大数据。消费大数据又进一步促进、引导买卖双方实现精准匹配,更容易实现买卖行为。

"交易在线"同时也逐步让传统线下产业市场中的服务方角色——比如金融、物流仓储、安装等服务机构——不得不"触网"对接淘宝、天猫,参与其中,获得线上的服务"蛋糕",最终促进了新市场价值角色参与的完整性,以及新市场的不断繁荣。

新在线市场的成功建立,造就了市值超过4000亿美元的阿里巴巴,使其成为消费互联网时代的巨人。这整个过程带给我们两个启示:

第一个启示可以总结为"从点(消费者)切入,再到线(形成'交易在线'),最后到面(市场所有的服务方陆续参与,直至被全面裹挟)",三步实现一个新市场的构建方法。

第二个启示是,当这个新市场的商流[②]与传统线下商业零售市场的商流重叠的

[①] 2013年,在央视中国年度经济人物颁奖典礼上,雷军与董明珠均获得"年度经济人物"称号。在颁奖环节,雷军、董明珠基于对互联网的不同认知,当场许下"世纪之赌"。雷军表示,如果5年内小米模式营业额击败格力的话,愿董明珠赔给自己1元。董明珠则立马给这次对赌浇上一层"热油",声称如果被击败,愿意赔10亿元。

[②] 供应链"四流"是指物流、商流、信息流、资金流。其中物流指物资流通,企业向供应商采购商品,包括发货及仓储。商流指商业流通交易,企业和客户之间的交易过程。信息流指供应商与企业间的信息流通。资金流是货币的流通,这是为了企业能够正常运作,确保资金及时回流。"四流"合一,构成了完整的供应链。

时候,新市场的成功形成必然会对线下市场产生巨大的影响力和冲击力。互联网新市场建立的核心要务是"交易在线",即要实现"商流在线"。

信息技术不仅成为消费互联网中的新市场形态,而且在新市场蓬勃发展中,新商业应用场景又反向促进信息技术自身的不断进化、完善。

二、基于消费互联网衍生的信息技术多样性

消费互联网企业面对中国近 10 亿的上网人群,根据自身企业发展的需要,采用不同的信息技术来完成潜在客户推广、客户获取、客户转化、在线交易、配送、售后服务等不同场景的经营和服务。

云计算、大数据、平台系统、人脸识别、AR/VR(增强现实/虚拟现实)、智能物流、传感器、虚拟财务账户、门店线上线下交互等互联网及信息技术,都得到了广泛应用和创新实践。

不少创新实践都属于世界首创,并被复制到国外。比如二维码的应用场景革命,微信作为社交软件集成移动支付、共享单车集成 GPS、蜂窝网络及人的交互行为,等等。

互联网及信息技术在 20 多年消费互联网短暂又辉煌的发展历程中,经历了数字经济初步的洗礼,并不断成熟。

产业互联网前夜——消费互联网巨头入局,即将与灰狼群相遇

新的革命又要开始了。消费互联网巨头们,包括腾讯、阿里、京东等,都不甘心局限于消费零售市场,纷纷布局开辟新战场——产业链市场。他们希望用数字化手段来改造产业链市场,从而获得更大的发展空间。为了读者在阅读本书后续内容的过程中更容易理解,避免混淆概念,下面来对一些常用的名词做解释。

一、市场、产业链、产业链市场和产业森林

企业日常经营中,大家经常会提到"市场""产业链""产业""行业""产

第一部分　灰狼群出现的背景

业市场"等词语，但很少有人真正去分辨其中的差异性。这种现象主要是因为职场上的人身处企业中，也是市场的一分子，在特定的场景中，不用区分这些概念，甚至可以把它们混为一谈，图 2-2 展现了更加清晰的关系。

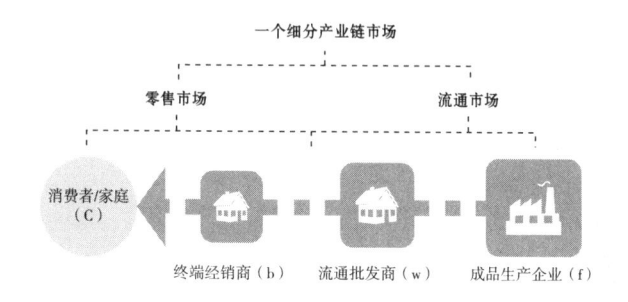

图 2-2　产业链及相关市场定义

注：本图为了理解方便只把商品流和交易角色列示出，未考虑该产业链市场中的物流、金融、科研等服务角色。

图中把消费者和家庭（简称"消费者"）当作用户，消费者到零售卖家即终端经销商（b 指 business）之间的市场是"零售市场"，在这个市场中，消费者不再转售。零售卖家从生产厂家即成品生产企业（f 指 factory）进货，不管中间是否有其他经销商或几级流通商，即流通批发商（w 指 wholesaler），本书将两者之间的市场称为"流通市场"。

商品从厂家生产出来后，不断地流转及交易，一直到消费者购买使用为止，是一个完整的链条，本书称为"产业链"或"产业链市场"。一个产业链或产业链市场典型情况下由零售市场与流通市场组成。在本书中，后续提到的"市场"如果没有说明是流通市场或零售市场，则专指典型的产业链市场。

另外，有少部分产业链市场并非如此，当一个产业链市场中超过 70% 的生产企业没有通过中间流通商，而是直接把商品销售给购买使用方，这样的产业链在本书中定义为"直销产业链"，相应的市场就是"直销产业链市场"。

"行业""产业"和"产业市场"这三个概念在日常交流中的区别比较模糊，不同人对其也有自己不同的定义。有可能是指某一类角色经营活动，也可能指多个

015

产业链或产业链市场。比如化妆品产业/行业,有可能指的是化妆品生产企业的经营,也可能包括老人化妆品产业链、高收入女性美容院场景化妆品产业链、普通女性化妆品产业链等市场,还可能包含化妆品的不同原料产业链市场等。因此,本书中不采用这三个日常相对频繁使用的泛化名词来解释产业互联网及灰狼群现象。

为了进一步理解产业链市场,我们从产业经济学定义中的"上中下游产业"[①]来看整个产业森林的产业链市场,如图2-3所示。

图2-3 产业经济的上中下游产业

注:考虑到不同产业链中有不同的终端经销商b、流通批发商w、生产企业f等,因此图中在字母后面都加上数字标号,用于区分不同产业链的相应角色。

大多数产业链市场中,都有特定产品的终端经销商、流通批发商和生产企业群体,它们构成了中观的产业经济。

通过图2-3可以看到,下游产业链市场中的成品生产企业,一定是某些中游产业链市场中半成品生产企业的购买使用方之一。同理,中游产业链市场中的半成品生产企业,一定是上游产业链市场中某些生产企业或者种植企业(户)的购买使用方之一。

举个简单的案例来说明。比如,下游是面包市场,在这个市场中,消费者是

---

① 上中下游产业在产业经济中有如下定义:上游产业或初级产品生产产业,指农业、林业、能源、矿业原料、采掘;中游产业或中间产品生产产业,指金属冶炼、化工原料、建筑材料;下游产业(最终产品生产产业),即用于投资、消费和出口的产业。本书分别对应称之为上游产业链、中游产业链和下游产业链。

第一部分
灰狼群出现的背景

购买使用方，生产企业的面包坊是中游面粉产业链市场中面粉生产企业的购买使用方之一，而面粉生产企业则是上游小麦产业链市场中小麦种植户（农场）的购买使用方之一。

当然，图 2-3 也只是为了帮助读者理解上中下游产业链及市场而绘制的简要示意图。现实中，有成千上万个互相交织在一起的上、中、下产业链市场，本书称之为"产业森林"。

在简单了解并定义了产业森林中的各个名词之后，下面就来看看消费互联网巨头们为什么要下决心进军产业链市场。

二、传统产业森林用互联网及信息技术改造的想象空间巨大

图 2-4 是产业森林与消费互联网关系的示意图。

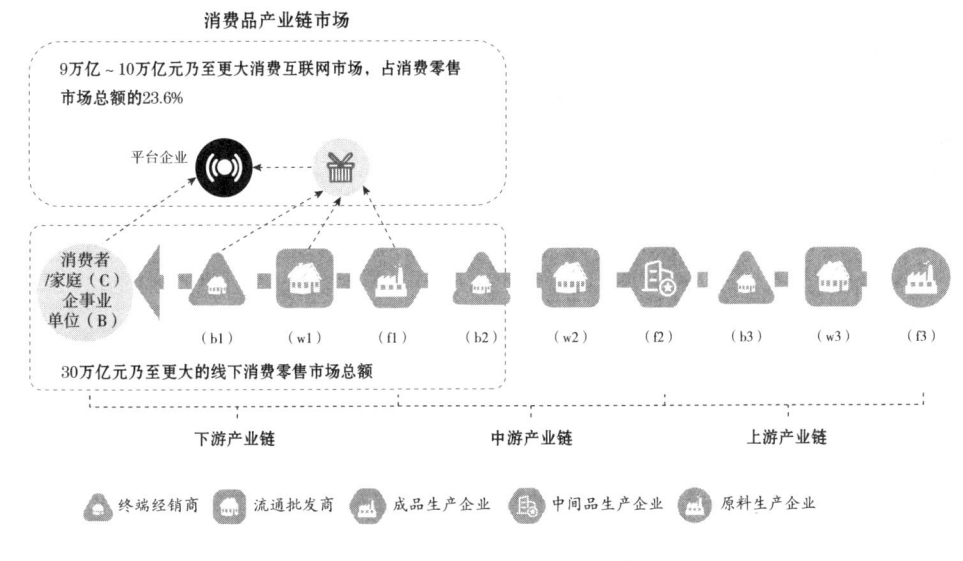

图 2-4　产业森林与消费互联网的关系

在之前的"新大陆冲击了传统零售市场，但无法彻底颠覆旧大陆"一节中，我们讨论了消费互联网市场有 10 万亿元左右零售商品总额，而消费者通过近距离商家购买的商品总额为 30 万亿元左右。

017

消费互联网巨头进军产业链市场，表面的原因是虽然消费互联网市场现有10万亿元左右市场规模，且仍会持续增长一段时间，但在不远的未来，消费者通过线上进行远距离采购的总量将达到天花板。

消费者就近购买商品的天然行为很难被彻底改变。当巨头们看到线下消费品产业链市场规模是30万亿元的时候，就意识到这是块更大的"蛋糕"。巨头们希望通过庞大的资金和信息技术能力进入线下的消费产业链市场，提升线下产业链市场运转效率，从而分到30万亿元"蛋糕"的一块，因此他们动作频频。

阿里巴巴通过对联华超市、银泰、欧尚、大润发等大量的投资和收购，建立线下门店联盟。腾讯联手京东，投资永辉进行布局。京东则继续加大线下门店布局力度，包括自营和加盟，建立起67个城市超过10万家门店的联盟。

价值30万亿元的市场对于巨头们而言虽然不小，但也不会是"未来20年的目标"。如果把消费品线下市场规模以及中、上游产业链市场交易规模进行合计，这个数字就将达到惊人的150万亿～200万亿元[①]。这才是消费互联网巨头开辟产业链战场的真正原因。他们希望借助消费互联网的经验和方法来改造如此庞大体量的产业链市场，这就是他们眼中的产业互联网。

同样的产业森林，不同的物种即将相遇。谁能够笑到最后，是拿着"旧船票"的消费互联网巨头们，还是"新船"产业互联网培育的灰狼群生态？当读者读完本书，心里就会有答案了。

---

① 这个市场总规模没有精准的数据支撑，可以借鉴工业GDP的总额进行推算，获得一个大致的规模范围。

第三章
传统产业森林被互联网改造的历史

在消费互联网蓬勃发展乃至更早的时候,有些企业家就已经极有远见地看到传统产业森林巨大的规模和被互联网改造的机会。

无论是一个产业链市场,还是多个垂直产业链市场,只要涉及企业间交易,他们就会尝试着用互联网及信息技术来进行数字化改造。本书将这种尝试称为b2B[①]。

他们尝试改造后的形态,大多数是一个企业间的互联网商品信息平台,根据所呈现的不同形态,大体可以分为"泛产业链信息撮合在线市场"和"垂直产业链信息撮合 + 自营 / 联营在线市场"两种形态。下面一起来看看这两种不同的 b2B 市场,以及企业家们摸索改造的情况。

b2B 市场 1.0:泛产业链信息撮合在线市场

泛产业链信息撮合在线市场的构建过程如下:互联网企业投资开设一个网站或 App(简称在线市场),在这个在线市场中事先分好各个产品 / 产业频道,然后通过雇用大量的地推以及电话销售 / 服务人员,在全国范围内对在传统市场经营的传统企业家——不管是买家还是卖家——进行推广宣传。

---

① 业内一般将这种情况称为 B2B(也有写成 BTB,是 Business-to-Business 的缩写),其定义是企业与企业之间通过专用网络或因特网(Internet)进行数据信息的交换、传递开展交易活动的商业模式。它将企业内部网和企业的产品及服务,通过 B2B 网站或移动客户端与客户紧密结合起来,凭借网络的快速反应为客户提供更好的服务,从而促进企业业务发展。本书称之为 b2B,其中卖家是小写的 b,买家是大写的 B,意味着卖家弱势、买家强势,与 b2C 市场的字母写法相似。

企业卖家在该网站或 App 上的相应频道开设自营店铺，并录入企业商品信息和联系方式，而企业买家则到该网站或 App 上查找感兴趣的待采购商品，找到后就直接通过上面预留的联系方式和卖家商谈。

不管买卖双方离开这个在线市场后在场外达成的生意是多少——100 万、1000 万乃至数亿元，都和这家互联网企业没有太多关系。这家互联网企业开设并管理这个线上信息市场，主要靠会员费、铺位费、排位费、广告费等市场管理费赚钱。

最典型的两家平台企业代表是慧聪网和阿里巴巴 b2B 业务。慧聪网成立于 1992 年，而阿里巴巴则较晚，成立于 1999 年。两家企业自成立始至今，一直聚焦于这个领域。阿里巴巴目前是全球最大的 b2B 电子商务平台，并在 2012 年以阿里巴巴网络的名义在香港港交所上市，上市时股价为 13.5 港元，2012 年 6 月以 13.5 港元正式退市。在这个过程中，阿里巴巴最高时的股价超过 40 港元，到停牌前比较低的股价为 9.25 港元。

考虑到挣市场管理费太辛苦而且资本想象空间有一定的瓶颈，这两家企业曾经也想过插手在线市场买卖双方在场外达成交易的过程，通过帮助卖方找买家，并按照成交效果付费的方式，赚得交易分成，但并不成功。

正望咨询总裁兼首席分析师吕伯望分析了原因："第一，技术上不可操作，真正的交易是在线下完成的，线上只有浏览记录，无法得知谁真正通过这个平台促成了交易。第二，由于很多交易最终是没有达成的，如果按交易完成来收费，那部分的交易费用可能会高。"

根据这段话，大家可以了解到这两家平台企业无法按买卖方交易效果收费有两个核心原因：其一，企业和企业的交易都是在信息市场外的线下完成的，去跟踪线下每笔订单的完成情况，然后按照效果收费，平台企业将投入巨大的人力、物力，得不偿失。其二，如果放弃线下跟踪，简单粗暴地按照浏览量估算交易金额收费也是不可行的。因为购买使用方企业浏览卖方企业店铺的商品，并不代表一定会采购，其中的误差率非常高，所以卖方无法接受这种收费方式。

从以上的分析可知，这种泛产业链信息撮合在线市场模式存在着发展的瓶颈，但不能否认在"互联网是什么"还很朦胧的年代，这两家企业的创始人在创业时的果敢和远见。[①]

b2B 市场 2.0：垂直产业链信息撮合 + 自营/联营在线市场

垂直产业链信息撮合 + 自营/联营在线市场，主要是指互联网企业针对一个垂直细分传统产业链开设在线商品信息市场，同时和一些卖家合作，在自己开设的市场中采用自营或联营的方式，把商品销售给买家。

早期的"找钢网"是该模式的典型代表。其在 2012 年成立，随着业务的快速发展逐渐有了较大的产业影响力。当时，通过模仿"找钢网"这种模式，出现了许多细分垂直产业链的类似的互联网企业。这些企业开设的在线市场的名字甚至都模仿"找钢网"，起名"找×网"。[②]

这种新的互联网信息市场形态的出现有一定的前提——首先是有机会，其次是利益驱动。

机会在于，泛产业链信息撮合在线市场没有办法做到精细化对接每个细分市场

[①] 2000 年前后创办的这些互联网产业市场交易撮合企业，在那个特定的历史时期有着非凡意义：第一，让中国大量文化程度参差不齐的传统民营企业家们能够愿意接触互联网，学习互联网，了解互联网的价值，提高了企业家拥抱互联网的能力；第二，让产业链市场中买卖双方的信息获取成本大幅降低，能够实现产业链市场交易效率的提升，创造了价值；第三，让中国大量优秀的中小民营制造业有机会走出国门，参与到全球经济竞争中，提升了中国制造业的全球竞争力，从而促使阿里巴巴创始人马云"让天下没有难做的生意"的愿景逐步实现。

[②] "找钢网"由于当年自营业务规模过大，在上市过程中引起资本市场的诟病。因为一个自营业务收入远远超过互联网信息撮合市场管理费收入的企业（招股说明书显示，2015～2017 年，"找钢网"自营商品交易总额分别为 60.67 亿元、87.19 亿元和 172.28 亿元，来自自营模式的收入分别占到总收入的 99.2%、96.8% 和 98.3%），如何来认定它是平台企业还是自营贸易商，是个难题。这种形态仁者见仁，智者见智，因此"找钢网"也在积极围绕互联网平台的相关服务进行深入的研究和实践，寻求更好的商业模式。

在这个过程中，自营业务的设计及运营也显得很重要，否则一不小心就容易"既当裁判员又当运动员"。一方面，在线市场管理员"贸易商化"引起争议；另一方面，这对"找钢网"创办和管理的在线市场生态本身也是很大的冲击。小规模做贸易，显然资本价值比较低，但如果大规模做，就侵犯了市场中其他卖方的利益，卖家就会逐步远离该市场，导致该互联网市场的未来存在着未知数和不确定性。

买卖双方的精准有效信息，有些市场的商品特性需要非常细化，因此需要有更垂直的专业信息在线市场来承接这部分需求。利益驱动在于，一个垂直细分市场改造后可收取的市场管理费太少，没有办法养活平台企业，做交易赚差价养活企业，成了一条可选择的路。当然，这样的垂直细分在线市场的发展，也有可能遇到瓶颈。

垂直细分产业链市场的信息撮合＋自营/联营的互联网企业，存在有价值的一面，即弥补了第一种 b2B 模式覆盖不到、不具有通用产业特征的垂直细分产业链市场的空白，提高了这个产业链市场交易信息的对接效率。

先驱们告知我们的经验

以上是 b2B 市场发展的两种形态。这两种互联网在线市场形态之所以没有对产业结构形成深远影响和强大冲击，是因为它们都存在一些缺陷：

1. 打造的在线市场处于无序竞争状态

其表现在两个方面：一方面是传统产业链市场中担任各种角色的企业都进入在线市场，无论是生产商、批发商、零售商还是目标客户方等。这些角色在不同的经营场景中，有时候是买方，有时候是卖方，形成了信息市场买卖双方的无序。另一方面是买卖双方虽然享受了互联网信息透明的好处，即快速低成本地获取交易信息，但同时也要承受信息透明带来的坏处——由于产品价格透明带来的竞争无序。这两种无序加深了产业链市场中各个角色进行非合作博弈的程度，使得竞争更加激烈，导致整个产业链市场中各个角色的经营利润下滑。

有读者可能会说，这种下滑会促使企业不断创新，是好事。但其实在很多情况下，并非如此。

在有些下游消费品细分产业链市场，这个逻辑可能有机会成立，但在很多情况下，它并不成立。中游、上游合计百万亿元以上交易规模的工业、农业产业链市场中的产品都相对同质化、标准化，技术含量较低，产品创新的空间有限。无序竞争恰恰加剧了市场中大量生产制造企业的生存窘境。

同时，市场中生产端利润的挤压，进一步减弱创新能力，形成一个负反馈循环，

第一部分　灰狼群出现的背景

并不利于产业的良性发展。

这种现象在学术上也有一些相应的讨论，就是电影《美丽心灵》的主人公原型——博弈论之父约翰·纳什提出的"纳什均衡"与亚当·斯密在《国富论》中提到的"无形的手"之间的冲突。

亚当·斯密提出，每个企业都从利己角度出发，不需要政府干预，只要有市场化竞争，最终最好的企业就能够获胜。但约翰·纳什提出，市场上会出现"损人不利己，不利己也不利他"的反面经济现象。比如，大家耳熟能详的囚徒困境[①]。

只有靠约束条件，才能避免这种损人不利己的囚徒困境现象出现，比如互联网企业规定卖家不能恶性竞争，不能简单地比拼价格等。但有了这些约束条件，就会出现买卖双方企业家不满意，因为这从一定程度上又影响了互联网企业的收入和利润。因此，互联网企业没有动力和意愿来改变这样的在线非合作博弈市场。

2. 打造的在线信息市场无法彻底改变产业链市场中各个角色的生存状态

读者在前文中已经了解到，消费互联网时代，阿里巴巴通过"点—线—面"三步创造了一个"交易在线"的互联网消费新市场，创造了一个价值数千亿美元的b2C业务，并受到资本市场的追捧。相比而言，阿里巴巴在香港上市又退市的b2B业务则显得落寞很多。

这种对比体现在b2C业务通过"交易在线"颠覆和冲击了传统线下零售市场，但b2B业务没有实现"交易在线"，因此阿里巴巴在香港上市期间只获得了最高千亿港币的市值。

接下来，我们进一步了解是什么原因导致资本市场会对互联网企业的"交易在线"如此看重。

当一个产业链市场的买卖双方都能够在在线市场中直接成交，这意味着买卖双方已经对这个平台非常信赖，愿意把各自最私密的核心信息——包括客户/供应商信息、财务信息、买卖记录等，存放在这个在线市场的管理方这里。此时，买卖双方对该在线市场就有了极大的依赖性，这种依赖性也意味着该互联网企业的长期

[①] 两个囚徒在分别面对警察的时候，出于利己角度都坦白了犯罪事实，导致一起获得最重刑罚。

收入具有稳定性和持续性。

> 在线交易市场的管理方相比信息撮合在线市场的管理方，利用买卖双方的依赖性，就能够对他们施加更强的影响力和控制力，并延展出和交易相关的其他业务，获得更多资本溢价。

阿里巴巴利用买卖双方的依赖性，在b2C交易业务形成的基础上衍生出"菜鸟物流""蚂蚁金服"等配套的服务业务，并促进这些新服务业务的增长。这也是其b2B业务做不到的。

企业之间要实现"交易在线"的难度，要比消费者"购物在线"的难度大很多。

b2B市场过去的两种形态，都很难实现买卖双方在互联网企业开设的在线市场中直接成交，或实现企业间的"交易在线"。原因在于企业间交易的复杂性、非标性。更详细的分析，可参见下文的补充阅读材料"产业链市场的买卖企业双方极难实现'交易在线'的原因"。

过去b2B市场的两种尝试，并没有改变企业之间通过传统线下方式进行商务谈判的主流形态。2019年，互联网b2B交易规模达25万亿元[①]，且还有很大的发展空间，这也意味着产业互联网还处于早期阶段，还有很多问题需要解决。

传统产业链市场中的企业间交易无序竞争，导致"产业链竞争恶化""难以实现交易在线"两大难题，这是产业互联网需要面对和解决的。而灰狼群这种新物种的出现，恰恰解决了这两大难题。

如果把过去利用互联网及信息技术改造产业森林中企业间市场的阶段定义为中国b2B市场（没有在线交易）孕育期，那么灰狼群的出现代表着b2B市场（有

---

① 2020年6月10日，网经社旗下国内知名电商智库电子商务研究中心发布了《2019年度中国产业电商市场数据监测报告》，报告显示2019年中国产业电商（狭义指通过第三方及自营B2B平台在企业间进行的交易）交易规模为25万亿元。但根据交易在线的标准来衡量的话，实际b2B市场的交易规模远远小于25万亿元。

在线交易）正式开始。结合消费互联网的发展史，通过图 3-1 可以看到，在互联网及信息技术推动下出现的在线市场对中国传统产业市场形成的影响。

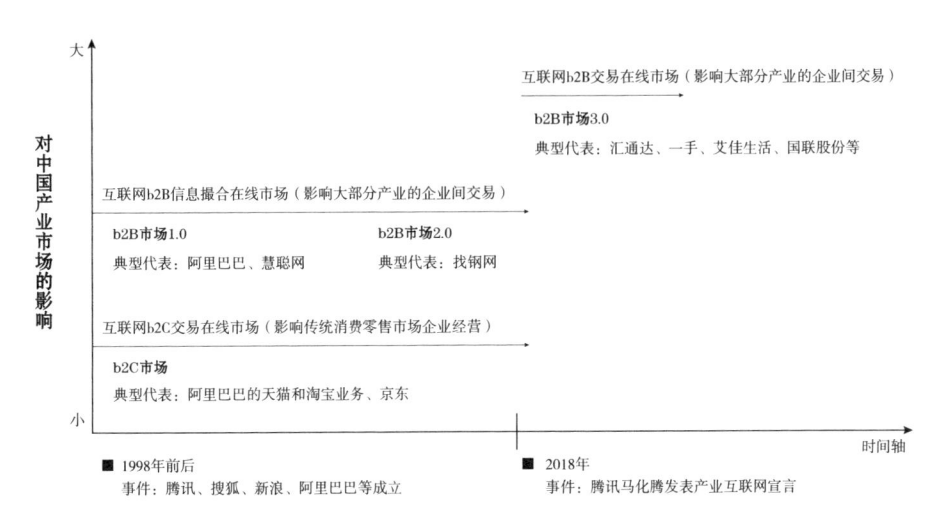

```
对                                        互联网b2B交易在线市场（影响大部分产业的企业间交易）
中                                        b2B市场3.0
国                                        典型代表：汇通达、一手、艾佳生活、国联股份等
产
业    互联网b2B信息撮合在线市场（影响大部分产业的企业间交易）
市
场    b2B市场1.0              b2B市场2.0
的    典型代表：阿里巴巴、慧聪网   典型代表：找钢网
影
响    互联网b2C交易在线市场（影响传统消费零售市场企业经营）

      b2C市场
      典型代表：阿里巴巴的天猫和淘宝业务、京东
                                                                    时间轴
   ■ 1998年前后                          ■ 2018年
   事件：腾讯、搜狐、新浪、阿里巴巴等成立   事件：腾讯马化腾发表产业互联网宣言
```

图 3-1　在线市场对中国传统产业市场的影响进程

1998 年到 2018 年的 20 年间，"互联网 +"的概念在产业市场数字化过程中不断被提及，关于"互联网 +"和产业互联网、灰狼群的关系可参考相应的补充阅读材料。

"大江东去，浪淘尽"，消费互联网企业遵循着"圈住眼球流量卖商家"或"圈住流量自己卖"的商业逻辑，竞争非常残酷。它们在产业森林 b2C 市场 20 多年的变迁过程中掀起了惊涛骇浪，也留下了很多遗憾。整个过程悄悄地埋下了灰狼群出现的伏笔……

结语
灰狼群即将在临界点出现

回顾过去的思绪就要进入尾声。颠覆式技术诞生的火种从未熄灭，森林不断重生，物种不断进化。

互联网及信息技术在中国点燃了森林。在消费互联网及b2B的浪潮中，大量痛苦探索、创新变革的互联网企业倒下了。这些痛苦的探索并没有被人们遗忘，在它们的灰烬中，孕育了未来的希望。

当有人在2018年前后再一次拨动这些灰烬，四溅的火星往周围蔓延，整个产业森林即将开始新一次燃烧。在这个临界点，新形态的互联网企业又将诞生，并将开启新的篇章。灰狼群正在向我们走来。谁又知道它们的出现会带来什么呢？

【补充阅读材料】

产业链市场的买卖企业双方极难实现"交易在线"的原因

传统产业链市场中,企业之间的交易很难通过线上市场实现,主要原因在于买方企业采购交易流程的复杂性和非标化。只要是重要的、整批量、高值、高频的物资(简称"重要物资")采购,对于买方企业而言,很大程度上是理性决策。我们来看图 3-2。

图 3-2 企业采购的一般流程

图中展示了一家买方企业通常的采购决策流程,涉及两个方面:一方面是采购流程中涉及不同的角色和部门;另一方面是采购行为涉及的步骤环节。每家企业针对采购的不同品类、不同采购货值,都可能有自己非标化的流程,最终形成了"角色+流程"的复杂性、非标化的理性采购特征。这导致买方企业很难实现"交易在线"采购。

1.单个流程环节的复杂性和非标化。不同企业采购的复杂性和非标化,不仅体现在整体流程可能有很大差异，而且单个环节也可能有很大的差异。

比如在交易谈判环节，有的企业自己招标，有的企业外包招标，有的企业采购人员直接谈判，有的企业老板直接谈判……又比如合同环节，有的企业在交易谈判时只讨论核心交易条款（货物规格、数量、价格、交货时间、运输方式、付款条件等），剩余条款谈判由商务人员在合同环节完成签署，而有的企业的交易谈判过程涵盖了所有合同内容。单个环节的复杂性和非标化也决定了买方企业很难在网上直接采购。

2. 交易条款的复杂性和非标化。之前我们提到了交易谈判和合同环节的复杂性，这种复杂性不仅体现在不同的买方企业有自己非标化的交易谈判和合同签署流程，也体现在不同的买方企业交易条款达成的复杂性和非标化。

企业之间的交易合同涉及非常多的条款，除了上述提到的核心交易条款，还有很多关键内容需要磋商，比如物流及保险费用承担、货物验收、售后服务、双方人员对接、退换货处理、纠纷处理方式等，这些内容需要通过直接通话甚至面对面的交流才有可能解决。因此，买方企业很难实现"交易在线"。

交易条款的复杂性和非标化，还体现在谈判过程中存在理性和感性交织在一起的复杂性。买方企业设计了采购流程、采购环节、不同的参与角色，目的是理性交易；但最终落实到具体谈判和合同签署的是人，是买卖双方的具体人员在打交道。人和人之间就有可能存在感情的因素，在理性的框架下，有人性的感性和情感沟通。所以，人和人之间谈判交易条款的时候，不仅是简单的一笔交易的采购，谈判的人还会考虑企业之间合作时间的长短、未来合作的预期，以及互相之间谈判风格的融洽程度、双方人员感情的深浅程度、关系远近等因素。这种理性混合感性的个性化采购特征，也没有办法让买方在采购重要物资时候实现简单的"交易在线"。

以上就是为什么垂直产业链市场中的企业间交易很难搬到互联网市场中实现直接交易。企业间的交易行为还是极大概率地在线下发生，因此有人开玩笑说：

"中国最大的企业间交易市场,是在每天晚上各地餐馆的数百万张热闹非凡的餐桌上。"

理解了这个难题背后的原因,就会知道想要像消费互联网吸引消费者那样,简单地采用"补贴""免费""低价"的方法来吸引企业买方是很难奏效的,这些手段都难以让企业买方长期地在在线市场直接采购。针对一个传统产业链市场进行互联网及信息技术改造,就不要期待所有市场中的企业都会到线上来;不要以为套用一个标准化方式,就能实现"交易在线"。企业"贪心"地想让所有角色上来交易,结果可能适得其反。

"互联网+"和灰狼群的关系

"互联网+"理念的提出,在国内最早可以追溯到2012年11月于扬在易观第五届移动互联网博览会的发言。其后,2015年3月的全国两会上,全国人大代表马化腾提交了《关于以"互联网+"为驱动,推进我国经济社会创新发展的建议》。在第十二届全国人民代表大会第三次会议上,李克强总理在政府工作报告中首次提出"互联网+"行动计划。2015年7月4日,经李克强总理签批,国务院印发了《关于积极推进"互联网+"行动的指导意见》,意味着国家开始正式推动"互联网+"。

1. "互联网+"中的"互联网"是什么?

不同的人有不同的理解,有些人认为就是互联网,有些人认为是SaaS(软件即服务)软件。本书中,互联网及信息技术是指互联网上企业经营所需要的一切相关的信息技术,包括但不限于大数据、AI、区块链、云平台、小程序、社交工具、在线客服、机器人等。

2. "互联网+"后面可以加上什么?

人们对"互联网+"后面可以加上什么,同样也有很多不同的理解。

有些人认为,是产业或行业的特定场景,比如目前乘客在机场和部分高铁站可以用人脸识别进站；许多银行通过人工智能、网络客服机器人提供金融咨询服务；在电网的日常维护中，远程无人飞机替代人工，在高山峻岭中巡检；无论是个人还是企业，都可以随时查询快递的物流情况；警察在处理事故时，可以在5~10分钟内调取附近的摄像头录像；等等。

以上这些举例，都是"互联网+"特定场景的碎片化局部应用，对于特定的公共服务部门而言，也可以算作"互联网+"的定义。但对产业森林而言，该定义太泛指，也太窄了。

说它"泛指"，是因为这样的定义导致"互联网+"的概念涵盖了公共事业服务单位等非上中下游产业链市场。说它"太窄"，是因为把"互联网+"概念局限于互联网及信息技术在某些市场中的某些局部场景和人员的特定功能使用上，并没有达到"互联网+"对传统产业深刻重塑的目的，没能涉及上中下游全产业链市场，尤其是中上游产业链的主战场。

"互联网"后面可以加上什么？一部分人认为可以加上各个行业、各个不同的产业，也有人认为应该加上的是一家企业，即用互联网改造一家企业的经营现状。总而言之，它是指通过互联网及信息技术最终改变一个行业或产业的现状，这是一个比较宽泛的定义。

笔者总结了消费互联网时代阿里巴巴对消费零售市场的改造，认为"互联网+"对于产业森林而言，后边应该加上的是每个垂直细分产业链的传统企业间交易市场，即通过互联网及信息技术，改变每个垂直细分产业链市场——包括从产业生产方角色到流通商角色再到最终客户购买的交易全过程，从而提高整个交易的效率，推动产业链数字化的建链、补链、强链。这是"互联网+"在产业经济中更准确的定义。

经济学研究的基础和前提是交易形成了市场。消费者有时候去超市买东西，是因为超市中有各种生活必需品。消费者有需求，就会去购买相应的产品，这样就形成交易。不管市场中只有一个卖家还是多个卖家，只要有特定的商品/服务，并由数量不等的买方（需求方）和卖方（供给方）形成交易，就有了市场。

每个产业链市场抓住交易的"牛鼻子"，通过互联网及信息技术进行改造，促使产业链中的各个角色都通过互联网线上经营，才有可能实现整个产业链效率的提升。这才是"互联网+"的核心价值及意义表达。

3. "互联网+"与灰狼群崛起

通过以上对"互联网+"的重新定义，我们可以了解到，该定义的核心是互联网及信息技术在垂直产业链交易市场的应用。

这种应用主要包括两个场景：第一个场景是在这个产业链市场中，买方企业和卖方企业双方在线，直接交易；第二个场景是大企业满足产业链市场目标客户的需求，与产业链市场内合作伙伴交易协同。

先来说第一个场景。买卖双方企业是否能达成交易，受很多因素影响，其中传统交易本身受互联网及信息技术影响，改变最大的是交易信息的获取成本大幅下降。产业经济学中的芝加哥学派创始人乔治·施蒂格勒最早研究了信息对经济体的影响。他首先提出了信息的获取是有成本的，最佳搜寻次数将在边际成本等于边际收益时达到。因此，这种交易信息获取成本的变化，对经济体之间交易行为的改变有着不可忽视的影响。

第一次工业革命期间，生产效率大幅提升的同时也随之提高了货物产量，蒸汽轮船、蒸汽火车的出现也缩短了货物远距离运输的时间。在这个过程中，远距离买卖双方交易所需要的信息获取和传递的时间也同步缩短，经济体之间的交易变得更加容易。第二次电力革命促使电话、电报、汽车、飞机等出现，第三次科技革命促使互联网出现，这些新工具的出现使得交易信息的获取成本不断降低，信息搜寻次数大幅提高，进一步缩短了人、经济体之间的信息距离，人与经济体之间的生态发生了更多的变化。美国经济学家托马斯·弗里德曼的著作《世界是平的》，也表达了类似的观点。

同时，互联网及信息技术对产业链市场中企业之间的交易合作行为（比如零售商和批发商交易合作，批发商和厂家交易合作，生产企业购买材料、设备等）也产生了很大的影响力。企业买家通过互联网可以方便快捷地获得卖家信息，从而进一步磋商，提高了达成交易合作的可能性。

第二个场景是大企业都希望自己能够做大做强，因此它们会建设自己独有的采购体系和市场渠道合作伙伴，并围绕目标客户提供独有的品牌产品或服务。在这个过程中，大企业会进行内部和外部的信息化建设，通过互联网及信息技术，建立自己业务所需要的协作系统。这种协作系统是封闭的，虽然有协作分工，但一切都以大企业的利益最大化为核心。大企业往往是产业市场中的品牌领导者，是老虎企业，也是一个产业市场中利润和影响力最大的头部企业，即便它在大部分产业链市场中的占比并不高。

第一个场景是"N+N"——散乱的、局部的、开放的"互联网+交易在线"。而第二个场景突出了围绕核心企业上下游合作伙伴，即"N+1+N"，纵向跨两个产业链（指原材料采购所在的产业链市场、核心企业生产成品到客户产业链市场）的封闭的"交易在线"。

对于在一个垂直细分产业链市场中形成的灰狼群而言，它们会通过互联网及信息技术，针对该市场中的最终客户买方，搭建该产业链内各个价值角色参与的高效"交易在线"机制，再在此基础上以头狼企业为交易枢纽，形成一个产业链市场内有序的"N+1+N"交易在线形态和产业组织。这和上文提及的两个场景有明显的差异。灰狼群是"互联网+"在产业链市场中的典型形态。

综上所述，"互联网+"的本质是以互联网及信息技术为手段改造每个垂直产业链交易市场，然后通过数字化建链、补链、强链，最终实现产业链市场高效运营。其本质和笔者看到的灰狼群形成的本质是一致的，灰狼群的形成是对"互联网+"最完整的一种解释。

第二部分

灰狼群现象——产业森林的巨变

灰狼群由传统产业链市场中的老虎企业或狐狸企业不断进化、融合而成。因此，灰狼群生态中的每家企业都是独立运营的，都承担了产业链中的价值功能。它们通过特定的数字化紧耦合架构协同，形成了特殊的生产关系，表现为一种产业组织或一个数字产业集群。

近距离观察这种物种，会发现在头狼企业的指挥下，灰狼群参与了微观的市场竞争和合作。它们不仅和产业森林中传统的老虎企业、狐狸企业进行竞争与合作，而且还和其他灰狼群生态进行竞争与合作。同时，由于这些灰狼群生态内部的企业数量庞大，且分布在生产端、研发端、应用设计端、流通端、客户零售端等产业链的各个价值环节，灰狼群生态在产业森林中具有改变产业结构的可能性。

这和绝大多数产业链市场中传统的个体企业、个体竞争行为，以及个体对产业森林产生影响较小的现象形成了鲜明的对比。即使是老虎企业，在中国绝大多数产业链市场中，由于市场集中度偏低，它也很难对其所在的产业链结构产生大的影响。

灰狼群这种数字生态物种在商业世界和产业经济发展史上都是极其特殊的，它颠覆了商业世界以往的游戏规则。

上篇
灰狼群的竞争力

通常情况下，企业和市场是大多数人对于商业竞争所理解的一个二分法分析框架。但在经济学中，已经存在市场、企业间协调（中间性组织）、企业三者的分析框架。只不过在传统情况下，体现企业间协调的中间性组织有分包、战略联盟、企业集群等形态，不能像数字时代的灰狼群这样在产业链市场中掀起巨大的波澜，无法对产业链结构形成普遍的、深远的影响，因此大家都有所忽略。

以下几章主要围绕灰狼群这个数字时代的典型物种，结合案例进一步说明其独特的竞争力。同时，展开讲述头狼企业在灰狼群中的作用。最后，探寻头狼企业在这种生态中基于价值创造形成的独特盈利能力。

第二部分
灰狼群现象——产业森林的巨变

第四章
产业森林孕育的灰狼群改变了产业森林

灰狼群作为企业间生产关系的特殊混合体，在中国出现较晚，因此这里用其他国家成熟的灰狼群来进行分析，以使读者获得更直观的感受。

以"7-Eleven"为代表的灰狼群现象

以自序中提及的运营卓越的日本 7-Eleven 便利连锁店为例，如图 4-1 所示。

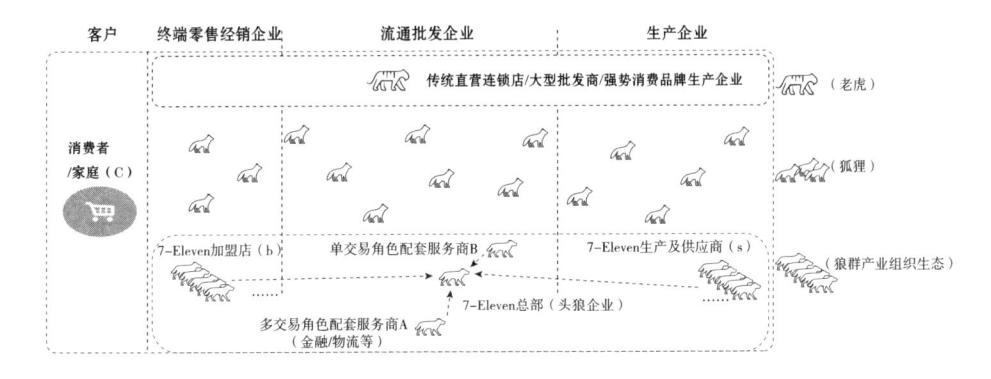

图 4-1　日本消费零售市场 7-Eleven 灰狼群

从自序中可以简单了解到日本 7-Eleven 灰狼群生态是由分布在日本大街小巷的近 1.9 万家 7-Eleven 夫妻店（即图 4-1 中的加盟店，b 指 business）、171 家和 7-Eleven 总部紧密合作的商品生产工厂（即图 4-1 中的生产企业，s 指 suppliers），以及 7-Eleven 总部三者组成。这三者是构成灰狼群生态内部商品交易行为的主体。

除此以外，还有 150 多家围绕 7-Eleven 商品交易形成的物流配送中心，也就是图中灰狼群的多交易角色服务企业 A。当然，还有提升单个角色能力的服务类企业B，比如为生产企业提供商品设计的研发机构、帮助零售网点增加便民服务的银行、快递寄送服务商，等等。这样一个庞大的企业群体在7-Eleven总部（头狼企业）的组织下，形成了灰狼群，创造了惊人的效率和收益。

2014年出版的《第三次零售革命》中，作者颜艳春[①]曾经对7-Eleven有专门的研究："……净利润率高达20.5%，超过全球所有零售企业（全球平均水平在3%）……日本便利店行业排名第二到第四位的3家连锁店的利润额总和仍然不及7-Eleven的一半，这个利润大约也是中国地区盈利能力最强的高鑫零售（包括大润发和欧尚）的4倍、永辉超市的6倍。"

7-Eleven总部为特许加盟店提供的全方位赋能包括：

（1）IT系统赋能：累计投入3000亿日元。

（2）经营赋能：全日本有约2500名OFC（一线经营顾问）督导，一名OFC负责约8家店的经营，起初每周回东京汇报。直至数年前，7-Eleven日本创始人铃木敏文先生年近80（出生于1932年），才改为两周一次。

（3）物流赋能：一天三次配送不同的产品。

（4）产品赋能：100多人负责爆款产品的研发、试销和定型，50多人于产品工厂跟进工作，每周推出新品100种，商品年换手率约70%。

7-Eleven加盟店通过总部的这些赋能，做好门店的客情服务和销售，平均收入可以从起初的一天2万~4万元增加一倍左右，年收入从100多万元上升到500多万元，达到4~5倍的增长，毛利增长3~5倍，利润率由20%上升到31.6%。

不仅如此，起初7-Eleven灰狼群生态中的171家工厂都并非最好的工厂，而是愿意积极参与、和总部配合度最高的工厂。如今，它们都已成长为食品加工领域最赚钱的工厂。

这些工厂及其合作的批发商又联合投资了7-Eleven的配送中心和物流运输体系，由总部代为进行相应的规划和运营管理。

---

① 颜艳春，盛景嘉成母基金合伙人，上海山丘联康健康管理有限公司董事长，北京富基旋风科技有限公司创始人兼董事长。

第二部分
灰狼群现象——产业森林的巨变

在整个灰狼群中，7-Eleven 总部一方面扮演着头狼企业的角色，另一方面也扮演着产业链数字化大脑的角色。它通过计算机及信息技术汇集门店的订单，统一下单给不同的工厂及供应商，并每天把工厂及供应商的产品有条不紊地配送到数万家门店。

在这个群体中，80% 参与方的经营者水平是一致的。从生产、流通到销售，实现了一个产业链市场全过程所有角色参与分工协作的高效运营生态。7-Eleven 的商品库存天数是 10 天，仅次于苹果的 7 天。

不同于老虎企业的盈利模式，7-Eleven 总部有 4 个 "不赚" ——不赚中间差价、不赚通道费、不赚交易佣金和不赚广告费，这样可以把市场内的供应链成本和组织间交易成本降到最低。7-Eleven 总部等这些特许加盟店利润增加后，再与小店分配毛利，按不同店铺类型每年约定的指标倒扣 38%~65%，把双方的利益捆绑在一起，共同面对消费者，一起努力为消费者提供优质的服务和产品。

7-Eleven 总部没有通过巨额的资金投入来保障灰狼群生态内企业的黏性，也没有用收购的方式来进行规模扩张，但整个灰狼群却实现了连续 40 多年的增长，最终形成了市场领导地位。

以上是 7-Eleven 灰狼群生态的概要介绍。7-Eleven 这个名字不仅代表了一家门店、一家工厂，也代表着日本零售市场中的数万家企业之间长期的无私合作和团结的新型生产关系。

在这样的关系下，优秀小店/经销商获得头狼企业赋能，可以更好地服务用户；同时，头狼企业协助优秀生产企业做好产品的研发和生产，让它们获得大批量订单，从而大幅降低生产成本，获得"有尊严的利润"。7-Eleven 形成了一个良性产业链运营闭环，当这个生态足够大的时候，就达到了产业链运转的最优结果。这种新型关系改变了产业链的结构。如果 7-Eleven 是个案，那么这种现象就没有研究的价值。但在中国，"类 7-Eleven"的灰狼群不断出现、成长。除了自序中提到的汇通达，还有一手、艾佳生活、优车库等头狼企业不断出现，实践着 7-Eleven 的商业逻辑。

比如一手这个服装小店市场的头狼企业。一手的目标用户是全国 300 万家服装店店主，以街边实体服装店为主，同时也涵盖中高端网店和微商。

一手通过雇用各地批发市场中的买手组货，把优质的服装市场档口每日更新的最新款式整合到App商城中。截至2019年，"一手的在线商城上每天保持10000余个SKU（库存保有单位），每日更新2000个SKU供服装店店主挑选，店主可以通过拼单的方式在在线商城直接下单。由'一手'整合订单后，到批发市场集中采购发货。这样的交易方式直接免去了服装店店主需要奔波于批发市场看款采购的劳累，同时因为直接在一级批发市场拿货，也能降低服装店店主的中间采购成本……"[①]

一手这家头狼企业团结了分布在全国各地的数万名服装店店主，汇集了大量的需求订单，越过中间流通环节，对接近万家供应商资源，并精选百家进入其优先合作供应商，影响并改变了这个细分产业链市场。

一手通过这种方式形成了灰狼群，并实现了"交易在线"的目标，整个在线交易规模自2016年4月上线开始一直直线上升。2016年12月，其月销售额已达到800万元；2017年12月，月销售额超过5000万元；2018年12月，月销售额超过1亿元；2020年下半年已经实现单月交易规模超2亿元。

艾佳生活则赋能众多的楼盘开发商、售楼处、装修公司、家具家居生产公司和银行，形成一个灰狼群生态。在国家还没有强制开发商提供精装修房的时代，它就为购房者提供了价廉物美的精装修一揽子解决方案，解决购房者收房后装修难的痛点。数年时间，实现了灰狼群年交易规模达数百亿元。

优车库团结了成千上万个二手车商、主机厂和机构二手车供应商，形成了灰狼群生态，为消费者提供质优价公平的二手车服务。

结合这些案例，可以看到大批数字化灰狼群的出现正改变着产业森林，我们有必要深入剖析它们独特的商业规则和不同于传统个体竞争商业规则的地方，以及引起的产业森林变化。

[①] 36氪，《"买手组货"月流水过亿，B2B快时尚女装批发平台"一手"获5500万元B轮融资》，https://36kr.com/p/1723333525505。

数字时代产业森林商业规则的改变

用产业森林中典型的企业形态——狐狸企业、老虎企业作为参考对象,对比三者经营理念和商业规则思考之间的差异,见表4-1。

表4-1 企业的三种不同生态

	狐狸企业	老虎企业	头狼企业
竞争目标	狐狸个体最优	老虎个体最优	产业链全流程最优
竞争中考虑客户利益	平衡点	平衡点	客户利益最大化
竞争形态	全能	全能	分工协作
对产业森林的影响	个体影响	个体为主并影响产业链局部生产关系	既是重要个体又是重要新型产业链全流程生产关系

一、"个体最优"向"产业链最优"转变

企业在产业森林中竞争,无论是老虎企业还是狐狸企业,大都将自身利益最大化作为主要诉求,并没有考虑如何实现整个产业链的效能最优。

> 灰狼群追求的是产业链全链效能最优(简称"产业链最优")。头狼企业围绕一个乃至多个产业链市场,分析整个产业链中存在的效率低下问题,重新规划、组织、构建生态,以实现产业链最优。相比老虎企业、狐狸企业的出发点而言,头狼企业减少了对竞争对手的考虑,更具有战略的全局性。

打个不完全恰当的比方,如果把传统线下商业世界的竞争规则视为二维世界,那么当消费互联网出现后,二维世界就变成了三维世界。当一个从事消费品生产的企业家不能理解"电子商务""长尾效应""社群运营"等新大陆的商业术语与规则的时候,该企业的竞争力可能就会不断衰弱。

总体而言，在三维世界里企业还是独立的，企业和企业的关系还是非合作博弈。而到了产业互联网时代，随着灰狼群现象的不断涌现，整个产业森林就会进入以合作博弈为主要特征的生态竞争时代，有了质的飞跃。这时候，传统企业面临的是一个四维的数字生态竞争世界。

> 在二维、三维世界里，企业家仍然根据自身有限的资源来进行竞争。但在产业互联网时代，由于合作是主旋律，企业家就需要寻找资源及伙伴，并提前构建最优生态或选择融入一个生态，从而产生了企业价值网络之间的竞争，即生态的竞争。

这是两种不同的选择，绝大部分企业的管理战略都是基于前者进行的利己研究，极少企业会从产业经济和产业市场的角度出发，思考后者——利他的方式。

以上就是灰狼群现象出现后有关企业经营初心的不同思考。

二、客户利益从手段向目的转变

企业在竞争的过程中，离不开对客户利益的思考。从对客户利益重要性的理解出发，无论是狐狸企业还是老虎企业，满足客户需要只是手段，而非最终目的。在产业森林中，企业资源是有限的，但客户需求是无休止的，这种无休止的需求会导致企业自身不堪重负、利益受损，所以如何在客户利益和自身利益之间找到平衡点，也是企业家一直需要思考的问题。其表现为单个企业对于一个客户，或者一类客户找到双方利益的平衡点。

> 对于灰狼群而言，考虑客户利益不是与单个企业和单个客户（或一类客户）在某个场景或者某个业务上传统的利益博弈。灰狼群基于产业链最优的出发点考虑，它们只有创造出比狐狸企业、老虎企业更好的客户体验，才有机会生存。

7-Eleven的铃木先生甚至提出了"站在顾客的立场而非'为了顾客'"的观点。[①]这种观点逼着灰狼群生态突破自己的局限性,不拘一格地去创新和变革。客户利益不仅不和灰狼群的利益有冲突,而且还是灰狼群存在的价值和目的,也是它们参与产业森林竞争的核心依仗。

三、从单个企业"做大做强"向"分工协助"的产业命运共同体转变

生活中有诗和远方,在传统产业链市场拼搏的企业家内心同样存在着诗和远方。

"不想成为将军的士兵不是好士兵",把小企业做成像华为、联想那样的大企业,从狐狸企业走向老虎企业,这是传统工业时代无数创业企业家的梦想。比如,零售门店希望做大,变成连锁企业,之后拥有自己的工厂、自己的品牌,成为产业链市场中的知名大企业;从事代工生产的企业希望提升自身的市场营销能力,做成品牌企业;等等。

这意味着企业从产业链市场中的"单价值角色"向"全价值角色"转变,其能力从"单能力"向"全能力"转变。木桶原理带给大家的启发是,只有企业家什么都"能",企业才能在市场上横刀立马、叱咤风云。

狐狸企业、老虎企业都想成为产业链市场中的"常胜将军",甚至是"永远的甲方",但这种想法随着时代的推移越来越难实现。如今,逐渐细分的客户群,多元化、组合化、不可预知化的商场竞争手段,产业链的互联网化,让传统企业经营越来越如履薄冰。

大企业家也有同样的焦虑,要做强做大越来越难,大多数大公司上市后,业

[①] 该观点也是铃木先生的经营哲学:彻底站在顾客的立场上来思考和实践,即便是现在办不到的事情,或者按照现今产业、商业常识来看是不可能的事情,同样要勇于调整。换言之,即便要改变一直以来的做法、方法、构架、技术、系统、思考模式、创意和设想,也必须要满足顾客的需求。挑战不可能的任务,将它化为可能。
在表达"为了……而做……"的情况下,总是会将事情划定在自己的能力范围内。无论再怎么"为顾客着想",对自己来说不可能办到的事情就是不可能办到,所以一早就被排除在外。以上内容摘自绪方知行、田口香世所著的《零售的本质》一书中相应章节。我们可以看到这两者的思维还是有很大的差异。

灰狼群效应
产业数字化的临界点革命

绩能够实现稳步线性增长就很不错了。华为的任正非经常给员工讲的一句话是"活下去，永远是企业的硬道理"，其发表的文章《华为的冬天》《北国之春》激起了无数实业企业家的共鸣。

要求什么都"能"，促使企业家们不断参加各种培训，不断尝试各种新业务，试图不断加深企业的护城河。但由于资源、能力和背景的局限，绝大多数企业难以实现"全能"的目标。确实，企业做不到什么都"能"，但可以做到"专"。

专业的分工、开放协作的生态远比封闭的围墙更有生命力。在经济学上已有这样的研究，施密茨·休伯特于1997年提出的集体效率模型证实了中小企业集群地区来的优势。[①]因此，那些梦想成为大企业的中小企业不妨换换思路，看看是否有机会和志同道合的同行一起构建灰狼群生态，参与市场竞争。

"形散而神不散"是灰狼群生态的外在表现。在灰狼群生态中，每家企业既可以在市场中独立经营，全力把自己承担的分工角色做到最好，又能够与生态中的其他企业互相团结。在灰狼群内部的生产关系中，"甲方""乙方"只是书面的名称，实质上它们是谁也离不开谁的依存关系，一荣俱荣、一损俱损。

前几年不少大企业模仿京瓷，采用阿米巴经营模式[②]来激活内部的创新活力，比如海尔、韩都衣舍等，这种模式也有着"形散而神不散"的韵味。

区别在于，灰狼群是在整个产业链市场中实践不同功能分工协作的阿米巴，效仿者则是在企业内部实现不同功能分工协作的小阿米巴。

欧盟赞助了一个课题小组来研究未来的数字化虚拟产业集群（virtual industry cluster，简称VIC）。灰狼群是VIC的一种表现形式，如果大家感兴趣，可以阅读

---

① 这一模型的理论来自发展经济学家对发展中国家工业化道路的探讨。小型工业在发展中国家实现农村工业化的过程中起着重要的作用。中小企业的竞争劣势主要不在其规模，而在于孤独。由此，施密茨提出一个重要假设：聚集起来的中小企业将具有和大企业一样的绩效，即集体效率模型。这一模型认为，企业集群的竞争优势来自两个方面：被动的外部经济和主动的联合行动。
② 阿米巴经营模式是由稻盛和夫发明的一种经营模式。阿米巴经营就是以各个"阿米巴"的领导为核心，让其自行制订计划，并依靠全体成员的智慧和努力来完成目标。通过这样的做法，一线的每一位员工都能成为主角，主动参与经营，进而实现"全员参与经营"。

后文补充阅读材料中的"虚拟产业集群"。

四、个体影响向生态影响转变

在中国的绝大部分产业链市场中（非寡头垄断），一般都存在着几家老虎企业和数量较多的狐狸企业。表面上，某家老虎企业由于"聚光灯效应"而人人皆知，但是其实际市场份额可能并不高，只占了10%～20%；大部分市场份额实际由狐狸企业们占据着，它们是舞台的主角。这种碎片化的产业链市场在中国随处可见。

从市场的角度出发，由于互联网及信息技术的变化、客情关系的复杂化、客户需求的变化、产业技术的进步、跨界对手进入等因素出现，一个市场内强者越强的"马太效应"[①]越来越不适用，传统产业链市场通过"无形的手"优胜劣汰的过程变得极其漫长。

从一些老虎企业自身的角度出发，利己的本性冲动会驱使它们经常做愚蠢的决策。比如，大企业总是希望通过互联网或各种自身资源来直接接触最终客户，抓住客户，实现自身业绩和利润的增长。但由于客户数量众多等客观原因，在一个市场化竞争的产业链市场中，大企业想要和大批的终端经销商抢夺客户变得越来越困难，甚至会出现"市场反噬"的现象，最终导致企业业绩增长缓慢，达不到预期的结果。

即使老虎企业拥有强大的竞争力，当市场中的其他所有参与者都成为其竞争对手时，老虎企业同样会面临艰难的成长瓶颈。

相较老虎企业，灰狼群对产业森林和市场的影响力要大得多。因为灰狼群不是单个企业，而是由良好生产关系形成的产业链命运共同体。

在风险投资圈子里，曾流行过一本书——《颠覆式创新》。该书由 Innosight 公司的创始人、哈佛大学商学院教授、创新大师克莱顿·克里斯坦森所写。他在书中提到企业间的竞争本质上是价值网络的竞争。每个大企业都有其"柔软之处"，

---

① 马太效应由美国学者罗伯特·莫顿在1968年提出，是一种广泛应用于社会心理学、教育、金融及科学领域的效应。它描述的是两极分化的现象。

灰狼群效应
产业数字化的临界点革命

对于中小企业而言，可以通过产品颠覆式创新或市场颠覆式创新去挑战大企业。

灰狼群选择的是市场颠覆式创新的道路。在碎片化的产业链市场中，被大企业忽视的、离客户最近的、有价值的大量中小零售经销商团结起来，形成第一批灰狼。它们把日常的采购订单汇集在一起，提供给优秀生产企业进行大规模生产，从而在降低产品成本的同时提高产品质量。这样周而复始，有更多的灰狼们加入，就逐渐形成了灰狼群。而且，这样的灰狼群可以攻破大企业的"柔软之处"。

> 加入灰狼群生态的中小企业，能够获得比原来单打独斗经营更好的经济效益，如此就会吸引越来越多的企业加入灰狼群，最终对所在的市场结构形成影响。笔者称之为"灰狼群飞轮效应"。

以上是灰狼群与传统企业对商业规则理解的"四大不同"，这些也是两者在市场中表现迥异的原因。从另一个角度来看，灰狼群对商业规则的不同理解，也代表着它们在产业森林中拥有更美好的未来。

金字塔形供应链向蝴蝶结形供应链转变

灰狼群生态不仅改变了传统的商业竞争规则，实质上，还在中观层面改变了产业森林中产品供应链的结构。同时，还影响了"四流"的效能。

一、两种供应链结构的转变

改革开放初期，绝大部分产业链市场处于供不应求的状态。20世纪30年代到70年代出生的人，绝大部分会对粮票、车票、电视机票和自行车票等有印象，也意识到这些"票"在生活中的重要性。孩子们在过年的时候，还会为穿上一件"的确良"新衣、获得一个索尼的随身听而欢呼雀跃。

在那个时代，供给侧属于主导地位，只要有产品就不难销售出去。到工厂提货的车队可以排得很长，供销员处于天天被人追着给钱的状态。

金字塔形的供应链结构在这个时候就悄然形成了。偏居一隅的厂家生产的商品，通过层层批发的流通环节，到达全国消费者的手上。但是随着产能过剩的产业链市场成为主流，产业互联网灰狼群生态出现，供应链结构发生了巨大的变化，如图 4-2 所示。

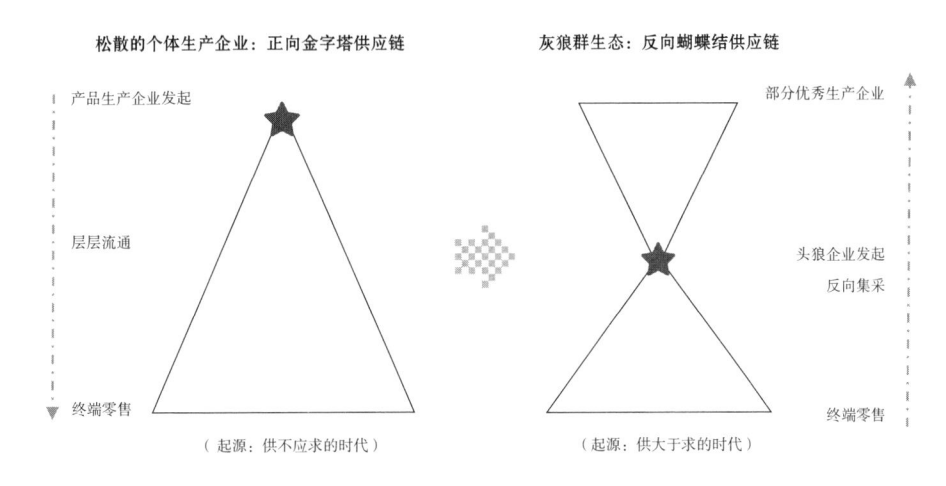

图 4-2 灰狼群出现前后"四流"改变情况

图 4-2 中，右侧是灰狼群生态出现后形成的新型供应链结构，处于市场神经末梢的终端经销商感知用户/客户需求的变化，预测需求。通过企业间的网络，这些采购信息汇集到头狼企业，最终又通过头狼企业的网络对接到优秀的供给端研发和生产。在这个过程中，需求撬动供给，供应链发生了变化，如同一个蝴蝶结的形状。这种新型供应链结构使得灰狼群生态对市场的反应速度更快，调整供应链的速度也更快。

金字塔形供应链是供不应求的时代形成的正向供应链，而蝴蝶结形供应链是产能过剩的时代形成的数字化反向供应链。

二、反向蝴蝶结形供应链对"四流"效能的影响

1. 商流的效能得到提高

传统商业的经营过程中，一家地方生产企业需要面对全国乃至全球的市场，

无论是直销还是通过渠道层层流转，都需要投入巨大的营销成本进行推广，以形成金字塔正向供应链。在这个过程中，由于每个环节的交易费用相对高昂，市场中的交易角色之间又进行非合作博弈，内耗严重。

灰狼群反向供应链的出现，在很大程度上降低了交易费用。生产企业不再需要面向全国乃至全球客户进行大规模营销投入，只需要做好产品的研发和生产，以及能够承接大规模的订单。终端经销商不再需要东奔西跑，和上级批发商、厂家交易博弈，以寻求低价的好商品，通过数字交易系统直接下单采购，即可获得质量更优、成本更低、技术支持更好的商品。同时，终端经销商在头狼企业的支持下，可以专注于在一定的区域内结合互联网及信息技术服务好客户，这也降低了其在购销两端的综合交易费用，提高了产业链的商流效能。

2. 物流的效能得到提高

在传统的金字塔供应链结构中，生产方与销售方形成的交易博弈之所以能影响物流仓储效能，有两个因素：一是产销数量之间的博弈，二是各自库存商品的博弈。产业链中的每个个体都追求自身利益最大化，导致形成了一个个"物流信息孤岛"。个体之间的物流仓储信息不准确、不及时、不完整、颗粒度不匹配等，"牛鞭效应"[1]就是这些问题的形象体现。这种低效的物流体系内耗严重，当出现突发事件，比如疫情的暴发，会导致产业链整体的物流数据不准确，物流无法及时响应市场端的需求。

头狼企业即链主企业的出现，使灰狼群生态中的产、供、销企业之间建立起互信关系，打破了各自"物流信息孤岛"的局面，从而有可能实现产业链一体化，成为离客户最近、效能最高的物流仓储管理的最优策略选择。因此，产业链的整体物流效能将得到提高，具体如图4-3所示。

---

[1] "牛鞭效应"是经济学上的一个术语，指供应链上一种需求变异放大的现象。在信息流从最终客户端向原始供应商端传递时，无法有效地实现信息共享，使得信息扭曲而逐级放大，导致需求信息出现越来越大的波动，而这种信息扭曲的放大作用在图形上很像一个甩起的牛鞭，因此被形象地称为牛鞭效应。

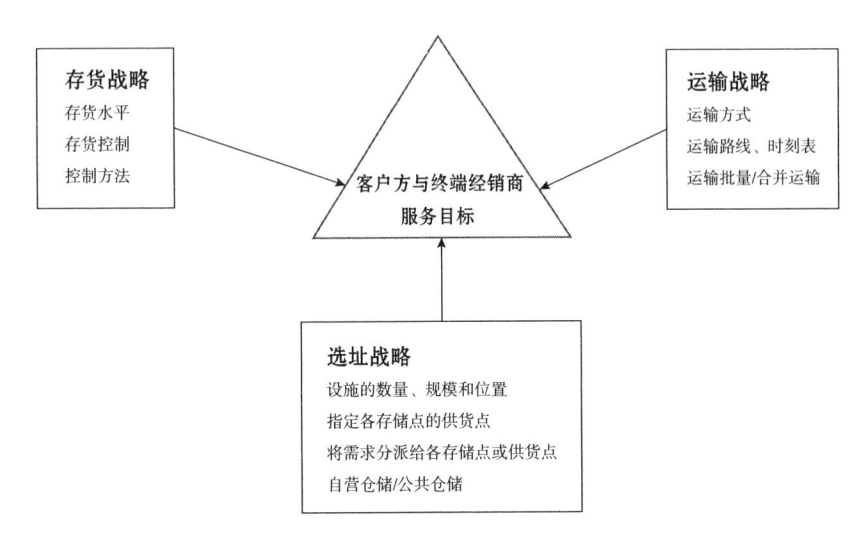

图 4-3　产业链物流及仓储最优策略选择内容

3. 资金流的效能得到提高

传统情况下，银行放贷给中小企业的出发点与中小企业需要资金的用途是错配的，效率很低。

银行等传统金融机构基于"主体信用、资产信用"的原则，对借款企业的自有资产，以"不动产——土地厂房等"为主，做风险综合评估。在企业抵押优质资产之后，传统金融机构会对它们做相应的额度授信。在大多数产业链市场中，占市场份额最大的群体是中小企业。这些企业的固定资产比较少，但又缺乏资金。它们所需的是经营"动产——商品"的流动资金，用于采购原料、库存占压、支付客户欠款等。由此形成了错配。

这些流动资金的需求，本质上是基于场景和数据的动产供应链金融资金的需求。银行等传统金融机构缺乏这样的动产实时数据，缺乏相应的贷前、贷中、贷后的管控手段，因此很难操作。反而是大量的民间资金方，比如产业资金托盘商、小贷公司，填补了这个价值数十万亿元的资金市场。它们挑选一部分有优质资产的中小企业，质押它们的资产并以较高的资金利率给这些企业放贷，这导致实体企业的利润进一步受到压缩。中小企业融资难，成为传统产业链市场中一个很难突破、很难得到有效解决的现象。而在反向蝴蝶结形供应链体系中,这种现象有机会得到缓解。

下面举一个典型的供应链金融产品"仓单"的例子,如图4-4所示。

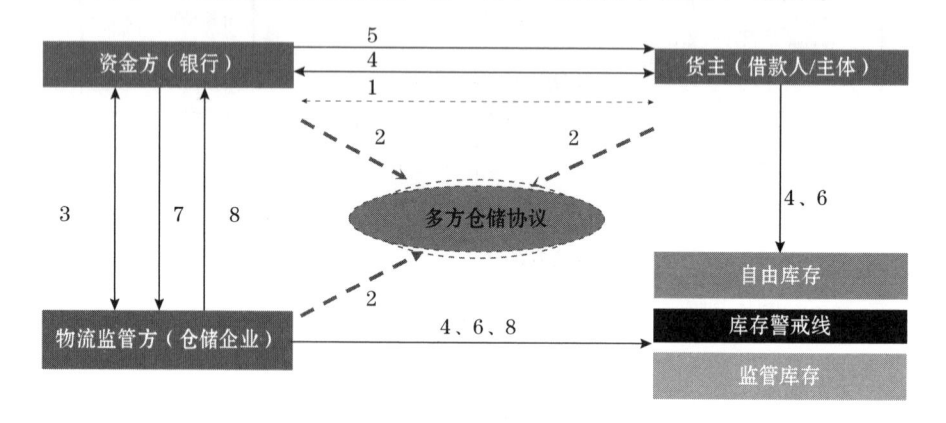

图 4-4 传统供应链金融产品"仓单"的业务流程

1. 货主(借款人)与银行签订《银企合作协议》《账户监管协议》。
2. 仓储企业、货主和银行签订《仓储协议》。
3. 仓储企业与银行签订《不可撤销的协助行使质押权保证书》。
4. 货主按照约定数量送货到指定的仓库,仓储企业接到通知后,经验货确认后开立专用仓单;货主当场对专用仓单做质押背书,由仓库签章后,货主交付银行提出仓单质押贷款申请。
5. 银行审核后,签署贷款合同和仓单质押合同,按照仓单价值的一定比例放款至货主在银行开立的监管账户。
6. 贷款期内实现正常销售时,货款全额划入监管账户,银行按约定根据到账金额给货主开具分提单,仓库按约定要求核实后发货;贷款到期归还后,余款可由货主(借款人)自行支配。
7. 银行划扣相应的保证金或收贷后签发《提货通知书》。
8. 物流监管方凭银行签发的《提货通知书》给予办理相关质押物的放行手续,同时签发《提货通知单回执》并送达银行。

大型金融机构为中小企业提供的供应链金融业务数量不多,主要原因是这个模型执行过程中的风险点比较多——货物抵押监管过程中的跌价风险,货主的重复质押风险,以次换好风险,货主违约后处置货物回款时间长、程序又烦琐等。

2013年"上海钢贸"事件的爆发,一定程度上就是因为传统金融机构在这方面欠缺风险控制和管控能力。

"仓单质押"业务本质上是动产金融,其核心是"管得住、估得准、卖得掉"。

接下来对比灰狼群出现后,金融机构操作新型供应链金融业务流程与操作传统供应链金融业务的区别。灰狼群生态出现后,协助金融机构做的新型供应金融产品"仓单"业务流程见如图4-5所示。

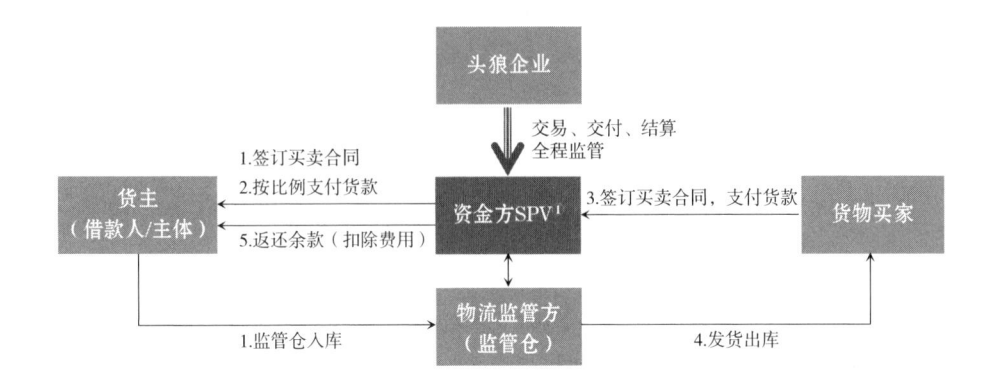

图4-5 新型供应链金融产品"仓单"业务流程

1. 货主（借款人/主体）与SPV签订销售合同，发货至头狼企业/资金方合作的监管仓。
2. SPV收货确认质数量结果后，向企业方（融资客户）支付70%~80%的货款。
3. SPV与买家（货主寻找货物买家）签订买卖合同，取得下游企业销售回款。
4. SPV委托头狼企业办理货物出库手续。
5. SPV扣除资金费用与企业（融资客户）进行业务最终结算。
6. 一旦出现价格波动风险，头狼企业在安全垫达到前及时要求货主补款。
7. 一旦货主出现违约，在约定时间内头狼企业及时处理监管仓货物，货款及利息及时给SPV（监管仓颌为头狼企业指定或者自己监管的仓库，由头狼企业办理现场作业及货物监管。）

在这种新型风控模式中，增加了独立的第四方——头狼企业，其和资金方合作设立贷前、贷中、贷后的风控流程。在流程中，头狼企业自身不接触资金，只是协助资金方通过互联网及信息技术——包括传感器等，全程透明、实时地完成整个货物监管、验收、出库过程。一旦货物有异动，各方都能在同一时间获得相关信息。

在货主回款逾期或价格波动接近安全线的情况下，头狼企业得到资金方授权后可以在生态中及时找到其他伙伴处置货物，真正实现供应链金融动产"管得住、估得准、卖得掉"的目标，使资金方可以实现相对安全的"见货给钱、出货前收款"。

在这个过程中，头狼企业作为独立的第四方，目的是服务于产业链的高效运营，它是一个透明的执行者角色。资金方在实时掌握商品和交易信息的同时，还能随时

---

① 特殊的机构或公司。

通过信息化技术监督头狼企业运营这项供应链金融业务，以及监督仓储方的运营，资金和货物的安全性得到了进一步的提高。

在新型供应链金融产品"仓单"中，头狼企业还负责尽可能帮助灰狼群生态中的融资企业寻求最合适的资金方。因为不同的资金方有自己的特点，审批效率、资金成本、资金规模以及自身的风控流程不同。

除"仓单"外，还有"预付""保理"这两个典型的供应链金融产品，因篇幅有限，不再一一列举。

在中小企业的企业经营中，固定资产建设并不是其核心资金需求用途，进货、卖货才是资金的最大用途。"动产供应链金融"（后文统称为"新型供应链金融"）的需求和传统金融体系提供的"不动产供应链金融"之间不完全匹配，导致了存量资金不能滋养产业经济的毛细血管。

由于灰狼群的出现，头狼企业在很大程度上能够协助金融机构掌控生态中的中小企业全流程、实时场景的动产数据，协助完成贷前评估、贷中监管、贷后处置，最终实现新型供应链金融业务的开展。

当然，头狼企业与金融机构直接对接，服务生态中成千上万的中小企业的成功实践并不是很多。在基于动产交易数据和货物数据的新型供应链金融风控信贷与以固定优质资产抵押为主的传统对公风控信贷体系之间，仍然存在认知和实操的差异性。一些传统金融机构和创新金融科技企业在产业互联网浪潮中，也尝试搭建连接两边的桥梁，帮助更多中小实体企业获得金融资金，比如推动创新金融科技的华夏银行、上海简米网络科技有限公司（简称简米/Ping++）、平安银行等。

新型供应链金融业务的实现和开展，一方面能满足灰狼群生态中大量中小企业经营时的低成本流动资金需求；另一方面，能通过互联网及信息技术协助传统金融机构做好相对安全且高效的金融产品风控和管理工作，促进市场更加良性地运转。

4. 信息流的效能得到提高

在传统产业链市场中，只有大企业围绕自己的供应链及销售网络建立了一定的信息流交互系统。这种信息流实现了局部最优、个体利益最优，但没有实现产业链最优。基于以上"三流"的巨大变化，信息流也随之改变。这种改变是基于整个产业链，"产、供、销"实现了多对多的信息流，并最终实现产业链最优。

灰狼群生态的新型信息系统建设，与大企业利益最优的信息系统架构并不一致。这种信息系统不仅要服务生态中的每个角色，促进每个角色做好自身的价值工作，而且要支撑整个生态"四流"的运行，还是头狼企业自身的运营管理系统。

在7-Eleven的案例中，门店、物流、生产与研发通过这种新型信息系统能够实现各自业务的效能最大化，也能够实现产业链效能的最优化。

场景实验室创始人吴声老师在题为"新物种爆炸·吴声商业方法发布2019"的演讲中说道："数字商业的规则和伦理正在穿越无人区，没有任何先例可循。当下的每一步不仅崭新,也意味着全新规则下的可能性和对有史以来所有认知的挑战。这就是我今天要报告的核心命题——数字商业正年轻。"

灰狼群正在验证这样的观点。下面我们来近距离观察并了解它们的竞争力。

第五章
灰狼群的"竞争力钻石模型"

灰狼群作为数字产业集群的一种形态，一旦出现在产业森林中，其肩负的使命就是将产业链市场中的落后企业淘汰，获得这些落后企业的市场蛋糕。它面对的不仅是狐狸企业，而且还有市场中老虎企业的竞争。因此，它必须具有独特的竞争性，才有可能笑到最后。

传统企业的竞争力大多来源于产品、营销、技术研发、人员、资本等企业内部的经营要素，但灰狼群则不同，其竞争力是基于头狼企业驱动下的产业组织形成的生态力。这个产业组织有五大特征，可以用"钻石模型"来总结，如图5-1所示。

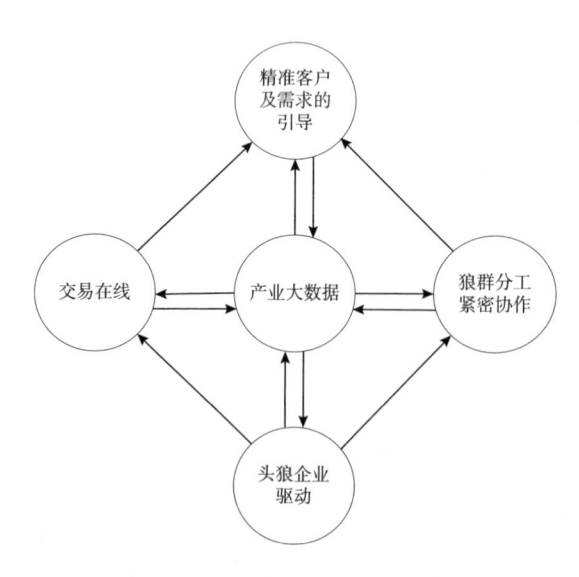

图 5-1 灰狼群特征——钻石模型

通过上图我们可以看到，灰狼群本质上是基于头狼企业驱动，为了高效满足精准客户及其需求,在产业链市场中形成了一个角色分工协作,交易在线,并通过积累的产业大数据不断进化的数字产业组织。

下面分别来了解钻石模型的各个组成部分。

聚焦精准客户群体及场景

中国作为发展中国家,到处都有商机。"哪儿有挣钱的机会,就做什么样的业务",导致一些企业逐步多元化经营。一些成功企业家在名片也会印上他在很多家企业担任的职务,以体现自己产业扩张的程度。

这么做的好处是明显的——企业家能够追求心理上的安全感。在竞争逐渐激烈的市场化进程中,东边不亮西边亮,鸡蛋不能放在一个篮子里面。但弊端也很明显——大而不强,每块业务都很难在细分领域中做到最好、最强。一旦该领域中出现更强的企业,业务就会受到很大的影响。

前文中也提到随着第三次工业革命的发生,客户群更加细分化,各条产业链随之更加细分化。不同类别的客户群可能因为采购场景不同,形成不同的细分供应链和细分产业链市场。

聚焦一个精准的客户群体,详细洞察他们购买、使用、维护商品的全过程和全场景的痛点,设法满足他们的需求,并利用互联网及信息技术实现产业链高效运营,从而形成灰狼群——这对于很多传统实业企业家而言,是一个非常大的机会。

比如,冷冻食材供应企业的客户方有很多种,包括楼宇食堂、餐馆、大型KA[①]、社区超市、线上电商、团餐送餐公司等。在传统情况下,冷冻食材供应企业会在一定的优势地理区域中"有生意就做",不管是哪类客户群,有需要就满足。这是考虑到资源边界和能力边界,企业理性管理决策的结果。

企业家在实际经营中也都知道,每个精准的客户群体都有自己独特的采购冷

---

① KA(key account),直译为"关键客户",中文意为"重点客户""有重要性的客户"。对于供应方企业来说,KA 卖场就是营业面积、客流量和发展潜力三方面均有很大优势的直接销售终端平台。

冻食材的行为，对产品品类、SKU 数量、送货及时性、库存数量、价格甚至服务深度的要求都不一样。但迫于日常经营繁忙，冷冻食材供应企业没有精力去深度服务好其中任何一个客户群。

不仅如此，这些客户除了购买行为有很大的差异，在经营上也有不同的问题。比如，中小餐馆老板在经营过程中存在线上线下拓客留客问题、堂食点餐问题、外卖物流问题、食材采购不便问题、食品安全证书问题（很多大型食材供应商只能每批次提供少量检验证书）、冷冻食品的安全和库存压力问题等，甚至还有一些做得不错的餐馆需要考虑开展连锁经营的资金问题。

如果每个供应商不仅给客户供应产品，而且能站在客户方的角度深入思考他们的难处，把某一类客户的采购行为和在经营过程中遇到的难题都当作自己的难题，深入思考解决方案，那么，这样的供应商很容易和客户形成长期合作的关系。

把这些解决方案变成一个个赋能客户的业务，客户就会和企业建立非常牢固的交易关系。在此基础上，将这些业务复制并不断拓展到全国同一类客户群体中，当规模较大的时候再和生产企业对接，就形成了完整的供应链闭环。全国每一类这样的精准客户群体的年采购规模，总量可能达到千亿乃至数千亿元。

在消费互联网时代，绝大多数精英创业者并没有太多的产业背景。他们抛开传统工业时代的产品思维，改变为用户思维，致力于通过锁定精准的客户不断解决这些客户的问题，增强客户的黏性，最终创造商业价值。比如，一部分消费者关注服务的"好"和"快"，一部分关注商品的"多"和"省"，还有一部分关注价格。对于这些不同类型的消费者，市场上分别出现了京东、淘宝、拼多多等平台来提供不同形式的服务。

> 基于一个精准的客户群及场景，做深做透，洞察他们的痛点，打通供应链，灰狼群才有可能实现价值创造。因此，锁定精准的客户群，是实现灰狼群"产业链全程最优"的前提。这样的客户群，在本书中称为"目标客户方"。

观察数百个灰狼群成长的过程，我们发现客户群越精准，灰狼群就越有可能形成。比如针对乡镇农民电器采购的产业链市场，出现了汇通达灰狼群；针对不同人群服装市场（中高收入女性、白领、母婴等不同群体的购买场景与供应链差异都很大），也分别出现了不同的灰狼群。

聚焦精准的目标客户方，"一根针才能戳破天"。专注才有可能成功。电影《阿甘正传》的主人公阿甘，智商只有75，他是被校长拒绝接受的智力障碍者。但无论是入伍、跑步、捕虾，阿甘都创造了一个又一个奇迹。最终他之所以能成为赢家，全靠他的专注。

狼群分工和紧密协作

前文已经提到了灰狼群的分工和紧密协作性，以及其合作博弈的内部生态关系，这是它们与老虎企业、狐狸企业非常大的区别。

基于这样的特征，接下来会展开分析灰狼群角色分工、角色机制和该机制的学术定义。

一、灰狼群角色分工——传统产业链角色的调整与变迁

传统产业链市场中的企业扮演着产业链中不同的价值角色，在产业互联网到来后，这些企业有可能会发生很大的变化。有些企业依然会存在并承担原来的价值功能，而有些承担某类价值功能的企业可能会消亡，其价值功能由另一类企业来承担。

1. 传统产业链市场中不同价值、不同分工的企业

除了产业链市场中的客户方，一个产业链市场中的企业按照不同的价值和分工，可以分成两类。

第一类是服务于客户方的零售、流通和生产等交易角色，包括终端经销商、流通批发企业、生产企业。它们采购及售卖商品，通过其中的商品差价获利。

第二类是市场中的服务角色，包括金融服务、物流服务、其他功能服务等。根据其是否专门服务于本产业链相关的产品品类，又可以细分为产业链相关产品品

类专属服务角色和通用服务角色，如图 5-2 所示。

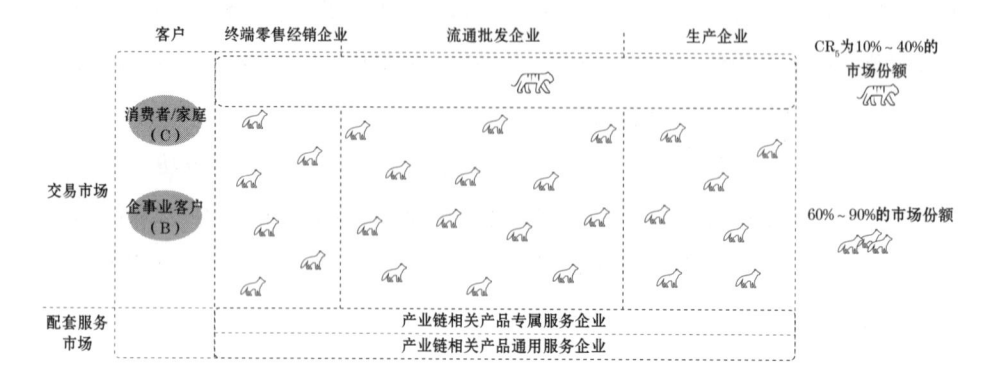

图 5-2　传统产业链市场中企业角色（交易市场为主）的生存情况

注：CR_n（concentration ratio）指行业集中度，又称行业集中率或市场集中度（market concentration rate），是指某行业的相关市场内前 n 家最大的企业所占市场份额（产值、产量、销售额、销售量、职工人数、资产总额等）的总和它是对整个行业的市场结构集中程度的测量指标，用来衡量企业的数目和相对规模的差异，也是市场势力的重要量化指标。

交易角色是产业链市场中最重要的价值角色，也是灰狼群形成过程中最不可或缺的企业伙伴。下面对现有的传统交易角色分别做分析。

首先来看终端零售经销企业，它们直接服务客户方。以家用电器市场为例，担任终端零售商角色的有城市里"遍地开花"的苏宁电器、国美电器，也有网上的京东等，这些都是终端零售中的老虎企业。在乡镇上，有着大量的夫妻电器店，这些就是终端零售中的狐狸企业，它们灵活、勤奋，并自己做好周围客户的电器售后服务工作。

老虎企业因为掌控了较多的客户资源，有大量的订单，所以对供应商有很强的议价能力和控制力。一般情况下，给老虎企业供货的供应商都要以较低的价格供货，利润微薄。如果价格稍高，就有可能被取消供货资格。不仅如此，供应商收回货款的账期也较长，导致中小供货商或生产商的生存压力比较大。

担任终端零售经销的狐狸企业，也有很大的生存压力。它们虽然有良好的客户关系，但拿到的产品价格不一定是最好的，售后服务经常需要自己做，厂家推诿责任的现象屡见不鲜。紧俏产品不一定拿得到，进货要一定批量，但销售慢，库存压力大，资金压力大，甚至还有可能遇到同行无良商家恶意压价、以次充好等恶性竞争现象。

> 承担终端零售经销商价值角色的狐狸企业在绝大部分产业链市场中占了比较大的碎片化市场份额，有时其占领的市场规模绝对值也很大。它们承担着"最后一公里"的脏活、苦活，但人单力薄，在市场中没有话语权，也得不到厂家的重视，甚至需要巴结供应商。

接着，来看流通批发企业。大部分人误解了流通批发企业的价值，认为它就是买进卖出，走流水，只要有钱就能干。其实批发代理企业在传统工业时代的发展过程中，承担了重要的产业链价值功能。

由于物理距离和不同的人文风土，绝大部分优秀的生产企业自己无法触达全国乃至全球的大量客户群和终端零售经销商，因此，流通环节的各级批发商在无形中替厂商承担了这样的工作。

批发商协助厂商将商品销售至各地，负责拓展市场，并协助厂商管理市场，在一定程度上实现了产品在市场流转过程中的规范性和统一性等，这是很有价值的工作。当然，批发商做的工作不仅如此，他们还需要根据不同生产厂家的情况承担资金、物流、信息互通等工作。

所以，流通批发企业看上去价值不大，但是整个产业链市场离开了它们，将无法正常运转。

流通批发企业角色在产业链市场中存在多级现象，资金实力越强，越容易成为高级别的一级代理商或总代理。接下来，根据资金实力和能力，会逐层分为二级、三级代理商。低级别代理商向高级别代理商批发，级别越高，负责的区域就越大。这是传统的"金字塔"供应链形成的流通结构。

一般情况下，一级代理商有可能是市场的老虎企业。它们掌握了大范围产业链市场的销售网络，对中小品牌生产企业有很强的影响力和控制力。

灰狼群效应
产业数字化的临界点革命

> 流通批发商这个角色是终端零售经销商和生产企业之间商品流通的桥梁，承担着大范围的"四流"管道价值。但在互联网时代到来后，商品信息越来越透明，受大厂家和零售端挤压，流通批发商利润微薄，该角色的价值感越来越低。

当然，在流通批发企业角色中，还有一种特殊企业是"串货经销商"。它们不依赖某个厂家品牌产品的批发流通，自身有发达的产业链市场上下游合作的供货和销售网络。它们利用自身对该市场中产品价格波动的敏感性和专业判断能力，快速找到客户所需要的紧俏产品，并抢先采购再转手卖给下游零售网络或客户，从而获取差价。

这种串货经销商由于违反了一些大品牌企业的商品区域分销或市场价格管理体系，经常属于被打压的对象。它们也同样逐渐受到价格愈发透明、厂商挤压等因素的影响，在市场中的价值越来越低。

最后一个交易角色是生产企业，它们是该产业链市场产品最终的生产提供方，也是最终的供给方。①

这类价值角色中同样存在着老虎企业和狐狸企业。老虎企业就是有着强势品牌影响力和实力，能在产业中排前几名的生产企业，比如格力电器、华为、联想等优秀的龙头企业。狐狸企业则例如大量中小电器生产企业。

大量中小电器生产企业在面对流通批发的老虎企业和终端零售的老虎企业时，都处于弱势地位，同时还要面对同行的恶意低价、以次充好、"山寨"产品的恶性竞争，生存压力颇大。

举个简单的例子：一个研发新型插线板（由3个USB插孔和5个插孔组成）的企业（简称A企业），在研发的过程中要考虑安全性、材料、使用的持久性（5~10

---

① 本书所讨论的传统生产企业不仅指实际有生产工厂的企业，也包含了自己不一定有生产工厂，但对于目标客户方而言有品牌知名度，通过外包形式控制了外部工厂进行生产运营的品牌企业。

年商品使用周期），做很多次的实验才能够让产品定型。从研发到量产并推向市场，A 企业需要大量的资金、时间和人才投入。由于市场推广能力不够强大，A 企业不仅要考虑到初期的低销量，还要考虑采用好的材料和经得住严格检验的质量标准，因此产品的成本有可能是 15 元 / 个。

好不容易该产品打开市场，A 企业还没有收回前期投入的成本和费用，有些同行生产企业（简称 B 企业）就生产了另外一种插线板（4 个 USB 插孔和 5 个普通插孔）。由于省掉了研发费用，精简了部分材料，B 企业产品的成本就有可能降到 5～10 元 / 个。

在这种情况下，流通批发的老虎企业和终端零售经销的老虎企业会首先与 B 企业合作。消费者从市场中无法获得 A 企业的产品信息，也很难识别这两者的差异，就有可能优先采购 B 企业的产品。

最终形成的产业链结果是消费者的利益受损，A 企业作为进行研发生产的良心企业无法获得大批量订单，也就没有办法降低成本；没法收回之前的研发投入，也就不会有好的经济效益。企业家只能放弃后续研发，也走向低水平生产。

> 大量的狐狸生产企业承担着市场的大多数供给职责，但面对同行和老虎企业的竞争，由于它们对销售端很难有很强的控制力，又没有足够的资源和实力创造颠覆市场且高壁垒的差异化产品，因此处于微笑曲线的底部，利润微薄，生存压力必然很大。

通过以上分析，大家可以更清晰地认识到中国传统产业链市场中交易角色的价值和生存状态。绝大多数企业无论是在零售、流通还是生产环节，都在碎片化产业链市场中面对着"苦战"和"遭遇战"，见表 5-1。

表 5-1 2005~2017 年 31 个工业行业集中度变化情况（CR$_4$）

行业	2005	2006	2007	2008	2009	2010	2011	2012	2013	2014	2015	2016	2017
有色金属矿采选业	17.5	17.2	20.1	23.6	28	26.1	27.1	27.3	24.6	25.8	28.3	31.7	30
农副食品加工业	2.1	2.1	2.1	2	1.9	1.8	3	2.7	2.4	2.3	2.1	2.2	2.3
纺织服装、服饰业	0.8	0.9	0.9	1	1	1.1	1.3	1	0.8	1.1	1.2	1.2	1.2
家具制造业	-	-	-	1.5	1.4	1.3	1.4	1.4	1.4	1.5	1.6	1.8	2
化学原料及化学制品制造业	2	1.7	1.6	1.6	1.2	1.5	1.6	1.6	1.9	1.6	1.8	1.9	2.2
化学纤维制造业	3.1	3.3	3.4	3.5	3.9	5	8.3	8.5	7.2	6.3	6.3	8.6	11.6
非金属矿物制品业	2.5	2.6	2.5	2.2	2.1	2.5	2.7	2.4	2.6	2.3	2	2.2	2.6
汽车制造	7	8.9	13	9.7	10.2	14.6	16	12.4	12.4	12.6	12.9	13.2	14
铁路、船舶、航空航天和其他运输设备制造业	4.8	4.2	5.1	5.9	5.1	5	4.9	8.6	9	12.6	19.6	18.4	16
电气机械及器材制造业	5.3	4.8	5.4	5.1	4.9	5.9	6.2	5.5	5.8	6	5.3	5.8	7.7
仪器仪表制造业	-	0.4	0.3	0.3	0.4	0.4	0.5	0.4	0.4	0.5	0.6	0.7	0.4
煤炭开采和洗选业	2.7	3.9	4.3	4	4.1	4.2	4.5	4.3	4.6	4.6	3.1	2.5	3
食品制造业	5.8	5.7	5.4	4.4	4.2	4.2	4.5	4.5	4.5	4.6	4.7	4.4	5.3
酒、饮料和精制茶制造业	8.5	7.7	7.2	6.6	6.5	6.3	6.3	7.1	6.5	5.9	5.6	5.8	7.2
造纸及纸制品业	5	4.7	4.8	4.1	3.7	3.6	3.6	3.7	3.5	3.4	3.6	4.1	4.9
橡胶和塑料制品业	2	2	2	1.6	1.5	1.6	1.7	1.5	1.4	1.3	1.3	1.4	1.6
黑色金属冶炼及压延加工业	9.9	11.1	11.1	9.5	8.6	5.7	8.5	9.2	8.2	6.8	6.5	6.3	6
废弃资源综合利用业	-	4	3.9	1.6	1.4	1.1	1.1	1.2	1.7	1.7	2.3	3.1	3.5
纺织业	0.7	0.7	0.7	0.8	0.8	0.6	0.6	0.6	0.6	0.6	0.7	0.7	0.8
皮革、毛皮、羽毛及其制品和制鞋业	-	-	-	0.9	0.6	0.6	0.6	0.5	1	1	1	0.8	0.6

接下表

续表

行业	2005	2006	2007	2008	2009	2010	2011	2012	2013	2014	2015	2016	2017
木材加工及木、竹、藤、棕、草制品业	2.6	2.7	1.9	1.7	1.5	1.2	1	1	0.9	2.8	1.4	0.8	1
印刷业和记录媒介的复制	1.8	1.5	1.7	1.5	1.6	1.4	1.3	1.1	1.1	0.9	0.8	0.9	0.8
文教、工美、体育和娱乐用品制造业	–	0.9	1	0.9	1	1.1	1.1	0.4	0.4	0.4	0.4	0.5	0.5
金属制品业	6.2	5.1	5	4.3	3.6	6.9	5.8	3.4	5.6	4.1	4	3.3	3
通用设备制造业	5.3	4.6	5.4	4.4	4.2	3.8	3.5	3.8	3.6	3.3	3.5	3.3	3
黑色金属矿采选业	0	0	0	0	0	0	0	0	0	0	0	0	0
医药制造业	6.5	5.8	5.5	3.8	3.4	3.7	3.3	3.1	3.2	3.1	3.1	3.2	3.5
专用设备制造业	4.9	5.2	5.6	5.5	6.7	6.9	7.3	6.7	5.7	4.4	3.5	3.2	2.9
石油、煤炭及其他燃料加工业	4.5	4.5	4.1	3.9	3.6	3.4	4.2	4	4.2	3.8	3.7	3.8	4.4
有色金属冶炼及压延加工业	9.4	10.4	10.6	9.4	8	9.6	10	10.3	10.2	9.6	8.8	9.2	9.3
计算机、通信和其他电子设备制造业	3.8	3.3	2.9	2.9	3.6	4.5	4.3	4.1	–	–	–	–	–

注：1.2017年为截至第三季度数据。2."–"表示各种原因的数据缺失。
3.以上数据来源为中信建投的相关报告。

从表5-1中我们可以看到，绝大部分市场的集中度还是非常低的。在这些市场中，规模排名前四的企业占比大多在1%～15%之间，这意味着绝大部分市场是个竞争相对充分的碎片化产业链市场。只有少数市场，比如有色金属挖掘市场的CR_4超过30%，到了寡头竞争的阶段。

交易市场配套存在的服务角色企业，在传统产业链市场中大都起到了交易润滑剂的作用，因此不做重点讨论。

以上这些传统价值角色，在灰狼群所代表的产业数字化过程中是否仍然存在？这是值得我们重新审视的问题。

灰狼群效应
产业数字化的临界点革命

2. 灰狼群对传统产业链市场价值角色在产业互联网时代的重新定义

由于灰狼群生态的出发点是为精准的客户方创造价值，实现产业链最优，因此传统产能过剩的市场中原来的这些价值角色是否有必要存在，是否有必要合作，衡量的唯一标准就是这些角色的价值在产业互联网时代是否可以被替代。

首先，一起来看一下离市场客户方最近的传统终端经销商，他们体现的价值是满足客户方"最后一公里"的商品及服务需求。在产业互联网时代，这种价值不一定只有传统的终端经销商能够提供。

比如，批发商有可能在数字时代承担这部分价值功能。越来越多的批发商因为厂商和终端经销商的挤压，开始依托自身的资金优势和团队管理能力进入零售市场，以获取更高的利润。他们跳过终端零售经销商直销客户的行为，有可能导致传统终端经销商功能被替代，那么这一类批发商角色被称为"特殊交易商"。

另外，还有一种角色可能会替代传统终端零售经销商。我们看到在一些市场中，可能潜伏着现在还没有做商品零售的角色，在满足目标客户方"最后一公里"的需求方面，他们甚至拥有超过原来终端经销商的能力，能为客户提供更加满意的商品和服务。

比如，这几年"社区团购"非常火热。其中一类社区团购形式是互联网公司提供一个在线交易平台，一边寻找并对接质优价廉的水果产地供应商，另一边寻找每个社区宝妈微信群中的群主。由群主在宝妈群里组织水果团购，并在到货后把水果分发给各个宝妈。整个过程从产地直接到销地，实现了高效闭环。

宝妈群的群主（用 b 来代指）之前是社区宝妈群的意见领袖。她们热心为社区内的宝妈分享育儿知识，解决育儿过程中的困难，组织宝妈们开展活动，更多是偏公益性的服务。

长久以来建立的社群信任基础，是她们能够做好母婴、水果等商品销售和服务的前提。每个宝妈群主都希望为社区里的宝妈提供更多质优价廉的商品，但碍于自己势单力薄，无法做好产品品控，也没有时间和精力搞定烦琐的供应链，所以她们之前并没有能力做社区团购。

互联网企业把每个小区的宝妈群意见领袖团结起来，帮助她们每个人做一个线上商城的小程序，并做好水果等商品的供应链管理。在这种情况下，互联网企业消除了宝妈社群群主的顾虑，她们就可以来做水果等商品的团购和服务工作了。

这些群主对社区宝妈的销售和服务能力远超过小区门口的小卖部和水果摊，她们可以为宝妈提供更好的"最后一公里"购物及服务体验。

像宝妈微信群群主这些角色已经建立了很好的客户信任度，但由于某些原因，她们一直没有意愿和能力来替代传统的终端商品经销商。当时机成熟，这些角色可能比传统终端经销商干得更好。这类特殊角色拥有比传统终端经销商对目标客户促成采购更强的影响力，在本书中被定义为产业链的"特殊服务商"。

特殊服务商不仅会出现在消费领域的产业链市场中，同样也可以出现在工业市场中。

大家可能都知道，在家具生产企业作为客户采购木材的市场中，木材零售商或批发商会给各类家具生产企业供货。但大家可能不知道这个产业链市场中有两类木材加工服务商，一类是把木材粗加工成不同规格板材的加工企业，另一类是配套帮助家具企业外包生产家具中所需要标准规格的隔板、托板等半成品的加工企业。这些服务商原来的生意都还不错，尤其是第二类加工服务商一般都和家具厂建立了长期互信的合作关系。但随着市场竞争愈发激烈，这两类企业的利润越来越低。

第二类服务商和家具企业传统的木材供应商相比，能为家具企业提供增值服务，也有较强的黏性、更强的资金实力，以及很好的信任度。但短板也比较明显，这些加工服务商对木材买卖及流通供应链并不熟。如果有互联网企业能够像帮助宝妈微信群群主一样做好相应的供应链管理工作，那么在家具企业的木材和零配件供应与服务上，这些加工服务企业可能比传统的零售终端经销商做得更好。

通过上面这些案例，我们可以了解到，在一个产业链市场中满足目标客户"最后一公里"的购物和服务需求的角色，不会只有传统的终端经销商。在产业互联网时代，跳出固化的思维，为客户寻找到这种替代角色非常重要。

当最终确定了为客户提供商品和服务的角色企业，进化成灰狼群的一部分，这类角色即可定义为灰狼群数字生态愿意接纳的"目标终端经销商"。

头狼企业负责目标终端经销商角色的确定和挑选。对这个重要角色的挑选，有的产业互联网领域研究者提出了基于最终客户采购的"海量、高频、刚需"特征来作为衡量标准。但是笔者在研究过程中发现，这个标准并不能完全涵盖各种灰狼群数字生态的挑选准则，因此笔者提出了"四最"标准：

第一，"最近"，离产业链市场目标客户最近的终端经销商或服务商。这里的"最近"可以是不同衡量尺度下的"最近"：地理距离、服务关系、高频商品交易黏性等。

第二，"最大"，可以是产业链市场中目标客户方采购产品数量最多或年采购额最大的终端经销商或服务商，也有可能是采购品类数量最全的终端经销商或服务商。

第三，"最强"，对目标产业链的目标客户采购交易影响力最强的终端经销商或服务商。传统情况下，产品的终端经销商或服务商一般都充当着乙方角色，无法对甲方的采购决策产生重大影响力，更多是搞好客情关系，维护生意。但不排除某些品类的提供商角色是目标客户方为满足其核心业务运营或核心需求所必需的。虽然其提供的产品或服务金额并不是最大的，但对于目标客户方来讲不可替代，而且这个终端经销商有机会做成交易影响力最强的终端经销商或服务商。比如在元器件产业链市场中，最终客户会面对独家授权供应的核心元器件芯片、稀土终端经销商等。

第四，"最可能配合"，由于灰狼群是新生事物，传统产业链的狐狸企业需要进化成狼群的一部分，因此"最可能配合"是最后一个标准。选择标准的核心是衡量这类角色企业的态度，是否愿意进化成灰狼群的一部分，大家互相成就。

要注意的是，"四最"是指为客户提供不同商品和场景服务的各种角色进行综合能力对比的标准，这也是头狼企业挑选深度合作并共同构建灰狼群生态的合作伙伴的选择标准。

比如，围绕家具生产企业提供"最后一公里"商品和服务的供应商，包含五金、木材、化工油漆等供应商，以及家具厂配套隔板加工服务商等。头狼企业应该结合该市场的特点，最终选择其中的第一类和第二类角色，进行深度合作。

以上用了较大的篇幅来讨论灰狼群眼中传统产业链市场中终端经销商的地位

第二部分
灰狼群现象——产业森林的巨变

和价值,也讨论了灰狼群眼中的新角色"目标终端经销商""特殊服务商"的定义和衡量标准。下面继续讨论在产业互联网时代,灰狼群对传统产业链中其他价值角色的理解。

来看传统流通环节中各级批发商角色。即使作为大企业品牌商,商品到达最终客户之前,仍有可能存在批发商的环节。

在20年前惠普刚进入中国时,我们会更看重全国大型分销商的资金实力和市场网络拓展管理能力。早期,惠普内部考核的业务指标侧重"sell-in",意味着只要把货物大量地压给分销商、经销商,无论这些流通环节最终卖出去多少,都无所谓。

随着全国业务的发展和成熟,惠普逐渐认知到货物压在流通环节是不健康的,不能只管压货给流通环节,只有卖给用户才是健康的业务模式。因此,惠普公司决定逐步在部分产品线上采用地区分销商模式,再在全国各地大规模招募自己的渠道管理人员,直接扶持终端经销商,加强面对用户的能力。时代发生变化后,惠普公司甚至开始直接和大型电器卖场、大型电商合作。

在其销售模式变化的过程中,内部的考核业务指标也改变为"sell-out",即产品有多少卖给最终客户成为内部业务团队、批发商、零售终端经销商业务水平考核的标准。

在互联网兴起后,这些批发商的生存空间不断受到挤压。大企业正在向客户端逐步靠近。流通环节批发商的价值越来越低,这种现象不仅存在于IT产品产业,绝大多数传统产业也存在这个趋势。

更重要的是,当一个产业链市场出现灰狼群数字生态,对于该市场中已存在着多层流通环节的传统老虎企业而言,它们又将面临高维打击和低维威胁。老虎企业希望通过流通环节控制自有品牌的市场,但产业链效率低、成本高等弊端一览无余,无法面对高效的产业组织生态的竞争。

前文提到,批发商向终端零售商转型,有可能成为"特殊交易商";还有另外一种情况,一些大批发商或者总代理商开始涉足自有产品的设计及生产,试图走向微笑曲线利润较高的一端,也有可能替代一部分市场设计及生产企业,成为"特

灰狼群效应
产业数字化的临界点革命

殊交易商"。

总体而言，中间的流通批发环节在产业互联网时代有四个新的发展方向。第一，由于本身有一定资金实力和管理水平，很大程度上能比现有终端经销商做到更好的"最后一公里"客户商品和服务工作，有机会转型成为灰狼群生态中的目标终端经销商，融入灰狼群生态。第二，基于对本地的终端经销商网络产业资源的积累，与头狼企业合作，转型成为头狼企业在当地的分支机构，融入灰狼群。第三，有些流通批发企业的实力很强，企业家也很有魄力，由于经营多年，与很多优秀生产企业建立了很好的信任关系，也有一定的客户服务的终端经销商网络资源，那么这些企业家有可能决定成为头狼企业，构建灰狼群生态。第四，批发企业由于了解市场和产品，有可能转型成为优秀的产品生产企业，那么这些企业可以作为产品供应商，融入灰狼群生态。

对于流通批发商的第三种转型方向，这个市场如果已经有灰狼群生态，那么其中的头狼企业肯定不希望出现新的头狼。因此，如何与市场中流通批发环节角色合作，也取决于头狼企业自身的资源条件、禀赋能力和灰狼群生态发展的需要。

在汇通达的灰狼群中，有大量传统的城市一级电器批发商出于对创始人汪建国[1]的敬佩，受到其商业理念的感召，选择加入汇通达构建的灰狼群，成为头狼企业在当地的分支机构，一起服务于农村电器夫妻店。

当某一类批发商角色成为灰狼群生态的一部分，本书都称之为灰狼群生态中的"特殊交易商"。

再来看传统产业链市场中的生产商角色。生产企业的价值在数字化时代依然存在，它们是产业研发新技术、新工艺、新产品的发动机，只有通过生产企业，才能将产业的先进科技转化成产品，具备商业化价值。如同 7-Eleven 灰狼群中有 170 多家生产企业，没有这些紧密合作的优秀生产企业，就没有 7-Eleven 的畅销商品。

---

[1] 汪建国是五星电器创始人、江苏五星投资控股集团董事长、汇通达董事长。五星电器曾经是中国第四大家用电器流通集团，2009 年年初，汪建国将其卖给美国最大的家电连锁商百思买，后来于 2010 年创办了汇通达。

第二部分
灰狼群现象——产业森林的巨变

在头狼企业眼中，生产商是产业链市场中不可或缺的角色，也是需要合作的角色之一。在产能过剩的年代，如何选择合作的生产商，对头狼企业来说相对容易，但也存在着一些特殊情况。

> 有些市场存在针对生产方提供特殊服务的企业角色。其特殊性在于它们对生产方的销售决策有重大影响力，产业链其他各方很难超越这些特殊服务角色去直接影响生产方的销售行为。
>
> 这些特殊角色和前文中提到的在零售环节对目标客户的采购行为影响力大于传统终端经销商的特殊服务商类似，因此本书也将其称为产业链市场中的"特殊服务商"。

在养殖业，比如养猪、养鸡、养鸭等领域，在养殖户身边经常会有一个角色——经纪人。经纪人的工作是帮助养殖户提高他们的养殖水平，并提供饲料、药品、动物种苗等，这类角色和生产端建立了紧密的合作伙伴信任关系。由于这些养殖户个体偏小、碎片化，经常无力开拓市场，经纪人就会协助他们销售甚至直接收购他们的产品，然后再对外销售。

比如在鸡蛋产业链中，农户会把鸡蛋卖给信任的经纪人，这些经纪人再向市场流通批发商供货。还有不良资产市场，最终向市场提供资产的不一定是资产拥有方，有可能是债权方。

这类特殊服务商也是灰狼群需要团结的特殊供应商。是选择和特殊供应商还是生产企业合作，或是两者都合作，则需要头狼企业根据自身的资源条件、禀赋能力和灰狼群生态状况进行评估选择。

最终灰狼群选择的产品供应商，本书称为"目标供应商"。目标供应商角色在灰狼群生态中可能也是生产企业角色，两者角色或有重叠，也可能是两个不同的价值角色。

以上是针对产业互联网时代，从形成灰狼群所需要的、有价值的生态合作伙伴的角度出发，对产业链市场中传统各类交易价值角色企业重新做了分析和分工定义，如图 5-3 所示。

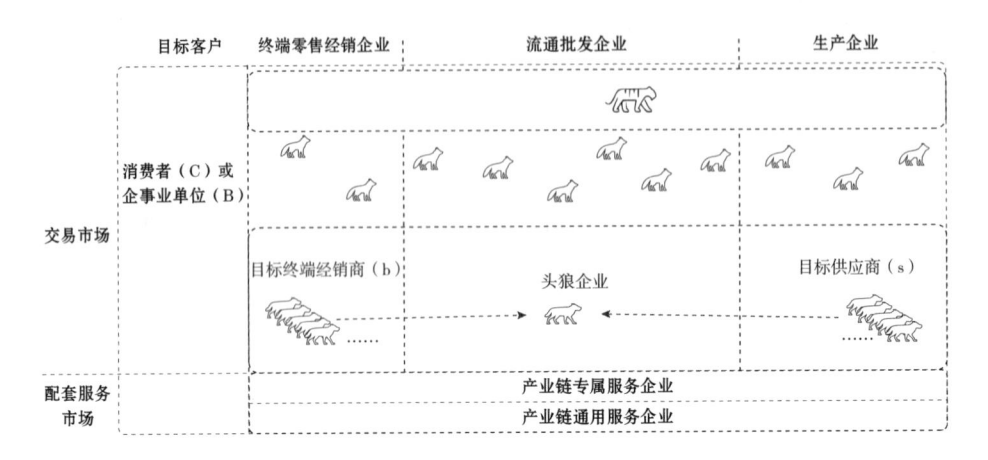

图 5-3 数字时代头狼企业认知的产业链价值角色

要注意到，图中生产企业是否会成为数字时代的目标供应商并不会阻碍该价值角色存在于数字时代。面向目标客户方，产业链市场未来的交易价值角色在灰狼群生态中最终会映射成为该生态内部以下的价值角色：目标终端经销商、目标供应商和生产企业，最后是头狼企业。

目标终端经销商角色和目标供应商角色是尤其需要注意的，它们不一定是现有市场中通常理解的价值角色，不排除有"特殊交易商""特殊服务商"的存在，会替代现有的传统价值角色。

除了图 5-3 展示的灰狼群生态中的交易价值角色，灰狼群生态中也会有配套的服务价值角色，有可能来自两类传统的产业链服务商：一类是所在市场相关产品品类的专属服务商；另一类是服务不同产业链市场不同产品品类的通用服务商。

比如在煤炭市场中，配煤、质检、煤炭资金托盘商等企业都属于专属服务商角色（这些角色所经营的产品品类业务中有 50% 以上的比重在该市场中）；港口、铁路、海运等服务商企业就是通用服务商角色，它们除了服务煤炭产品市场，还服务众多其他不同产品品类的市场。

以上这两类传统服务商企业角色，在未来是否会成为该产业链市场中灰狼群生态中的一员，也依赖于灰狼群根据自身所拥有资源禀赋、能力条件及生态发展来做选择。

用日本 7-Eleven 来举例，其灰狼群生态内数万家门店与生产企业之间的高效物流服务和配送中心，都是灰狼群内部自建的。传统第三方的通用服务商——物流和仓储配送企业并没有参与其中。灰狼群内部实现了服务的自产自供。

这种现象并不是偶然发生，比如前文提到的家具木材市场中出现的灰狼群生态，头狼企业则是自建仓储中心，也就不需要传统的第三方仓储中心角色了。

消费互联网也存在类似情况，比如 UPS（美国联合包裹运送服务公司）曾经是亚马逊最大的物流服务商，每年从亚马逊获得超过 10 亿美元的收入。2018 年，亚马逊仅仅在美国假日季就有 10 亿个包裹的运输量。考虑到成本节约及对物流效率的掌控性，2019 年亚马逊开始自建物流，组建了一支由 70 架飞机、1 万辆卡车组成的运输队伍，并涉足海洋和铁路运输业务。亚马逊的这种做法对 UPS 的业务造成了巨大的影响。

所有的互联网企业，一旦成功建立了新的"交易在线"市场，就有很大的主动权来配套规划服务生态，亚马逊、京东、淘宝和天猫都是如此。灰狼群是一个数字生态，但生态内部的交易同样也是一个"交易在线"市场，因此在生态中，服务角色由谁来扮演，头狼企业有很强的话语权。

这些服务商在传统产业链的价值功能，在产业互联网时代的市场中大概率还是会存在的，但是提供这些服务的企业是否会成为灰狼群生态中的一员，还需要打个问号。

最后一个角色是灰狼群中的头狼企业。考虑到其重要性，在后文中会着重描述该角色的价值和特征。

在数字经济快速发展的过程中，不断有企业被淘汰，也有新企业新生态诞生。通过本节的探讨和分析，读者可以看到未来产业森林中哪些角色企业将依然存在的评估，强调的是谁的价值不能被替代，谁能够为目标客户方创造价值，要回到产业链最终高效运行的原点即"从客户角度出发"来理解和分析传统产业链的这些角色，最终重构价值链。

特斯拉创始人"钢铁侠"伊隆·马斯克推崇备至的第一性原理（first

principle）[1]，是理解以上价值链分析最好的方法——既是简单的，也是最有力量的。

二、灰狼群角色紧密协作机制

了解了产业互联网时代有价值的角色后，下面来讨论灰狼群生态内部的紧密协作机制。

头狼企业与群狼进行深度协作的机制，与工业时代汽车主机厂和配件供应厂通过信息系统进行紧密协作的关系有类似之处。

经济学家认为，这种企业间的紧密协作关系是一种"产业组织模块的整合"[2]。基于这种整合，学者展开了很多协作机制的研究。

复旦大学的芮明杰教授曾提出过对整合的三种分类，分别是产品整合、价值整合、知识整合。

1. 产品整合维度

芮教授对零部件企业和核心企业进行紧密合作生产、最终组装产品的情况做了研究，即企业如何围绕产业链市场中的生产环节进行模块化生产组织分工，高效柔性地研发及生产，从而满足市场需求。这一研究的前提为假设成品生产企业已经了解了一个市场中目标客户的需求，将半成品和原料企业用数字化手段紧密联结起来。

在灰狼群生态中，需求获取并不依赖单个生产企业，生产企业之间也并不一定要做产品层面的整合。

---

[1] 第一性原理是古希腊哲学家亚里士多德提出的一个哲学观点："每个系统中存在一个最基本的命题，它不能被违背或删除。"马斯克则将其表述为："我们运用第一性原理而不是比较思维去思考问题，这是非常重要的。我们在生活中总是倾向于比较，对别人已经做过或者正在做的事情，我们也都去做，这样发展的结果只能产生细小的迭代发展。第一性原理思想方式是用物理学的角度看待世界，也就是说一层层剥开事物表象，看到里面的本质，再从本质一层层往上走。"这是他眼中的"第一性原理思维模型"——回溯事物的本质，重新思考要怎么做。

[2] 灰狼群作为一种产业组织，其分工协作的特性又涉及产业经济学另一个前沿理论研究的分支——"模块化产业组织"。

头狼企业将生态内的无数个目标终端经销商作为触角，尽可能真实地了解客户想要什么、偏好什么。目标终端经销商通过和客户的交流判断市场的趋势，从而制定不同类别产品和数量的采购需求。头狼企业汇集这些需求，然后分发给生态中的不同生产企业或研发企业，推动新产品的生产和研发，并实现全链条的快速反应。

从产品整合的角度来看，灰狼群生态实现了随需而研、随需而产。

2. 价值整合

芮教授曾说过："随着由卖方市场转化为买方市场，在市场竞争的压力下，企业之间的协作已经不仅仅是产品生产的协作，而是价值创造的协作。例如基于成本节约的产业链价值创造过程，就是传统的基于规模经济的产业链对新市场环境的适应。通过对产业链的价值整合，协调供应、生产、销售等各个环节，在满足顾客需求的前提下，尽可能地既充分发挥规模经济优势，又能控制库存，降低成本……"

他的观点也表明了价值整合本质上是产业组织角色协作后价值创造的叠加。上一节讨论的是传统产业链的各个价值角色在数字时代被重新定义、成为灰狼群生态中的新的价值角色、形成新的价值链整合，最终形成叠加效应。

同济大学教授任浩和郝斌针对价值整合提出了进一步将其拆分成利益整合、目标整合、文化整合这三个不同的方向。[1]两位教授的观点如下：

模块化组织内部的利益纷争体现在：（1）个体与系统之间的利益冲突。一方面是规则上系统与个体存在不同要求，另一方面是利益协作机制上系统与个体很难达成一致。（2）顾客与组织之间的利益冲突，即二者在追求消费者剩余和生产者剩余时难以避免的利益分割问题。

模块化组织中需要明确各成员模块的利益契合点，以避免利益纷争。利益整合是价值整合的基础。目标整合是价值整合的核心。目标通过渗入组织行为来影响组织的价值诉求。共同的、互容的、具有普适性的价值目标，对组织资源的有效整合及企业价值的实现起着至关重要的保障作用。不仅需要考虑主导模块战略目标与

---

[1] 任浩,郝斌.模块化组织运行机理的整合性架构研究[J].同济大学学报（社会科学版）,2009（01）:98–103.

成员模块短期目标的协调，同时还需要对顾客日益非标化、多元化的效用目标及需求给予持续关注。

文化整合是价值整合的灵魂。组织价值实现的关键在于组织及其利益相关群体对其行为进行自觉、自愿的选择与肯定，在共有行为实施中实现价值。

3. 知识整合

按照与生产有关的知识属性强弱，可以分为产业组织整体和角色自身所需要的制度知识、组织知识及技术知识。一旦建立起这些知识的协作体系，就形成了基本的灰狼群运作基础。

从经济学角度来说，当一家企业或一个产业组织发展到了一定规模，就会存在规模报酬递减规律，主要原因就是内部交易费用的存在。用现在比较流行的语言来描述，就是"熵增"现象[①]。

灰狼群在发展过程中，能够有几万甚至十几万家企业进行互相协作，它是如何解决"熵增"这个问题的？那就是利用知识的力量。知识具有边际报酬递增特性，利用学习效应使资本和劳动力得到更有效的利用，是实现整个产业组织对抗"熵增"的主要手段。

曾经有个小故事讲述了知识学习和分享对组织的价值。英格兰有一只大山雀，一次偶然碰掉了放在门外的牛奶瓶瓶盖，喝到了牛奶。从此，它学会了偷喝门前的牛奶。不仅如此，由于山雀是群居动物，通过沟通交流，它们都成功获得了打开封口奶瓶的知识并因此受益。而知更鸟由于是独居动物，即使有少数知更鸟偶尔啄开奶瓶的瓶盖，这种知识也无法传递和共享，导致群体"无奶可喝"。

从这个角度出发，灰狼群生态的产业组织内部进行知识的分类、获取、转移、共享、应用、再创造等环节，也需要结合不同的组织形态和其中头狼企业的需求进

[①] 熵增的物理定义是一个自发的、由有序向无序发展的过程。熵形容一个系统中无效的能量。薛定谔说："自然万物都趋向从有序变得无序。"即熵值在增加。熵增意味着在一个封闭的系统内，没有能量输入就会从有序向无序发展。在 1998 年亚马逊致股东的信里，贝佐斯说："我们要反抗熵（We want to fight entropy）。"

行不同的知识整合机制设计。

以上是基于协作的目的——产业整合导向,所探讨的不同维度的协作机制分析,这些分析思路大都沿用了经济学家现有的一些观点和思路。

实际中的灰狼群生态也大多结合每个垂直产业链市场的特点和生态的发展情况,以及头狼企业的资源,把上述对"整合"分析的一部分先做机制设计,先行先试,不断摸索完善。

比如汇通达、7-Eleven 等灰狼群生态中,有家电产品分类生产商规划合作、产品定价、交易结算和金融支持等机制(产品整合范畴),区域划分及利益分配机制(价值整合范畴),培训及 IT 系统应用(知识整合范畴)。这些具体的实践也将为加快研究灰狼群生态紧密协作机制提供更多帮助。

"交易在线"的产业组织

前文中曾提及在传统产业链企业间交易市场,有先驱们努力用互联网及信息技术来探索和建设不同形态的 b2B 信息撮合在线市场。他们一直无法对传统产业链市场的产业结构形成巨大的冲击力,最核心的原因是无法实现 b2B 的"交易在线"。灰狼群生态不同于早期 b2B 市场模式的重要特征,是实现了企业间 b2B 的"交易在线"。

笔者曾经在 B2B 独角兽训练营上问过企业家学员们,传统 b2B 交易无法实现"交易在线",而灰狼群为什么能够实现?

企业家们给的答案不尽相同,如"因为头狼企业有控制力,所以他们能够在线上交易""因为集合了需求端的订单可以撬动生产端,所以能够线上交易""因为时机到了,企业家们愿意交易在线"。

阿里巴巴前总裁、现嘉御基金创始人卫哲在笔者负责的训练营作为嘉宾演讲时提到"b2b 重要的交易在线形态有几种:拍卖、团购、中远期期货,核心是'聚'"。他对此做了详细阐述:"获得真实撮合交易的数据,目的在于将其应用于交易。举个例子,我们发现某食品厂每个月买 100 吨糖,价格 5000 元/吨,连续 3 个月购买。卖糖的 1 个月卖了 1 万吨糖,分别以 5000 元/吨的价格成交了 5000 吨,5100 元/

吨成交了 3000 吨，5200 元/吨的价格成交了 2000 吨。得到了这些数据，我们能做什么呢？我们可以搞团购，让多家采购规模相似、同一地区的食品企业，以更低价格买入糖；可以搞拍卖，让糖厂把原来 5000 元/吨成交的糖以 5100 元甚至更高的价格卖出去；还可以搞中远期买卖，例如让不同提货时间的企业聚集在一起和糖厂谈判，以获得更优惠的价格。拍卖、团购、中远期期货三件事的核心是'聚'，'聚'是 b2B 最大的价值所在。这三种形态并不是互联网的发明，但因为互联网而变得更具有价值，因为互联网能够打破空间和时间限制，从而扩大了这些形态的应用可能性……"

我们可以看到，灰狼群生态就是在"用户驱动"的前提下，将"碎片化的需求订单"通过"拼团"的方式实现了产业链的"交易在线"。这和消费互联网时代的团购模式几乎一样，只不过在消费互联网时代，发起人是普通消费者；在产业互联网时代，发起人是大量碎片化短期（1 天到几周，根据行业的特性决定）需求订单的目标终端经销商"b"。

消费互联网"交易在线"的外在表现形式是消费者把互联网当作市场，产业互联网实现"交易在线"的逻辑是企业把互联网当作集采的工具。

一些产业互联网创业的企业家想当然地模仿淘宝拍卖、美团团购和小米的提前预售，仍没有实现 b2B 的"交易在线"。仔细想想，b2B"交易在线"如果这么容易理解和操作的话，为什么先驱们努力了 20 多年，企业间交易市场在线化也没有大规模实现？

这是有原因的，其原因在于消费者采购和企业采购思考出发点的区别。消费者采购关注的是产品性价比（性能体验/价格），他们的采购是一种间歇性和随机的行为；企业采购也关注性价比，但是更关注产品提供的稳定性和持续性。

除了期货在一些特定大宗商品市场有存在的必要，拍卖和团购的形式要在企业间实现"交易在线"，难度是很大的。

对于企业而言，开门就要做生意，开门就有成本，没有稳定的供货渠道，靠间歇性地参加拍卖或团购，是无法维持企业正常运营的。这种形式也是在绝大部分市场不会出现的，更何况这种直接"聚"的形式在很多产业链市场是不适合的。让市场中的生产企业及卖家在互联网上不断降利润、血拼价格，让采购商得利，最终形成的寡头企业又反过来侵害其他采购商的利益，整个博弈过程中，产业升级缓慢，时间漫长。

中国作为"世界工厂"，一个产业链市场中有成千上万乃至数十万家企业，不知道要经历多少年的"相爱相杀"，才有可能结束这种局面。

灰狼群是如何解决这个难题的？首先来看传统产业链的结构。传统市场的客户方一般分为两类：消费者和企事业机构，如图5-4所示。

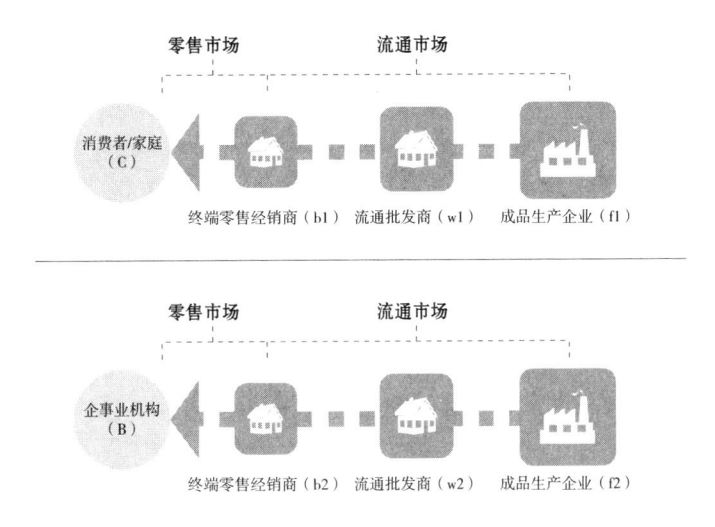

图 5-4　不同客户方的传统产业链市场

通过上图可以看到，虽然两个产业链有不同的客户方，但是他们都有共同点：每个产业链都由零售市场和流通市场组成，前后两个市场的衔接点都是终端零售经销商/门店（b）。

> 让产业链市场"交易在线"，就是让b"交易在线"。这意味着至少要实现b的采购在线。当然，如果能够实现b的销售在线，则更好。

这是两种不同产业链市场未来实现"交易在线"所思考的出发点。考虑到灰狼群生态对产业链价值角色做重新分工的定义，结合重新定义后的交易价值角色，再来看一下灰狼群眼中的产业链市场，如图 5-5 所示。

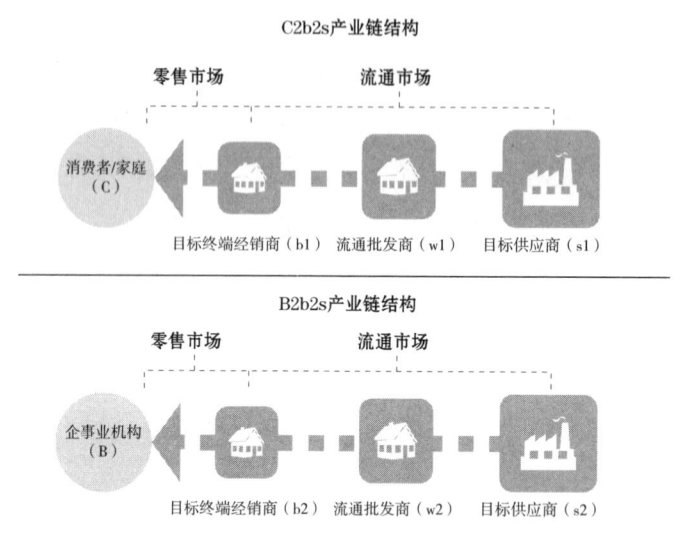

C2b2s 产业链结构

零售市场　　流通市场

消费者/家庭（C）　←　目标终端经销商（b1）　流通批发商（w1）　目标供应商（s1）

B2b2s 产业链结构

零售市场　　流通市场

企事业机构（B）　←　目标终端经销商（b2）　流通批发商（w2）　目标供应商（s2）

图 5-5　灰狼群重新定义价值角色分工后的产业链市场

灰狼群实现了价值分工的重新定义，要实现生态中各个伙伴的"交易在线"，仍然需要思考如何让 b 交易在线。

结合不同的目标客户方产业链市场，来分别看灰狼群如何实现"交易在线"，以及实现的不同形态。

先看以消费者为目标客户的产业链市场。虽然大多数消费者购物时仍然通过线下门店采购，但由于移动互联网及信息技术的快速发展，越来越多在门店采购商品的消费者不再到附近店里去了，而是通过附近门店的微信公众号、小程序等渠道下单。这种消费者与商家之间形成的线上、线下交易融合的现象，业内称为 OMO[①]（详见补充阅读材料）。

在灰狼群生态中，头狼企业会帮助灰狼群中的目标终端经销商（门店或宝妈等）建立他们的线上客户私有流量池，培养 OMO 能力，从而提高目标终端经销商的经

[①] OMO 商业模式（online merge offline）是一种行业平台型商业模式。

营业绩，完善消费者的购买体验。

消费者产业链市场的 b2s 交易市场是否可以实现交易在线？答案是有可能的。

虽然大家已经了解了企业采购行为的"三大交易在线障碍"（内部流程环节差异大、单个流程环节差异大、交易条款复杂非标化），导致无法实现"交易在线"，但这是通常的情况。

如果单独审视 b 这样的企业采购行为，会发现"三大交易在线障碍"在 b 企业身上表现得并不明显。b 企业大都是夫妻店或中小经销商，他们非常理性，决策流程很短，交易条款也简单，甚至在很多情况下口头就可约定采购。他们在大多情况下又是产业链市场中的"弱者"企业，既面向客户方，又面向批发商和厂家。在互联网时代，他们大都不擅长通过互联网及信息技术来提升自己的经营能力。

基于 b 的这种特点，b 不是典型的中大型企业复杂采购形态，而是由老板直接做理性决策——他们比较看重直接利益。因此，为 b 创造经营价值，就有可能实现 b2s 市场的交易在线。

头狼企业通过赋能 b 创造价值，b 反过来对头狼企业有了信任，这些狐狸企业就会愿意进化，加入灰狼群生态，并愿意通过头狼企业在线集中采购产品（只要头狼企业提供产品的价格随行就市），最终实现和目标供应商的对接。"交易在线"自然而然就形成了。

当一家夫妻杂货铺一年辛苦挣 30 万 ~ 40 万元利润的时候，7-Eleven 总部告知他们，按照 7-Eleven 的做法能够赚到 100 万元以上的年利润，并实际验证了这个结果。这时，他们有什么理由拒绝成为灰狼群的一部分呢？

具体如汇通达、一手，都是通过类似赋能手段为 b 创造价值，实现了 b2s 的交易在线。这种现象的背后，是 b 基于理性思考的结果，也是"无形的手"推动的结果。参见下面公式：

$$\text{传统终端经销商经营的收益比} = \frac{\text{收益回报}}{\text{成本投入}}$$

$$\wedge$$

$$\text{目标终端经销商获得赋能后的收益比} = \frac{\text{被赋能后的收益回报}}{\text{被赋能后的成本投入}}$$

这是 b 通过对比自己按传统方式经营的困境（包括传统采购量小导致成本高、货物积压、客户维护能力弱、资金少等）和头狼企业出现、为其解决困境后的经营效益进行自然选择的结果。这也是著名经济学家罗纳德·科斯的交易费用理论在小企业采购行为选择上的真实体现。

这使得卫哲先生阐述的 b2B 用"聚"实现交易在线成为可能。当更多的 b 加入灰狼群生态时，在线采购的碎片订单被汇聚给优秀的生产企业或供应商。生产企业或供应商实现了在短时间内大规模生产其辛苦研发的产品，这也使他们在降低成本的同时能获得更多的利润，也有更强的动力进一步提升产品的竞争力，从而使灰狼群生态内部成本大幅下降，各个角色都有合理的利润，形成产业组织良性运转。

这就是消费者产业链市场有可能实现交易在线的答案。

卫哲提到的"聚"的形态不是实现企业间交易在线的真正原因，而是交易在线的表现形式。

> 产业链市场真正实现企业间交易在线的原因，在于要帮助加入灰狼群的 b 角色获得成功，获得远超他们预期的经营效果，从而实现他们主动的"聚"，实现常态化采购的"聚"，最终实现"小企业拼团"在产业链市场的落地。

读者可能觉得已经找到了交易在线的答案，但实际上，对这个问题的解答还没有结束。如何赋能 b，让他们获得相比传统经营更好的收益？这个问题的答案，留在后文有关"灰狼群的形成"的章节中再来揭晓。

以上，已经讨论了消费者产业链市场的"交易在线"，再来讨论企事业单位作为目标客户方采购的产业链市场灰狼群，又要如何实现"交易在线"。

参照消费者产业链的分析方法，首先分析企事业单位的零售交易市场。该市场的目标客户方大多数是具备了"三大交易在线障碍"的典型中大型企业方。在这种情况下，该市场实现交易在线的难度就比较大。目标终端经销商 b 需要靠传统的线下商业行为完成交易。当然，基于目标客户方的经营痛点和产品特性，也有能够实现"交易在线"的例外情况，需要更有针对性的讨论，限于本书篇幅，不再展开。

再来看这个产业链市场的流通交易 b2s 市场，即目标终端经销商和目标供应商的交易市场。这个市场和线下消费者产业链市场中的相应市场类似。灰狼群同样需要思考如何赋能目标终端经销商 b，创造真正的价值，提高他们的经营业绩，才有机会实现这个细分市场的交易在线。

在第一部分，提到过雷军和董明珠这两位知名企业家关于信息技术发展到消费互联网时的"市场还是工具，业绩打赌论"。再看灰狼群生态中实现的内部在线交易网络，互联网及信息技术从消费互联网时代明显的市场属性，螺旋式上升到了新的特殊工具属性。信息技术形态的多样性和多变性，在这过程中表现得淋漓尽致。因此，企业家在什么阶段理解和认知互联网及信息技术为己所用尤为关键。

回到本节主题，灰狼群实现了产业链市场的"交易在线"，意味着需求驱动下的产业链市场的供应链被数字化打通，也意味着产业链市场交易费用相比原先的市场有质的变化，市场效率可能即将实现大幅提高。

产业大数据驱动的灰狼群

在互联网及信息技术发达的这几年里，大数据在全世界都是个热门的概念。如果追本溯源，1980 年，著名未来学家阿尔文·托夫勒在《第三次浪潮》一书中就已做出预言："如果说 IBM 的主机拉开了信息化革命的大幕，那么大数据则是第三次浪潮的华彩乐章。"

大数据和我们传统认知的数据区别在哪，为什么大家那么重视？全球知名的咨询公司麦肯锡给了一些答案。其全球研究所认为，大数据区别于传统数据的"大"，并不需要给出一个具体"尺寸"作为衡量标准。随着技术进步，这个尺寸本身还在不断增大。相对传统数据，大数据具有规模性（volume）、多样性（variety）、实时性（velocity）、价值性（value）的"4V"特征，被视为"未来的新石油"。

2013年3月22日，美国政府宣布投资2亿美元拉动大数据相关产业发展，将"大数据战略"上升为国家意志。美国政府将数据定义为"未来的新石油"，将对数据的占有和控制作为陆权、海权、空权之外的另一种国家核心能力。美国是第一个将大数据上升至国家战略并制订行动计划的国家。2015年，中国共产党第十八届中央委员会第五次全体会议公报提出要实施国家大数据战略，这是大数据第一次被写入党的全会决议，标志着大数据战略正式上升为国家战略。十八届五中全会开启了中国大数据建设的新篇章。

国家大数据离不开产业大数据。灰狼群这种产业组织的大数据，有机会成为真正的产业大数据。在灰狼群生态中，当成千上万家不同角色分工的企业、数十万人一起协作完成市场供应链中物流、资金流、商流和信息流的流动时，实时数据不断地汇集在一起。这种大数据具有麦肯锡提出的4V特征，就是代表产业特征的大数据。同时，大数据驱动灰狼群高效运营，就有了成为现实的可能。

说到大数据驱动，不得不提一些好莱坞青睐的谍战电影。从《国家公敌》《少数派报告》《谍影重重》到《黑客帝国》等，庞大的组织通过无所不在的摄像头、媒体、声纹及录像识别获得整个社会的实时动态大数据，并通过大数据甄别和分析有用的信息，调动组织内的资源，帮助主角采取最快的行动。这是社会大数据驱动应用场景的一个缩影。

产业大数据驱动，本质上就是灰狼群通过生态内的各个企业在市场的各个场景进行数据的采集、传输、存储和分析，进而驱动整个生态不断提高自身竞争力，为客户持续创造价值的过程。

第二部分
灰狼群现象——产业森林的巨变

一、数据采集

灰狼群通过多种信息技术，包括软件、传感器等工具，全方位采集信息，获取产业链市场中尽可能多的经济活动形成的数据。在这个过程中，灰狼群中的每一类角色，乃至每一家企业，都是市场中的一个信息触角。

这种信息采集方式，与产业链市场传统的数据采集、获取方式有着巨大的差异性，甚至影响了最终的数据质量：

1. 数据采集能力更强

首先是数据采集能力手段的多样性，灰狼群一般会利用互联网及信息技术，包括但不局限于机器人、传感器等来获取数据。比如笔者在和煤炭市场灰狼群生态中的头狼企业交流中发现，头狼企业已经在规划针对煤炭仓储、商品流转过程进行信息技术手段的应用，从而获得煤炭流转过程中的准确数据。

其次是数据采集的参与者的多样性，由于灰狼群是有产业链角色分工的产业组织，其中的每个灰狼角色不仅自身是数据来源，更是市场信息的触角，可以对市场进行全方位的数据采集。而且，这些角色覆盖产业链市场的各个环节、各个场景。参与者具有多样性，那么加强数据多样性和完整性的目标就能实现。这和传统产业链市场中数据参与者的单一性是完全不同的。

最后是数据采集能力的持续性。信息和数字化技术的高速发展，也使数据采集技术建设的成本可控，而且效果超预期。同时，紧密合作的灰狼群保证了一旦完成了数据采集基础设施建设，在"新石油"巨大的回报面前，数据采集的边际成本可以忽略不计。相比传统断续的、局部的产业数据采集，灰狼群持续性的产业数据采集依赖其发达的信息系统网络。

2. 产业大数据的全面性

灰狼群不仅具有卓越的产业大数据获取能力，而且其获得的产业大数据具有全面性。传统产业链市场的数据采集侧重静态的、局部的企业商业数据，比如，消费互联网时代消费零售部分的产业数据、某个大企业自身上下游的产业数据、统计局定期统计的各个企业经营数据（不包含产品数据）等，这些数据就不能称为全面的产业大数据。

对于灰狼群而言，其采集到的产业大数据所具有的全面性，还包括全场景、全环节的特点。大量企业经营的不同产品的相关经营数据，只是灰狼群产业大数据的来源之一，此外还有目标客户方可能的网络行为数据，产业链中物流、金融流、交易行为流的数据，以及产业链产品相关的流转数据，等等。

全面性还体现在数据形态上。从结构化产业数据（比如市场中不同商品品类的实时销售数据）、半结构化产业数据（比如目标客户方访问目标终端经销商商城的记录、目标终端经销商访问目标供应商商城的记录）到非结构化数据（比如商品的图片等）等，包括多种数据形态。

不同的数据获取方式和数据形式决定了灰狼群生态成长到一定阶段后，生态将容纳产业链中成千上万的企业，包含产业链中不同的价值角色。也因此，灰狼群产生的数据必然是"产业大数据"。

二、大数据传输和存储

灰狼群采集的产业大数据是全环节、全场景的，意味着灰狼群会采用不同的大数据传输和存储方式。

灰狼群需要基于不同的场景，结合场景内产业数据的流量，设计不同的传输和存储方案。无论是5G、Wi-Fi、蓝牙、宽带、GPRS（通用分组无线服务），还是UWB（超宽带）、ZigBee[①]、NFC（近场通信），我们都无法仅仅依靠其中一些技术来解决所有的数据传输问题，而是需要请相关专家做整体规划和局部规划。本书不做更多的技术性讨论，仅通过7-Eleven的一个小案例来加强读者对此的直观认知。

7-Eleven总部在其升级的第六版灰狼群信息系统中完善了门店订货、商品图片等功能。就拿盒饭来说，摆盘、包装等视觉印象往往会影响价值诉求和价值主张，也会影响门店的订货量，因此需要及时更新商品图片。在门店订货过程中，还需要

---

① ZigBee 也称紫蜂，是一种低速短距离传输的无线网上协议，底层是采用 IEEE 802.15.4 标准规范的媒体访问层与物理层。

及时提供天气预报等信息，因为天气不同决定了盒饭的数量和种类，最终影响盒饭的生产。因此，在第六版信息系统之前，门店的这些商品和天气信息都是每隔6小时更新。第六版则更改为每隔30分钟更新，同时还可以参考气象实况等。这对灰狼群生态内部信息和数据的传输、存储提出了更高的要求，需要有更好的硬件基础设施来支持信息更新。

从2004年10月起，7-Eleven总部就领先于日本的其他零售业同行甚至产业界，率先将光纤应用到7-Eleven生态网络中的日本本土企业。当第六版系统推出使用时，由于提前实施了硬件基础设施的解决方案，其效率在第五版的基础上有了极大的提升，比如订货数据改进为每分钟可以接收3000个订单，是升级前的3倍。

三、大数据分析及应用

大数据分析及应用是产业大数据从原始状态到最终产生商业价值过程中不可或缺的一个环节，也是驱动灰狼群生态高效运营的关键一步。

传统企业经营中，已经有了一些数据驱动的实践。管理学常用啤酒、尿不湿的经典案例[1]来证明企业数据的重要性和其创造的商业价值。

> 灰狼群产业组织所拥有的强大的大数据采集能力和其数据的全面性，决定了灰狼群生态在大数据应用方面和以往企业有明显的区别：灰狼群的大数据应用是全面、深度的产业链应用和生态应用，而非单个企业的内部应用。这种全面、深度的应用体现在应用角色的广泛性、应用场景和应用业务的多样性上。

---

[1] 美国沃尔玛超市人员在做数据分析时发现，每到周末，同时购买啤酒和尿不湿的人数远高于工作日。他们感到很奇怪，进一步做了数据挖掘和走访工作，发现这些顾客有几个共同特点：1. 一般只有周末会同时购买啤酒和尿不湿这两种商品；2. 购买者以已婚男士为主；3. 顾客家中有不到两岁的孩子，有尿不湿的"刚需"；4. 顾客有喝啤酒的需求，男士们喜欢看体育比赛节目，并且喜欢边喝啤酒边看；5. 周末是体育比赛扎堆的日子，所以这种关联销售多出现在周末。发现这个秘密后，超市大胆地将啤酒放在尿不湿旁边销售，结果发现二者销售量都大幅度提升。

汇通达作为头狼企业，通过全国20个省农民采购电器的大数据，及时预测农民采购产品品类的偏好趋势，从而帮助夫妻电器门店做出相应的产品订货选择和制定促销活动，帮助合作的生产企业提前预测未来的生产计划，还可以根据大数据为产业链市场中各角色——包括农民购买者——提供金融信贷服务，最终推动产业链高效运转。

7-Eleven则通过复杂的数据分析模型，分析历史数据、不同产品品类的销售数据，考虑天气变化、地理位置、节假日等因素对门店品类及销量变化的影响，从而调整生态内各企业角色的运营，使门店的订货、生产企业的生产都做得更精准，物流配送环节的送货服务则做得更加快捷、准确，最终推动产业链高效运转。

通过大数据的交换、整合、分析，新的知识、新的规律将被发现，新的经营行为、新的价值呈现将被重新定义并反作用于生态。

传统的产业森林中，狐狸企业无法拥有良好先进的IT基础建设，不具备大数据应用的能力和资源，它们只能凭借灵活性和老虎企业展开竞争。当灰狼群出现后，源源不断的"新石油"通过头狼企业制造的大数据分析及应用"发动机"，赋能生态中的各个伙伴企业，从而真正提高了产业链整体的信息化和数据应用水平。

精准的客户定位是灰狼群竞争力的最终体现，分工及紧密协作是灰狼群竞争力的前提条件，"交易在线"就是灰狼群竞争力的基础，大数据将是灰狼群竞争力存在的长期保障，而头狼企业则是灰狼群竞争力的灵魂。

灰狼群钻石模型的竞争力优势

灰狼群作为一种特殊的新物种，基于上述钻石模型的竞争力，和市场中的老虎企业、狐狸企业展开竞争时具备一定的优势。下面分别探讨灰狼群在三种不同的产能过剩且碎片化的市场形态中的竞争力情况。

一、标准品规模化产业链市场

在该市场中，经济体的竞争优势是成本优势，包括大规模生产带来的生产成本优势和环节减少的情况下产业链高效运转带来的成本优势。灰狼群将大批量的碎片订单汇集给生产企业进行规模化生产，最终完成交付，该流程形成的闭环同时实现了以上两个优势。这意味着灰狼群在标准品规模化产业链市场有很强的竞争力。

假设在这个标准品规模化产业链市场中有规格较多的标准产品，那么老虎企业就会面临窘境。它们无法保证每个细分产品品类的成本最低，因此无法在全部产品线上具备竞争优势。

而灰狼群可以通过优势低成本产品或产品组合以及相关定价策略，在该种市场中形成一定竞争优势。

比如，在家用电器采购上，农民消费群体存在价格敏感性，因此该市场有一定标准品规模化产业链市场的特征。汇通达在10万多家电器夫妻店的基础上整合不同电器品类订单，并且都可以找到生产企业进行规模化生产，形成每个细分品类的成本优势。而一些老虎企业和汇通达相比，虽然在某些电器品类上仍然具备同等的成本优势，但无法在更多品类上长期具备全面的低成本竞争优势。

二、规模化定制的细分产业链市场

该市场的特征是满足一定细分客户群体的独特需求。满足细分客户群体市场的特定需求，从而建立市场壁垒，导致市场中其他竞争者很难进入的行为，被经济学家波特称为"聚焦战略"。

传统老虎企业通常的做法是靠前期有选择的市场推广投入形成品牌知名度，再去获得潜在的精准客户群；或者通过自身线下渠道进行普遍的海报宣传、促销等市场活动，以触达潜在的细分客户群体。

灰狼群则不然。头狼企业通过赋能信息技术和高效运营能力，协助目标终端经销商找到精准的细分客户群，并提升他们精准服务的能力。同时，生态中的几种角色包括生产供应商、服务商一起参与，让客户获得更及时、更好的产品。

灰狼群即使同时面对多个不同的细分市场，仍游刃有余。

灰狼群凭借其海纳百川的包容性和产业链效能最优的特性，以润物细无声的方式建立了在该类型市场中的竞争力。

三、非标化市场

该产业链市场中的目标客户方具有差异化、需求多样的特性。无论是老虎企业还是狐狸企业（包括终端经销企业、生产企业），都在该市场中努力揣摩客户的需求和偏好趋势。这种市场需要竞争主体具备极强的创新能力、快速反应能力和非标化产品定制的能力。

在这种市场，灰狼群基于钻石模型同样拥有非常强的竞争优势。一方面，灰狼群在产业链市场中的各个角色之间、各项业务之间都相对独立，有一定的内在信息包裹性，可以各自独立创新，也可以共享创新。比如，生产企业、终端经销商、服务商都可以独立进行创新的尝试。这种创新尝试使专业化分工的好处尽可能地体现出来，并共享给灰狼群产业组织内的其他个体。而老虎企业由于其强势地位，合作博弈的生态特征大都不明显。在这种情况下，集团内部的破坏式创新难度较高，集团外部角色分工的共享创新难以实现。

另一方面，我们在"产业大数据驱动的灰狼群"中提到的数据的汇总、融合、交叉，形成了新价值、新知识、新行为和新产品。这使得创新不再是孤立的个体行为，而能在产业链各个环节之间形成化学反应。

灰狼群基于钻石模型，天然形成了快速反应能力和非标化定制的能力。现在业界都在说，未来产业链的运行模式是 C2M 模式（即顾客对工厂）。C2M 意味着面对客户非标化需求的产业链销售端和生产端，都需要用信息技术武装自己，通过底层数据快速流转来实现非标化产品生产和最终的柔性交付，也就是反向定制模式。

在消费互联网市场中，已经有一些企业尝试了这种模式，比如戴尔电脑公司推出的定制服务。消费者可以在其网站上填写自己需要的电脑非标化性能配置，然后下单。戴尔公司根据下单的信息进行非标化生产，并提供配送到家的服务。还有一些老虎企业也正模仿戴尔公司，尝试 C2M 模式。

这种模式存在的难题是消费互联网市场已经进入瓶颈期，没有增量，生产企业必须依赖大流量平台以获得订单。同时，该模式也无法应用在更大的产业链市场中。灰狼群这种产业组织由于存在五大特征，因此能够相对容易地实现反向定制模式，实现灵活多样的需求与生产的高效匹配。因此，对于大多数碎片化的产业链市场而言，实现广泛的、产业链级别表征的 C2M 应用离不开灰狼群产业组织生态。

以上是灰狼群产业组织在三种不同产业市场的竞争优势，本质上也体现了灰狼群面对需求决定供给的不同形态市场，都具有对生态内部角色和流程进行排列组合的灵活性及弹性。

灰狼群生态所具有的这种灵活性和弹性，就如同科幻世界中的变形金刚。变形金刚的每块部件都是"小"单元个体，独立存在而又相互依赖，面对不同的威胁，可以通过不同的组合形态来应对，从而形成更强的抗风险性。

产业森林中的老虎企业是一个"大"的封闭系统，大到一定程度，就会对快速多变的市场反应迟钝，无法应对，容易轰然倒塌。

纳西姆·尼古拉斯·塔勒布[1]在《反脆弱》一书中写道："'小'在其他许多方面都表现出了一种美。事实上，'小'汇总起来（也就是小单元的集合）比'大'更具反脆弱性。大的东西注定要分崩离析，这是一个数学属性……"

灰狼群生态所代表的系统，是"小"单元所具有的独立性、可变性、可延展性的集合，面对外界波动带来的挑战，具有更强的波动应变能力，即反脆弱特性。而老虎企业所代表的封闭系统，容易因偶发的动荡快速毁灭。灰狼群的反脆弱性，也使其在产业森林中相比其他物种具有更强的竞争力。

灰狼群的竞争力使其不断进化

灰狼群的发展可以划分为三个阶段：第一个阶段为产业链市场效率提升阶段，特征为灰狼群基本实现了产业链各价值角色（包括服务角色）之间的交易在线，初

---

[1] 塔勒布还有一本著作是《黑天鹅》。"黑天鹅"现象主要指意料之外的突发事件出现，导致事物偏离原有正常运行轨道。比如 9·11 事件、金融危机、新冠肺炎疫情等，都导致全世界按部就班的社会与经济活动发生了巨大的改变。塔勒布认为这个世界越来越脆弱，低概率事件会经常发生，让我们无法预测，没有安全感，不知道怎么去应对。塔勒布在《反脆弱》一书中给出了应对"黑天鹅"现象的一些认知和方法。

灰狼群效应
产业数字化的临界点革命

步实现产业链数字化的改造；第二个阶段为产业链市场竞争力提升阶段，特征为灰狼群中的生产端角色实现了全面信息化改造，以及所在垂直产业链中新产业技术的推广应用；第三个阶段是智慧产业链阶段，特征为实现了目标客户方、产品、产业链各角色之间连接的智能化、智慧化，最终实现智慧产业链运营，能够跟随目标客户方的需求和使用变化，做到随需而动。

科学技术部火炬高技术产业开发中心前副主任杨跃承将以上三个阶段总结为"先有产业互联网，后有工业互联网，最后是万物互联网"。本书把这三个"网"合为一了，即这三个"网"都是产业互联网，只是属于不同的阶段。

一、产业链市场效率提升阶段

在这个阶段，灰狼群的侧重点是对产业链市场结构的改造，用互联网及信息技术手段改变产业链原来低效的运转体系，重新使有价值的角色和有价值的环节组合起来，初步实现产业链的高效运转。

根据这个阶段不同时期对产业链市场的影响力，我们进一步将其细分为萌芽期、定型期和高成长期。

萌芽期，是指在该时期头狼企业还没有把产业链市场中的各个价值角色吸纳进化成灰狼群的一部分，还没有实现灰狼群生态内部的多边交易在线，灰狼群还没有形成稳定的产业组织形态。产业链市场中绝大多数狐狸企业和老虎企业还不知道头狼企业的存在，灰狼群还在孕育。

定型期，是指在该时期灰狼群已经形成了从供给端生产到目标客户端采购、使用并交付的稳定交易在线闭环。这意味着头狼企业赋能生态内各个角色企业的价值创造工作，并获得了它们的认可，且生态内的产业链交易在线成为常态。

高成长期，是指在该时期灰狼群快速发展，市场中的优秀狐狸企业不断加入灰狼群，生态内各个价值角色都能获得良好的经济收益，形成飞轮效应。灰狼群在产业链市场中具备了较强的竞争力和影响力。

在中国，绝大多数灰狼群仍处于萌芽期；少数灰狼群已经验证定型，处于定型期；另有少数灰狼群已经进入高成长期。

二、产业链市场竞争力提升阶段

工业信息化已经推广了很多年，最近几年提倡的是工业互联网，但是在碎片化的中小型生产企业中，推广的难度还是比较高的。在2018中国（惠州）工业互联网推进大会上，中国电子信息产业发展研究院副院长王鹏指出，当前，我国工业互联网在发展过程中存在三点问题：互而不连、连而不互、互联不网。

要解决这些问题，需要投入大量的资金和信息化人才资源，才有可能帮助占绝大多数产业链市场份额的中小生产企业实现工业互联网的改造，完成这一改造的可能性比较小。

大家已经知道，绝大多数中小生产企业处在非合作博弈产业链市场中，竞争压力大，产能过剩，生产不饱和。在这种情况下，企业家追求的不是内部生产效率的提升，而是如何在一个多样化市场中获得更多的订单，以保障生存。清华大学经济与管理学院的朱恒源教授曾说："杂合市场里，厂商很辛苦，疲于应付，挣不到钱，又看不到方向。"

当然，有一部分中小企业考虑到国内人力成本逐渐上涨，也会咬牙投资生产线的自动化改造，从而实现降低生产成本的目的。但这种做法并不能实现工业互联网。一方面，这样的企业群体占比并不是很大；另一方面，即使企业生产线得到改造，但由于企业内部商业信息的私密性，也很难实现产业链全链广泛的信息互联互通。

在灰狼群产业组织中，生产企业会获得大量的订单和合理的利润，头狼企业采用"订单驱动"手段，使这些生产企业有动力不断加强自身的工业信息化建设，实现生产效能的提高。而且因为灰狼群中有上百乃至上千家生产企业参与生产协同，所以就相当于在订单生产的过程中，实现了基于产业链级别的、批量生产企业的工业生产制造的信息化和互联网化。这也是王鹏院长提到的工业互联网真正落地的路径。

在这个阶段，新垂直产业中优秀的产业技术、新产品、新设备应用也将成为头狼企业选择纳入灰狼群生态的一个考量方向，目标客户方也能够及时感知和应用。

2015年，财经作家吴晓波曾写过一篇名为《去日本只买马桶盖》的文章。文章中提到，智能马桶盖在日本售价并不便宜，吴老师却在智能马桶盖的免税店里听到日本营业员用拗口的汉语说："只要有中国游客团来，每天都会卖断货。"这个现象在国内掀起了热议。这些智能马桶盖大都在中国生产，因为没有形成打通零售端和生产端的数字产业组织，没有形成灰狼群生态，所以生产企业没有能力和意愿在国内适时推广智能马桶盖这个新产品，只能靠来单生产，以出口为主。

选择先进的产品、应用先进的产业技术进一步提高产业链的生态竞争力，也是灰狼群在该阶段的目标。通过观察可以发现，中国的绝大部分灰狼群生态还没有到达这个阶段，只有汇通达等少数灰狼群处于这个阶段。

三、智慧产业链阶段

智慧产业链阶段是灰狼群产业组织高效运营的最高阶段，该阶段的重点是围绕不同客户的非标化需求，实现万物互联，做到随需而动。

在这个阶段，产品生产能够感知客户的行为，数据能够预测客户的行为，产业链能够实现 C2M 的柔性制造和服务。因此，这个阶段也是工业 4.0 的应用成熟阶段。

在德国已经有一些大型企业和老虎企业在尝试进入这个阶段，在中国，也有一些老虎企业在尝试。"一棵树不代表一片森林"，大量的中小生产企业不可能变成"全能武士"，无法单独建立从销售到生产闭环的数字化柔性信息制造体系。只有灰狼群这样的产业组织、这样的数字产业集群，才有可能实现一个产业链市场的智慧升级。

灰狼群在三个阶段运用的发展策略，就如同赛马时取得胜利的三种策略。第一个阶段，头狼企业通过重新排列组合以提升竞争力，类似田忌赛马中田忌以上等马胜过中等、中等马胜过下等马；第二个阶段，头狼企业让所有的参赛"马群"更为强壮，进一步提升灰狼群生态竞争力；第三个阶段，随时根据市场情况，数字化自动计算预测并调整各项战术，调整赛马及选手，实现更强的竞争力。如果灰狼群生态能够吸纳所在产业链市场中的大部分优秀中小企业，那么这也将是产业森林蜕变的过程。

一个传统产业链迈向产业互联网要经历的三个发展阶段，同样也是广义工业互联网①的三个阶段。而灰狼群将是实现这三个阶段的主角。

笔者对吴声老师的一句话略做修改:"新的连接和赋能方式是分化、组合、增长。在传统产业链竞争的黄昏,总有新生命破茧而出。不是物竞天择,而是顺势而为;并非基因遗传,总是常态突变。灰狼群新物种起源,跳跃、迭代、混合,形成了产业森林不断的明天……"

---

① 大多数人将工业互联网理解为生产企业间的数字化紧密协同,这种狭义定义在某些直销产业链市场会得以实现。广义上的工业互联网是指实现工业生产企业与客户方的连接,实现产业链各个环节的互联互通。

第六章
灰狼群中头狼企业特征及盈利模式

在灰狼群竞争力的钻石模型中，头狼企业是灵魂。下面介绍头狼企业及其独特性，如图 6-1 所示。

图 6-1 头狼企业的外在特征

头狼企业团队的 PKSD 特征

在风险投资行业，评估项目是否值得投资，有一句耳熟能详的话——"事为先，人为重"[①]。通俗的意思即一个好项目能否做强做大，具体实业是前提，但核心还是企业的创始人及主要管理团队。

一个创新项目的创始人和其核心团队，是该项目能够成功的关键。在消费互

---

① 2011 年 2 月 14 日，联想控股董事长柳传志在《理财周报》刊登的文章中介绍了联想的投资战略、方向和要点。柳传志指出投资的两大要点中，第一点即为"事为先，人为重"理念。联想投资也是国内最优秀的风险投资机构之一。

联网时代，考虑到是利用"公海流量"抓眼球比赛的游戏，投资人投资消费互联网企业时，喜欢的是少数精英创业模式。那些拥有远大的梦想、狼性极强的内驱力、丰富的互联网创新知识结构和技能，同时又具有极强展现能力的年轻团队，能够在资本面前展示自己，才会笑到最后，而胜出者是少数。在这过程中，由于面向消费领域双边或多边市场的互联网平台企业需要更复杂的建设，胜出的企业和企业家则更少。

在消费互联网时代中，平台企业大多由互联网精英占主导地位，产业精英、技术精英处于配合地位。而在灰狼群生态中，头狼企业的核心团队分工配合及需要的资源条件、禀赋能力和消费互联网的团队相比，差异较大。

在产业互联网发展的过程中，一个传统产业链市场进行互联网及信息技术的改造同样需要几类人才：产业领域的精英、有互联网企业运营经验的精英和技术精英，三者缺一不可。由这三者组成的核心团队，往往具备PKSD特征：

1.开放心态（poor）。产业领域的精英基于某些产业链市场，在物流、产品交易、金融等方面有非常丰富的多年从业经验。一些产业精英可能曾经事业成功，因此在与团队的其他精英沟通时具备了市场信息不对称的优势，掌握了团队产业信息的主动权。有互联网企业运营经验的精英了解消费互联网时代，了解信息技术改变市场的一些方法和工具；技术精英则能够配合其他精英，通过互联网及信息技术来呈现头狼企业试图要做的业务逻辑。

三类精英各有长短，都需要认真倾听核心团队各方的意见，不能固守自己的专业领域。开放心态才能够建立互相信任、紧密合作的关系。

2.有一定的产业链资源和影响力（king）。如果产业领域精英没有良好的产业链资源和影响力，就很难获得市场内各个传统角色的认可，进行互联网及信息技术改造的速度就会变慢。在这种情况下，头狼企业就需要获得风险资本的投资，通过大规模"烧钱"的方式才能在市场内构建灰狼群生态。

3.聪明（smart）。在开放心态的基础上，团队之间互相学习，快速理解产业链市场的内在逻辑，能够在构建灰狼群生态的过程中发现问题，并快速因地制宜地解决问题。

4.改变产业链市场的强烈欲望（desire）。创始人及精英团队有改变某个产业链市场的强烈欲望，希望能够做一些不一样的事情。在灰狼群生态的建设过程中，在对传统产业链市场进行改革的过程中，肯定会碰到很多的困难，大家都跳出了自己的"甜区"①，"自讨苦吃"。只有拥有坚定的信念，坚持下来，才有可能成功。没有这种信念，就很容易因为困难而打退堂鼓。

头狼企业的"利他赋能"特征

第一部分提到了利己主义以及灰狼群的利他。灰狼群生态所表现的利他，也是头狼企业"利他赋能"特征的外在表现。

利己主义是推动经济发展重要的动力。安·兰德②曾经说："人类一直被教导着去接受这样一种观念——人类最高的美德不是获取，而是给予。然而，如果没有被创造出来的东西，人是无法给予的。创造要先于分配——否则就无物资可分配了。"

在商业世界中，利己是主流。很多传统企业做到一定规模以后，就采用更加精细化的利己主义措施来实现自身利益最大化，比如采用精细KPI（关键绩效指标）指标去考核团队的业绩，采用强势市场地位去追求超额利润。

利他经济行为在日常生活中也会发生，行为经济学和社会学把利他分为亲缘利他、互惠利他和纯粹利他。亲缘利他指因为双方有利益攸关的紧密直接关系，所以一方帮助另一方的经济行为；互惠利他意味着在经济规则的基础上，不通过自己的市场地位损害其他经济体合理的利益去获得超越市场显性的公平原则的额外收益，不追求绝对的利己；纯粹利他是指经济体主动考虑不相关的第三方利益，包括社会责任等。

在社会上，一些企业基于崇高的愿景和使命，能够做到互惠利他、纯粹利他，

---

① "甜区"指球拍面的有效击球区。此处引申为自己熟悉、舒适的社会行为。
② 安·兰德是俄裔美国著名哲学家、小说家和公共知识分子，其提倡的客观主义哲学自20世纪50年代起风靡美国，影响了几代美国人。她本人也成为美国青年崇拜的偶像，被称为"美国精神的奠基人"。

成为伟大的企业。而更多的企业则用OKR（目标与关键成果法）来管理和约束组织的成员，实现利他和利己的平衡。

利己和利他在很大程度上并不矛盾。利己是企业经营存在的基础，利他是企业经营的哲学。追求利己，只能成为平凡的公司；追求利他，才能成为伟大的公司。

把利他当作经营哲学，试图成就伟大公司的企业家当中，不得不提到稻盛和夫。稻盛和夫被誉为日本的"经营之圣"，他创办了京瓷和KDDI电信两家世界500强公司，并用一年时间让濒临破产的日本航空公司摇身一变，成为全球最优秀的航空公司之一，创造了世界经营史上的奇迹。他的成功之道，不过8个字——敬天爱人，利他之心。

稻盛和夫强调经营者应该追求利他，面对他人（员工和客户），要有一颗善良的心。只有这样，公司才能获得长远的发展。面对利己的竞争者，利他者应该如何面对？稻盛和夫给出的答案是付出不亚于任何人的努力，别人做到一，你就做到五，甚至是十，这样就会弥补利他的"不足"，从而取得成功。

在其他企业中也能够经常见到利他的经营哲学。小米联合创始人刘德基于小米生态链的投资，曾在一次演讲中说道："我们有个原则，就是'利他即利己'，只要对生态链公司有利的，我们就帮忙。在早期阶段，小米是它的放大器，它作为一个产品，作为一家公司，小米在短期内迅速放大它……"在消费互联网兴起的20年间，风险投资人苦苦寻觅并投资的绝大部分互联网领域创新企业都有着良好的使命、价值观和愿景，利他像一盏明灯，指引企业思考如何为最终消费者创造价值。

在互联网经济的下半场，在产业链市场中，对于头狼企业而言，利他有着不一样的含义。头狼企业从成立的第一天起，思考的就是利他，而且利他范围更为广泛，不仅包括产业链市场中的目标客户方，还包括灰狼群生态中的各个角色。思考为一个角色创造价值并不容易，思考为一群不同的角色创造价值就更难了。

头狼企业在灰狼群中并不一定直接服务目标客户方，因此创造价值的表现形式是赋能。利他是初心，赋能是手段。

汇通达的"5+"赋能和"最后一公里"物流服务等，优车库的信息技术和产品赋能等，都是头狼企业利他的具体体现，更不用说7-Eleven总部为赋能相关企业所做的事情了。

> 头狼企业通过赋能，最终形成基于产业链市场的内部生态（重构目标终端经销商的"人、货、场"）、新供给（重构供给端的好产品、好生产等）、新服务（重构"四流"）等。

头狼企业的"产业大脑"特征

当头狼企业开始为灰狼群中的角色"利他赋能"，互联网及信息技术成为连接各个灰狼企业的神经网络，该产业链市场的大数据也开始同步汇集，头狼企业就逐渐具有了"产业大脑"的特征。

头狼企业作为"产业大脑"设计生态内交易神经网络时，还会针对不同企业角色提供信息技术手段的商业应用。比如，针对目标终端经销商提供客户服务、交易技术和信息技术（AR/VR产品呈现技术、客户人脸识别、客户的裂变和传播技术、无人零售技术等）；针对目标供给端，协助提供先进的生产管理技术、机器人技术，以及应用于整个产业链的大数据技术、人工智能技术、物联网技术、5G技术、C2M非标柔性定制；等等。

这种产业链级系统设计者的地位和作用举足轻重，必然会引发企业在系统标准制定上的竞争。谁能够让市场认同自己在产业中的主导位置，主导设计架构，谁就能在竞争中获胜，并成为模块化产业链网络中具有巨大影响力和控制力的舵手。

由于灰狼群中的神经网络是由头狼企业设计的，而这套神经网络又连接各个灰狼企业私密敏感的商业数据，因此一开始必然会面临各个角色的挑战。可见，"利他赋能"对于头狼企业而言非常关键。只有先"利他赋能"创造价值，才能建立灰狼群内部的信任基础，才有可能实现头狼企业的"产业大脑"特征。

当然，考虑到这套神经网络设计的复杂性，市场上也有一些专业的第三方软件开发服务商，提供服务帮助头狼企业搭建这样的神经网络。

第二部分
灰狼群现象——产业森林的巨变

头狼企业的"产业大脑"特征不仅体现在数据的智慧处理和指挥上，还体现在其对所在产业的先进产业技术能力的快速应用上。

笔者在风险投资的过程中，也接触了大量垂直细分产业/行业的产业技术创新企业。根据这些技术对所在产业的影响力不同，可以简单划分为颠覆式创新技术和改良型创新技术。绝大多数技术类创业公司都会碰到技术转化为商业的瓶颈，主要表现在：

1. 由于创始人的产业技术背景，他们不能很好地理解商业市场拓展的技巧，导致其发明的产业技术推广速度缓慢。比如某专家花了17年的时间研发了世界领先的锅炉阀门节能技术，但由于创始人不太熟悉渠道管理和商业模式设计，无法找到合适的市场合作伙伴进行推广，因此无法获得好的盈利，导致业务进展缓慢。

2. 创新技术获得信任时间长，市场推广慢。当新技术或新设备出现时，由于发明人是中小企业背景，很多大企业会对该产业技术格外谨慎，特别在该产业技术被使用于核心经营业务的情况下。这些大企业需要做长周期的各项数据监测，以验证技术的先进性和持续稳定性，才有可能做试点应用，然后才可能全面应用。在一家企业推广是如此，在第二家企业也是如此。当然，这个长周期中还涉及企业复杂的决策流程。如果想要把一种新产业技术做成行业标准，那就需要投入更多的资源和时间，这对于中小创新技术企业来说难上加难。

3. 市场快速进入成熟期。当一个创业公司推出了一个行业的创新技术，并获得了超额利润，就很容易引起同行的注意。一方面，类似规模的企业会进行模仿创新；另一方面，某些大企业凭借资金和资源的优势也跟风进行模仿创新，同行业的无序竞争导致利润直线下滑。

曾经有一家创新精细化工技术的企业投入大量的资金，研发合成了某种化工中间体，打破了国外化工巨头的垄断，成为全世界第二家能够合成该产品的企业。最初，该化工中间体的出口海外售价可以到40万元/吨，一年数百吨销量，实现5000万～1亿元的年净利润。但由于同行眼红，通过各种手段获取了相关合成工艺的框架路线，极大降低了试错成本，并很快研发出了类似产品，短短几年时间，几家企业互相恶性竞争，抢夺海外客户，导致该化工中间体的售价直接降到了约10万元/吨。各企业都无法获利，最终进入零和或负和博弈市场。

4.先进技术领先于市场。有些先进技术发明虽然来自创业公司，但由于市场不成熟，导致发展陷入瓶颈。大家都知道很多技术是未来趋势，但过早投入研发这类技术，企业将承担非常大的财务压力，除非有足够的财力支撑到市场成熟的一天。比较典型的是HTC创始人王雪红于2016年提出的VR可穿戴技术。当时她曾预测，直到2020年，5G技术在消费端市场才会有明显发展，而HTC的旗舰产品将跟着5G技术走。"VR与手机整合是迟早的事，5G手机的推出也是迟早的事，当市场到位时就会推出。"HTC尚且如此，创新技术的中小创业公司更难支撑到产业机遇爆发的一天。

以上只列举了一部分中小型优秀创业技术企业碰到的问题。它们虽然拥有先进的技术和产品，但在教育市场的过程中极难获得大规模信任，面临成果转化难的创新窘境。

要解决这个短板，有两种可行的方式。

第一，和拥有市场较大客户群的大企业合作，同时确保技术的高壁垒，防止竞争对手模仿创新，这样能够获得一定的市场红利。另外，需要和深耕垂直市场的专业投资机构合作，从而获得资金、技术支持，以及投资机构布局的垂直产业链资源，加速企业成长。

第二，如果企业创新的技术应用于C端消费者群体，那么可以合作的专业投资机构就相对较多。因为过去的20多年是消费互联网时代，大多投资机构布局了消费零售市场。但在目标客户方是企事业单位的产业链市场，除了医疗、环保、汽车、物流等少数垂直市场有深耕的投资机构，绝大部分产业链市场很少有投资机构专门布局。

国家鼓励技术创新，各行各业涌现了许多拥有先进产业技术或产品的创业公司。这些公司如果能够和所在产业市场中的灰狼群、头狼企业合作，那么技术应用转化的问题就会少很多。

只要这些公司拥有真正的优秀产业技术或产品，出于"利他赋能"和"产业大脑"特征，头狼企业就会不断地帮助它们分析精准的潜在客户画像，提高技术或产品的质量，降低生产成本，同时让灰狼群生态中分布各地的目标终端经销商通过线上线下培训的方式，快速了解和掌握新技术、新产品的价值点，让这些产业技术形成的优质产品有机会快速触达全国乃至全球的目标客户方，实现技术、产品的商业化，实现产业链基础能力高级化。

头狼企业具备的"产业大脑"特征，推动灰狼群生态的不断发展，也推动着产业链不断升级。

头狼企业的"指数增长"特征

指数增长和线性增长是相对的。线性增长是传统的企业增长速度，指数增长一般出现在创新企业，比如说消费互联网时代，互联网公司基于用户的网络效应，实现了"幂次方"增长。

2019年7月22日，《财富》杂志发布了2019年世界500强榜单，进入榜单的互联网服务和零售企业的年龄平均只有16.4岁，小米是其中最年轻的，只有9岁，而入选世界500强榜单的企业平均年龄是69岁。

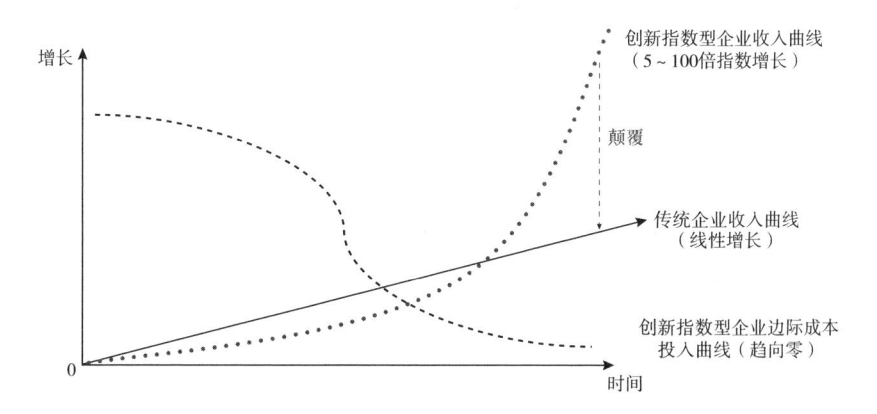

图 6-2 指数型增长的互联网企业业务

通过图 6-2 我们可以进一步了解互联网创新企业和实体企业的成长区别。
传统的企业经营业绩增长大多是一条线性斜线，根据快慢不同，斜率有所变化，并以内生式增长为主。

在流量为王的消费互联网时代，互联网企业如何实现指数增长，成为大家研究的一个课题。最早在2015年，颜艳春在其微博中借用爱因斯坦的质能方程式对该课题做了全新的诠释："在移动互联网和社交媒体时代，这个公式被改写了。我借用了爱因斯坦在狭义相对论中提出的著名质能方程式：$E=MC^2$，M是商品（merchandise），C是顾客（customer）……"

颜艳春对该公式做了详细的解释：M代表了流量商品，C2是顾客力，顾客对流量商品的认可引发其在互联网上不断主动自发的社交传播，最终形成了E（enterprise的缩写，指企业）业绩的指数增长。

消费互联网平台企业的指数型增长则是由于外延性网络效应（即同边网络效应和跨边网络效应[1]）。随着时间的推移，平台企业投入的运营体系建设成本逐步降低，最终在海量交易面前趋于零。

"平台企业"属性是头狼企业在灰狼群生态的内部属性之一，因此平台企业指数增长的特征也是头狼企业所表现出的特征之一。[2]

指数级增长的头狼企业在产业互联网浪潮中已经屡见不鲜。

像前文提到的一手，其作为头狼企业自2016年到2020年月交易规模从800万元发展至超过2亿元，只用了短短的4年时间，实现了指数增长。

像优车库这样的头狼企业，致力于服务国内二手车商，截至2020年9月，优

---

[1] 陈威如、余卓轩在《平台战略》一书的"激发网络效应"章节中提出："平台模式中的网络效应包括两大类：同边网络效应和跨边网络效应。同边网络效应指的是当某一边市场群体的用户规模增长时，将会影响同一边群体内的其他使用者所得到的效用；而跨边网络效应指的是一边用户的规模增长将影响另外一边群体使用该平台所得到的效用。"

[2] 消费互联网时代，"平台企业"为主构建了消费者与供应商之间的在线交易。平台企业由于追求用户极致体验，会反向对供给端提出严苛要求。供给端企业如果提供同质化产品，就将面临比价考验，它们需要追求个性化及差异化，同时这种个性化及差异化要建立较高的壁垒，企业才有可能长期生存。这样的消费互联网"平台企业"并不能代表所有的平台型互联网企业。为了避免混淆，本书在后文提到平台企业时，仅代指消费互联网的"平台企业"。无论是消费互联网平台企业还是产业互联网头狼企业（链主企业）所构建的数字生态，除非特别指出灰狼群，本书统称为"数字生态"。

车库的服务已经覆盖全国 243 个城市，上千家加盟商，以及上万家活跃的二手车竞拍机构。包括前文提到的汇通达等，这些企业都呈现出头狼企业指数增长的特征。

美国奇点大学[①]的创始执行理事萨利姆·伊斯梅尔在《指数型增长组织》一书中，根据其观察和研究的指数型增长经济体归纳了指数型组织的 11 个强大属性（见表 6-1），并提出了建立指数型组织的 12 个关键步骤。

表 6-1 指数型组织的 11 个属性

指数型组织的 11 个强大属性		MTP	
	I	用户界面（interfaces）	左脑： ●秩序 ●控制 ●稳定性
	D	仪表盘（dashboards）	
	E	实验（experimentation）	
	A	自治（autonomy）	
	S	社交技术（social technologies）	
	S	随需随聘的员工（staff on demand）	右脑： ●创造力 ●增长 ●不确定性
	C	社群与大众（community & crowd）	
	A	算法（algorithm）	
	L	杠杆资产（leveraged assets）	
	E	参与（engagement）	

来源：作者根据《指数型增长组织》一书内容绘制表格。

MTP（massive trans-formative purpose）是指数型组织的最重要属性，指的是每个指数型增长的企业都有一个共同点——它们都有一个崇高而热切的目标。这就是企业经常会提到的企业使命。足够鼓舞人心的 MTP，本身就是一种竞争优势，它会激励人们创造出自身的社区、群体和文化。除了 MTP，剩余的 10 个属性根据该类型经济体内外之分，分别为 5 个内部属性（IDEAS）和 5 个外部属性（SCALE）。

针对这 11 个属性，《指数型增长组织》同样对传统线性增长企业和创新型指数增长企业做了对比，见表 6-2。

[①] 奇点大学是由谷歌（Google）、美国国家航空航天局（NASA）及若干科技界专家联合建立的一所新型大学，号称"全世界最聪明的大学"。奇点大学面向科学界和商界精英，其宗旨是汇聚全球最优秀的年轻人才，采用跨学科教学方式，为应对气候变化、能源、健康和贫困等培养未来领军人物，旨在解决"人类面临的重大挑战"。

表 6-2　传统线性增长企业和创新型指数增长企业属性对比

线性组织特征	指数型组织特征
自上而下、层级的组织结构	自治、社交技术
由经济产出驱动	MTP、仪表盘
线性的、顺序的思维方式	实验、自治
创新主要来自内部	社群与大众、随需随聘的员工、杠杆资产、用户界面（创新发生在边缘）
战略计划基于过去的推断	MTP、实验
无法容忍风险	实验
流程不灵活	自治、实验
大量的全职员工	算法、社群与大众、随需随聘的员工
控制/拥有自己的资产	杠杆资产
为维持现状而大量投入	MTP、仪表盘、实验

通过这种对比，我们也可以从另一个角度看到传统企业和指数型企业的区别。头狼企业的"利他赋能"和"产业大脑"特征，促进了内在组织特性的变化，也最终体现在头狼企业自身的指数增长。

由于头狼企业连接着目标终端经销商和目标供应商，而消费互联网平台企业连接着消费者和供应商，两边的交易群体并不一样。因此，头狼企业的指数增长就不能像消费互联网平台企业一样，靠消费者的同边网络效应和跨边网络效应来实现。

头狼企业的指数增长更多是通过赋能目标终端经销商，形成其业绩增长，从而吸引更多潜在目标终端经销商加入，达成跨边高效合作和创新，提升产业链效率，实现收入指数增长。

> 头狼企业指数增长业绩 = 单个目标终端经销商增长业绩 × 经销商增长数量 × 跨边紧密合作创新产业链提升效率值

第二部分
灰狼群现象——产业森林的巨变

头狼企业的"盈利模式"

头狼企业（链主企业）所代表的灰狼群指数增长模型区别于消费互联网平台企业。因此，其收入及盈利的来源也区别于传统的消费互联网企业。

头狼群对传统产业链市场的"四流"进行了重构，形成了蝴蝶结形新型产业链结构。如何在成长过程中获取一定的收入，在实现利他的前提下实现与利他达己的平衡，实现可持续发展，并获得资本的青睐，一直是困扰很多产业互联网企业创始人的问题。

一、盈利来源的错误认知

大部分产业互联网领域创新企业的创始人认为自己的企业是头狼企业，并描述企业的主要收入主要来自两个业务：新型供应链金融自营业务和大数据业务。

但实际上，这两个业务收入如同"望梅止渴"，并不能真正解渴。

我们先来讨论新型供应链金融自营业务。该业务对于头狼企业而言，不但存在潜在法律风险，还有收入"天花板"。

潜在风险体现在：

1. 供应链金融自营业务的合法合规性问题。由于在国内自营做供应链金融需要有国家相关部门的许可，而在大多数情况下，金融业务许可的门槛比较高，所以对于在成长过程中的头狼企业而言，大多数情况下企业拿不到许可。如果贸然做自营供应链金融业务，就会涉及合法合规问题。

2. 头狼企业上市存在不确定性。当头狼企业获得合法许可，进行供应链金融自营业务后，其主营业务收入存在着金融业务属性，因此会受到国家相关部门的严格监管。企业未来在国内上市、走向公开股票市场，也会受到严苛的审查，存在着很大的不确定性。

因此，头狼企业如果开展供应链金融自营业务，其天花板体现在创始人想着和金融机构一样通过"钱生钱"挣得盆满钵满，但忘记了绝大多数大型金融机构依靠覆盖广泛的市场获利,而头狼企业在非常长的时间内只能覆盖一个产业链市场的部分市场份额。

来看一个简单的例子:假设一个垂直产业链市场有 2000 亿元的市场规模,灰狼群生态垄断了这个市场 100% 的份额,同时生态中某个交易角色在自身企业经营中资金周转 10 次;假设该角色所有的交易都通过头狼企业的交易在线系统进行。在这种情况下,假设头狼企业为该类交易角色的每次交易行为提供了 80% 的新型供应链金融自营资金服务,那么头狼企业需要准备约 160 亿元(2000÷10×80%)的资金量,才能够提供该类角色需要的供应链金融服务。

对于一家轻资产的产业互联网头狼企业而言,哪怕在打五折的基础上,去寻找这样的资金量都是巨大的困难。这种难度意味着供应链金融自营业务的收入会有很大的瓶颈。

这是创始人想实现金融收入的第一个障碍。不仅如此,还有第二个障碍。假设头狼企业能够获得金融机构或大型金融财团的大额资金,并能够做生态中该类角色交易的所有供应链金融业务,那么在自营放贷过程中,必然存在金融成本。该金融成本肯定会远高于传统大型金融机构自身的资金成本。头狼企业即使将该资金借给交易角色,也会有一定利率和利差收益,其中的差价也存在 3%~5% 的较高利润空间。头狼企业可以计算供应链金融自营业务的收入,一年下来只有几个亿的毛利,即只能获得生态 GMV(商品交易总额)千分之几的毛利率。

以上的测算还是在非常理性、乐观的情况下进行的。通过这些假设和分析,我们可以验证得到:

> 供应链金融自营业务对于头狼企业而言,是必不可少的,是在生态构建中服务产业链各个角色的"润滑剂"业务,但头狼企业不应该将其作为主要的业务收入和利润来源。
>
> 在正常情况下,围绕灰狼群开展的供应链金融业务应该是头狼企业协助金融牌照持有方合法合规地开展完成。

接下来讨论一些创始人理想中的大数据业务收入。

产业链大数据是头狼企业"产业大脑"特征的体现，但并不是收入的主要来源。当生态构建起来，头狼企业将拥有这个产业链市场的大数据，并且能够通过对大数据的挖掘和分析，使产业链市场的运营更加高效。这种高效体现在头狼企业能够感知目标客户方的采购行为趋势，能够提供更好的服务，帮助生产企业和终端经销商做好产品研发、生产、营销等工作。

目前还没有出现成熟的对大数据业务进行收费的盈利模式。针对收费对象、收费方式和数据的脱敏性处理等，还需要进一步的探讨。大数据业务只有在为特定的角色、特定的场景创造价值时，才有收费的可能性，并且也需要更多验证。

二、头狼企业的真正业务盈利来源

那么，头狼企业为产业链做了非常大的利他贡献，其自身的收入和盈利到底从哪里来？笔者总结了头狼企业收入及盈利的主要业务来源为"X""Y""Z"业务。

"X"业务是指灰狼群生态实现产业链效能最优后，灰狼群将节省的冗余交易费用进行生态再分配，作为自身的收入和利润来源。

同样用一个例子来说明。假设一个产业链市场有2000亿元的规模，头狼企业构建灰狼群生态后，提高了产业链市场20%的效能。当灰狼群生态获得10%的市场份额，即200亿元的规模，意味着生态内部产业链效能提升，节约了传统产业链的冗余交易费用40亿元（200×20%）。对于生态所创造的价值——40亿元，头狼企业有很强的自主分配性。它可以对这部分节约效能设定规则，将其分配给生态中的角色。即使头狼企业只拿其中的30%，也意味着能得到12亿元（40×30%）的收入。这对于一家轻资产的互联网企业而言，已经是相当可观的收入。灰狼群生态获得的市场份额越大，企业因产业链效能提升而额外得到的利益也越多，头狼企业的收益也就"水涨船高"。

在大宗低值产品产业链中，通常有一种冗余成本会被忽视，即碎片化的物流成本。在这种产业链中，货物的特征是价格微小波动都将影响交易的达成，但物流成本却至少占了产品售价的30%甚至50%。由于大宗商品的价格敏感性高，虽然头狼企业有可能在构建生态的过程中减少一部分低效交易环节，但相应节省的费用和冗余成本并不一定很多。

由于灰狼群生态的蝴蝶结形产业结构，物流在生态中有了巨大的效能提升。原来碎片化的正向供应链物流，有可能汇集成大规模的反向物流运输及仓储，物流成本大规模降低。这种大规模物流最优策略，将有机会降低10%~20%的物流成本。这部分节省下来的物流冗余成本将由头狼企业分配给生态中的各个角色，也包括头狼企业自身。

比如，在煤炭产业链市场中，煤炭价格有波动年周期，大致在每吨300元~700元的区间内波动；但是在某个特定的时间点，从煤矿到坑口贸易商，再到下游终端贸易商，最后到客户方，每吨煤炭的价差在两位数之内，甚至大多数情况下在个位数盘桓。因此，煤炭产业链市场的灰狼群生态建立起来，并减少了一些流通环节，节约下来的传统产业链交易冗余成本也并不高。

大家不知道的是，传统煤炭都是正向供应链的碎片化发运，每吨煤炭的价格包含了40%~50%的物流及服务成本。如果灰狼群生态能够建立反向采集供应链，使大规模物流煤炭运输成为可能，那么经过测算，这最高可以降低物流及服务成本的10%。哪怕煤炭的一个细分产业链市场有几千亿元的规模，都存在着灰狼群生态内物流冗余，这意味着有机会节约出数百亿元的再分配利润。

"Y"业务主要是指头狼企业帮助终端经销商提高经营能力，从而从其明显的增量业务收益中获得收入分配和盈利。

非常典型的案例就是7-Eleven总部。在日本，该企业为加盟店提供了4项免费赋能，包括约2500名运营督导在门店参与日常经营指导，向门店开放信息化系统，每年成千上万款爆款产品的研发投入，精准高效的物流服务体系。

7-Eleven的四个"不赚"让它和加盟门店结成产业命运共同体，帮助门店从每年30万~40万元的利润做到超百万元，这些利润再按照一定的比例进行分成，作为自身收入和盈利的主要来源。

这意味着7-Eleven总部先要帮助加盟店获得更高的收益，才能有溢价价值，之后创造自己的利益分配规则。如果加盟店没有获得更高的收益，那么就意味着赋能的工作都是没有价值的,也意味着 7-Eleven 总部不能获得收益。这倒逼 7-Eleven 总部不断地研究赋能手段,帮助加盟店成长获益。

7-Eleven 总部并不把自己当成连锁公司,而是专业的零售业培训咨询公司,不断地更新自己的知识和工具,赋能日本市场中紧密合作的 1.9 万家门店、171 家工厂、150 多个配送中心等灰狼群生态中的各个伙伴。

"Y"业务的关键是头狼企业需要通过赋能的手段,帮助目标终端经销商进一步做好客户服务工作,从而让目标终端经销商在"拓客、锁客、留客、客转客"的经营中,相比以往更加高效地完成客户交易行为,并进一步提高客户满意度。同时,还需要有强大的信息化系统,掌控目标终端经销商的经营收入情况,这样才能真正获得这类业务的收入,以产生盈利。

"Z"业务指的是在灰狼群生态构建中,由于有些产业链市场的特性或头狼企业自身的原因,头狼企业可能很难找到,或者不愿意采用"X"业务和"Y"业务作为收入来源。在这种情况下,头狼企业由于掌控了整个生态的内部交易,通过目标终端经销商接触到大量的客户方,所以可以考虑通过提供产业链所需的增值服务来获得收入和盈利。

"Z"业务有两个方向可以探索。一个方向是寻找灰狼群生态所服务的客户方,为其提供和本产业链紧密相关的其他产品或场景业务,以获得盈利。

比如东南亚手机配件产业链市场的灰狼群生态。由于该生态覆盖了当地数万家手机配件小店,在盈利空间比较少的情况下,头狼企业通过和当地电信运营商合作,开展在手机配件店售卖电话卡和手机话费缴费业务来获得比较高的盈利。

还有一个方向是头狼企业在所在市场替代某些服务角色的工作,从而获得相应的服务收入和利润。

比如一个跨境粮食产业链市场的灰狼群生态。通过解决国家与国家之间粮食交易信息不对称、两国买卖双方交易效率低下的问题,头狼企业从为生态中的交易角色提供物流、仓储、出口和进口等方面的服务,获得应有的收益。又如在一个家具配件市场中,头狼企业为其生态中的目标终端经销商和生产企业建设自营的仓储物流体系,从而获得收入和利润。

中篇
灰狼群在产业森林中的生态规律

在这个时代，产业森林中不断形成一个又一个灰狼群生态。

灰狼群是生态特征表现最为明显的森林物种，也是最典型的数字生态物种。了解这个新物种的生态规律，意味着找到了理解产业森林中未来数字生态运行规律的钥匙。

本篇将围绕灰狼群生态讲解三方面的内容：第一，以灰狼群生态为代表的数字生态跨链竞合现象；第二，因此产生的数字生态竞合规律；第三，灰狼群生态的其他规律，比如在产业森林中什么地方会出现灰狼群？灰狼群又会有哪些不同的表现形态？

第七章
灰狼群带来的数字生态跨链竞合现象

不同时代的"越界"经营

在传统工业时代，多元化经营非常普遍；在消费互联网时代，跨界发展让人惊叹不已；在产业互联网浪潮的数字生态时代，跨链发展现象出现在了舞台上。这三者有非常明显的区别。

多元化经营是指企业作为单个市场主体，在另一个细分产业链市场中做了一个新业务。新业务和老业务的客户群可能不同。这个新业务对所在细分产业链市场中的其他交易行为的影响可大可小，尤其是在碎片化市场中，绝大多数情况下，新业务产生的都是局部的小影响。

跨界发展是指在消费互联网时代，基于消费者"眼球"的在线零售交易市场。一方面，消费互联网企业可以通过提供不同的业务或商品去抢夺其他人的流量，所以出现了京东"流量自己卖各种商品"；另一方面，基于流量又可以提供不同的产品或服务，所以出现了淘宝、抖音等"流量卖给不同产品的商家"。

跨链发展是指数字生态跨产业链发展，开始把其他产业链中的客户当作自己的客户，与该产业链中的市场主体（包括个体企业和已有数字生态）进行竞争和合作，试图形成跨越多个产业链的、更为复杂的、具有多个交易在线生态特征的复合数字生态现象。这种现象在产业森林中出现灰狼群生态后，表现得更加频繁且明显。

这种生态每次跨链发展，都将对"被跨的产业链市场"的企业、其他生态乃至产业结构产生深远的影响。犹如宇宙中不同星系之间由于引力的原因，互相之间的融合和排斥，其中涉及成千上万颗星体的生死。当整个过程结束，在宇宙深处新的星系形成，新的星群又将在无尽黑暗中发出熠熠光芒，深邃而又美丽。

数字生态的跨链竞合现象

自2010年王兴创办美团后的10多年来，美团一路狂奔，围绕消费者和商家之间的消费市场深耕，最终确立了一定的领先地位，并在港股上市。

美团针对消费者C端用户建立了综合服务生态，并通过为消费者提供餐饮市场的外卖和团购业务，拥有了数以万计的餐馆供应商[①]。在此基础上，美团着眼于餐馆的食材采购需求，加速探索餐馆食材供应的数字化解决方案。创办于2015年，并于2018年开始规模化运营的快驴进货，便是美团入局餐饮食材供应链市场的抓手，如图7-1所示。

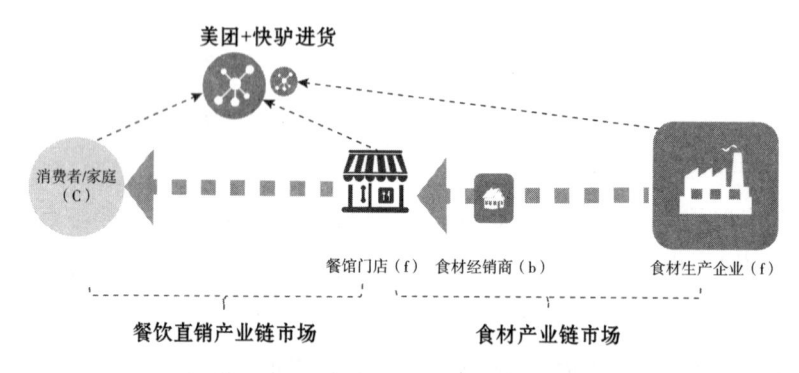

图7-1 美团在产业互联网时代的跨链发展

据2018年11月29日新浪网的相关报道："快驴进货可为B端商家提供包括米面粮油、蔬菜鸡蛋、时令水果、肉禽水产等生鲜产品，以及酒水饮料、方便速食、

[①] 餐馆实际上是个微型的加工工厂，消费者与餐馆之间是特殊的直销产业链市场，这和大多数产业链市场由零售市场和流通市场组成是不太一样的。由于是工厂，餐馆不可避免地需要采购食材等原料，这也是美团旗下的快驴进货能够跨链发展的前提。

调料酱菜、餐厨用品等。值得一提的是，甘肃定西土豆、会宁洋葱、河北饶阳蔬菜等优质源头直采生鲜，也在扩充 SKU 的基础上保障了 B 端商家可以通过快驴进货采购到性价比更高的食材。截至 2018 年，快驴进货针对 B 端商户的新业务已覆盖全国 21 个省、38 座城市、350 个区县，服务过 20 万商户。截至 2017 年 10 月，快驴进货业务单月销售额破 4 亿元。"

我们还可以从产业链的角度出发重新审视这个案例。通过研究美团进入餐饮食材供应链市场前后对产业链结构角色的选择，以及美团未来的数字生态发展，就能得到惊人的发现。

先来看美团快驴进货业务出现之前的产业链市场竞争格局，具体如图 7-2 所示。

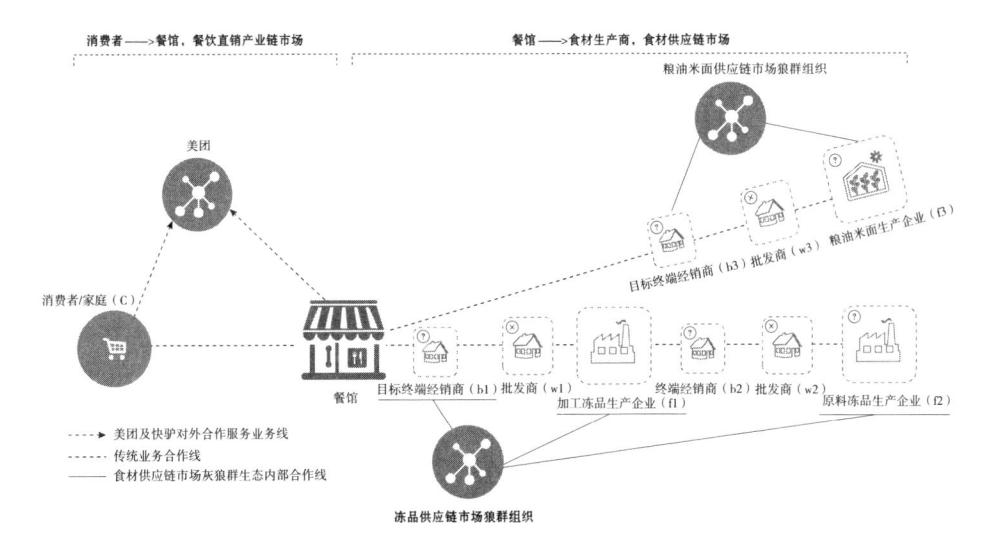

图 7-2 快驴进货业务出现之前的产业链市场竞争格局

图中有三个产业链市场，即消费者与餐馆的直销产业链市场、餐馆采购使用冻品形成的餐馆冻品产业链市场，以及餐馆采购粮油米面形成的相应产业链市场。①

---

① 餐馆除了采购粮油米面和冻品，还会采购调料调味品、生鲜蔬菜等食材，这些不同产品有不同的供应商和流通环节，形成了餐馆其他食材的细分产业链市场。出于简化解读的目的，本书在图中不做列举。

美团在推出快驴进货业务之前，消费者与餐馆的直销产业链市场已经被消费互联网时代的巨头们看中，并用团购和外卖的形式建立了在线交易市场。在餐馆采购不同食材形成的细分产业链市场中，逐渐出现了不同的灰狼群生态。

这些灰狼群生态团结了目标终端经销商和生产企业，不断发展壮大。在这过程中，它们淘汰其中较为落后的终端经销商和生产企业（在图7-2中用?来表示）；同时，又跳过了低效的流通环节，直接淘汰了流通批发商企业（在图7-2中用⊗来表示），从而提高了生态内部产业链的运营效能。在餐馆食材的产业链市场中，所有传统经营活动都受到了灰狼群生态出现带来的第一波冲击影响。

美团在直销产业链市场中与其他消费互联网巨头厮杀；不同的灰狼群生态则在相应细分的产业链市场中与老虎企业、狐狸企业厮杀。

不仅如此，大多数人可以预测到，由于粮油米面产业链市场中的灰狼群生态服务了餐馆这个目标客户方，未来它有可能进入冻品产业链市场中，实现跨链发展。餐馆冻品产业链市场中的灰狼群生态基于同样的道理，也可能进入粮油米面产业链市场，实现跨链发展。

如果美团没有快驴进货，那么这些灰狼群生态也将有机会和美团进行深度的

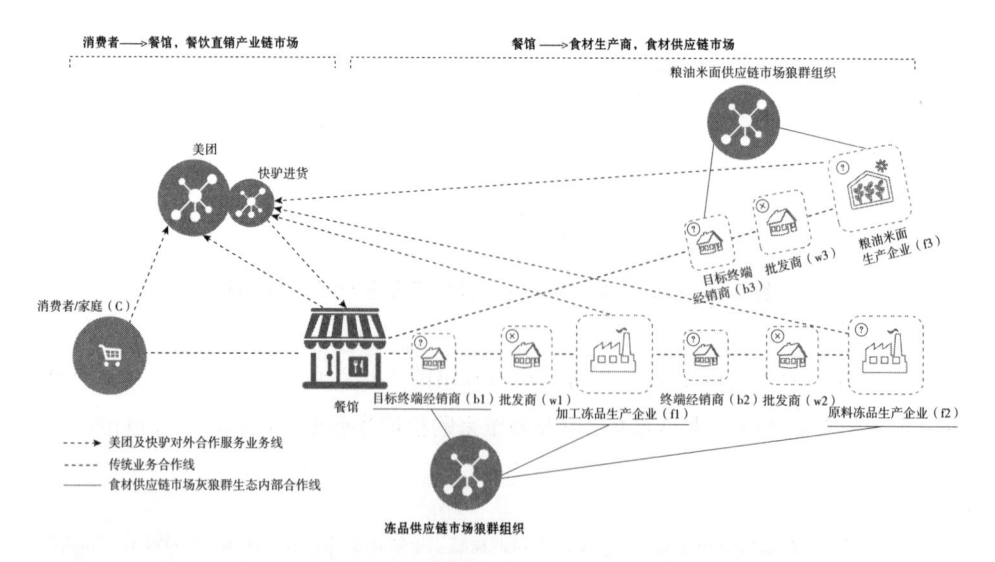

图7-3 快驴进货业务出现之后的产业链市场竞争格局

第二部分
灰狼群现象——产业森林的巨变

合作，联合为餐馆经营提供更好的服务。

美团推出快驴进货业务，意味着其进入上游食材供应链市场，这时，竞争格局发生了更大的变化，如图7-3所示。

在图中我们可看到，当美团规划推出快驴进货业务后，其目标是打通从消费者到餐馆、餐馆到食材生产商上下游产业链市场的数字化通道。

这种新的竞争格局变化将会给上游食材供应链市场中的各个角色（包括生产企业和流通企业）带来第二波更大的冲击。这是因为美团已经在消费餐饮市场中拥有很大的影响力，对餐馆的经营业绩有很强的话语权，只要快驴进货业务供应的食材价格和其他食材供应商的价格相差不多，餐馆就会倾向从快驴进货采购食材。

美团给之前餐馆食材市场中形成的灰狼群生态，以及生态内相关企业带来了很大的竞争压力（在图7-3中用⑦来表示）。要知道，这些灰狼群生态中的头狼企业融资数千万乃至数十亿元用于发展和壮大生态，却没有想到美团会进入自己所在的产业链市场。

再进一步思考，除了美团，是否还有其他消费互联网的巨头同样会进入上游的产业链市场，对灰狼群生态形成重大的挑战？如果其他巨头进入，那么基于餐饮场景的食材产业链市场，是否还会受到更大的冲击？

无论是美团还是餐馆食材产业链市场中的灰狼群，它们都是数字生态。数字生态之间进行残酷的竞争不再是偶然现象，在其他不同的产业链市场中，不仅是现在，将来也会发生类似的故事。

图7-3中的传统经销、生产企业在这种竞争格局下，用传统的思维再怎么努力经营，获得长久发展的可能性也比较小。要么融入一个数字生态，要么自己构建一个数字生态，企业才能够在产业森林中有资格进行下一轮竞争发展。

> 互联网及信息技术渗透到各个垂直产业链中的时代，即数字生态崛起的产业森林时代，数字生态的跨链发展将成为常态。每一家企业都需要进一步了解其中的规律。

115

通过以上案例可以了解到，当两个乃至多个产业链市场出现重合市场角色[①]的时候，这些产业链市场互为相邻产业链市场。其中任何一个市场中存在的数字生态，都有可能出现跨链发展现象。一旦形成跨链发展，该数字生态就会形成更为复杂和庞大的复合数字生态。

在产业互联网浪潮出现之前，产业森林中的一家传统企业即使从其所在市场进入另外一个碎片化的市场中，也很难对该市场形成巨大的产业结构冲击。举个简单的例子，假设雅戈尔集团为了提升自有品牌服装的生产和运营效率，自己投资建设了一家配套的面料生产企业，该面料生产企业将优先保障雅戈尔品牌服装的原料供应。而雅戈尔集团投资控制的这家面料生产企业的经营好坏，对整个面料市场很难形成巨大的影响。

产业森林中出现数字生态跨链，改变另一个市场产业结构的现象，尤其是跨链改变一个碎片化市场的产业结构的现象，是很罕见的。

过去不同产业链之间的相互关系、产业链结构变化、产业链市场的进入和退出壁垒等课题，都属于中观产业经济学研究范围，离单个企业家的经营太远，企业家并不需要去研究和学习。但在现在，这些课题却离企业家很近，近到能影响企业家的生意，改变企业的生死。

打个比方，对外星人的研究在一般情况下是宇宙学家的事情，和普通人没有关系。但当每个人都收到"某一类外星人准备侵略地球的信号"时，我们还能置身事外，对此置之不理吗？

---

① 两个或者多个产业链市场如果有同样的目标用户或客户，或者一个产业链市场的生产商是另一个产业链市场的客户方，那么就称这类企业为重合市场角色。重合市场角色的企业群构成了两边产业链市场的一条分界线和融合线。

第二部分
灰狼群现象——产业森林的巨变

> 跨链发展现象的出现，在一定程度上说明了数字生态与传统老虎企业、狐狸企业之间的战争，已经不能单靠对一个产业链市场进行观察和分析就能得出结果。产业链市场的边界已经开始模糊，这就是互联网下半场——产业互联网出现后——产业森林的新特征。

企业家在产业链边界模糊的环境下，要重新审视企业在产业森林中的位置，要知道企业在哪里？未来走向哪里？笔者将在后文中展开讲述。

这一现象同时也意味着现有的产业经济学相关理论[①]，以及微观的战略理论和工具，可能已经无法满足企业战略制定的需要。需要有新的战略及工具指导我们，这部分内容将在第九章中展开讲述。

---

① 产业经济学的相关专家有一些以跨链为主题的研究：一方面是对产业链之间关系的研究，最有代表性的是经济学家里昂惕夫，他研究了关联产业不同的投入产出比和产业之间互相的影响力，属于产业关联理论；另一方面是对进入一个产业链市场的壁垒的研究，最有代表性的就是产业组织理论，代表人物是贝恩和施蒂格勒。

第八章
灰狼群带来的困惑：如何理解边界模糊的新森林

重新审视用户和客户的必要性

用户和客户是一家企业存在的前提。因此，在边界模糊的新产业森林，企业家在重新思考如何为自己的企业划定森林边界之前，首先要确定用户和客户，这是边界的起点。

在传统商业世界中，"用户"和"客户"是经常被提起的名词。对于绝大多数人而言，区分它们并不重要，重要的是把货卖给买家。但在产业互联网时代，确定这两者的区别非常重要，因为它们在一定程度上意味着我们可能身处不同的产业链市场，面对不同的竞争对手。

一起来试着重新理解"用户"和"客户"，下面先举些例子。

对于手机生产品牌商华为而言，"用户"和"客户"的区别有三种不同的情况：

第一种是通过和互联网电商企业进行合作谈判，比如在京东上开设专卖店再卖给消费者。那么这个销售过程中，华为认为谁是用户，谁是客户？

第二种是电信运营商在华为大批量定制并采购手机之后，再销售给消费者。那么这个从定制、生产到消费者拿到手上的过程中，对于华为而言，谁是用户，谁是客户？

第三种，在市场上，有不少大型企业集团直接和华为联系，从华为批量购买手机给员工使用。在这种情况下，对于华为而言，谁是用户，谁是客户？

大家可以合上书，想想上述问题的答案，再继续往下看。

第一种情况，用户和客户是重叠的，它们都是消费者；而第二、第三种情况，用户和客户是分开的。

在企业经营中，当用户、客户的群体不同时，应该首先考虑谁的利益？考虑的对象不同，公司的相关战略、组织结构、营销及服务体系、资源投入都会不一样。

"用户""客户"这两个词语在传统市场里面都属于营销范畴，虽然没有明确的定义，但也有一些约定俗成的概念。为了能够讲清楚数字时代产业链市场角度的"用户"和"客户"定义，先来看一下之前对这两个词语的定义。

什么是用户？用户约定成俗的定义，是指使用某个产品或服务的人。这个产品和服务不一定是自己花钱买的，有可能是赠送的，有可能是借的，只要在用或用过，都算用户。比如浏览今日头条的网民，就是今日头条的用户。

什么是客户？苏朝晖教授曾下过定义，客户是指购买产品或服务的个人或组织。处于供应链上的企业，相互之间发生交易行为便互为客户。另外，客户不单指产品或服务的最终接受者或使用者，产品的渠道商、物流商或中间商也可以是客户。

苏教授举了一个例子：一家专门从事家具制造的企业并不直接销售自己的产品，与其建立客户关系的多是家具销售商。所以，企业还可以将客户分为直接客户和间接客户。直接客户是指直接给企业带来利润的客户，间接客户是指不直接带来利润但是间接购买了家具的客户。

通过以上的内容，我们可以总结得出用户和客户本身有一定的交叉性。用户是指企业提供的商品或服务的使用者或消耗者；客户就是指企业提供的商品或服务的购买者，不用去了解购买者购买后是否是自己使用或消耗。

改革开放之后，大多数生产企业在市场逐步进入产能过剩的情形下，迫于生计和竞争压力，努力生产与同行相比更为价廉物美的产品，并不断寻求差异化的市场，最终促使中国生产的产品走向了全球，中国成为制造大国。

在这个过程中，大多数传统企业家眼睛盯的是谁来大批量地买走企业生产出来的产品，并希望快速回款。企业家关注的是有较强购买能力的客户，这样就很容易把注意力放在研究客户的需要上，而"以用户为中心""以用户使用场景为基础"的思考就容易被忽略。

在产能过剩的时代，企业面临数字生态竞争，因此还是要回到原点，考虑用户的需求和使用场景，这样才不至于蒙蔽双眼，失去对市场战略点的认知及把握机会的能力。基于此，企业家想参与未来的生态竞争，一定要找到自己企业经营产品的用户。

比如在美团的案例中，作为一位冻品生产企业的企业家，用户是餐馆还是消费者？对用户概念的理解不同，企业家思考的企业的发展方向也会有很大的差异。

把消费者当作用户，该企业家才能找准企业在产业链市场中的位置，把美团纳入潜在竞争对手的名单，理解美团进入食材供应链的底层商业逻辑。

用户和客户在产业链视角下的重新定义

不同的产业链市场，对用户、客户的定义和约定俗成的定义并不一致。我们已经了解到，用户是企业存在的前提，也是市场存在的基础，因此先重点来讨论用户。

产业链市场的用户根据产品特性分类，一种角度是针对家用或个人消费产品定义用户，一种角度是针对企业级产品来定义用户。先看家用或个人消费品产业链市场是如何定义用户的：

> 如果企业提供的特定产品或服务可由个人或家庭直接接触，或是具有可直接/间接消费或使用的特征，那么该产品的卖方或生产企业的用户就是使用者。

举个汽车易损件产业链细分市场的例子。易损件生产企业在这个市场中会接触到有意向购买易损件的不同购买方——主机厂、4S店、经销商、汽修厂等，那么企业就会结合当时竞争对手的产品定价、销量情况，针对不同购买使用方，不定期地从产品、价格、合作方式、促销政策等方面制定不同的营销策略。

由于市场瞬息万变，企业需要不断对上述营销策略进行调整，这使得产品在市场中有竞争力，成为企业家日常经营中频繁思考的内容。企业家在这方面的不同决策，将直接导致最终结果产生差异——不同批量的订单和关联经营收益。

但要注意到的是，由于这些企业家将注意力放在竞争对手和市场产品价格波动上，他们花费在以下方面的时间和精力就比较少：对不同车型车主的分类和不同车主对产品的诉求，易坏的场景差异，购买使用易损件的场景便捷性，售后服务体验等。

如果企业家能把自己思考的原点从购买者"客户"改为车主"用户"，重新思考本企业经营的模式、产品品类、营销策略和价格策略，那么就有可能得到与传统经营相比差异较大的结果。

在美团跨链发展的案例中，笔者提到了冻品产业链市场。近几年，笔者和冻品市场中致力于构建灰狼群生态的几个头狼企业创始人都有过交流。和他们的交流也可以印证，基于企业家考虑的是用户还是客户，头狼企业的定位和发展灰狼群生态的思路是不同的。

基于冻品生产，挑选一个细分产业链市场（消费者—餐馆—加工冻品生产企业—冻品原料生产企业）来进行说明。一家为餐馆提供鱼丸的冻品加工工厂，根据上文对用户的定义，该企业在这个产业链市场中，用户仍然是消费者，如图8-1所示。

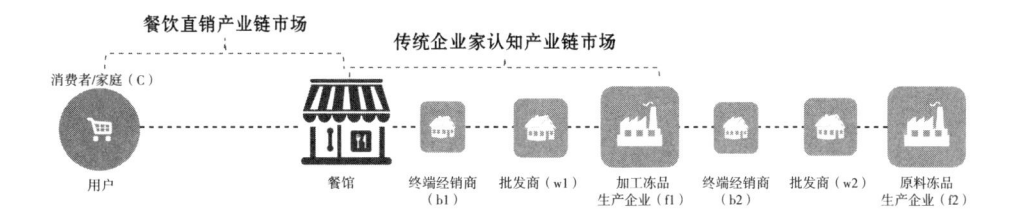

图8-1　一条冻品上下游产业链

针对家庭和消费者市场，如果企业提供的是有形商品，且家庭成员一起消费或无法判断商品由某个特定成员使用，那么家庭就是产品卖方或生产企业的用户。比如，毛巾等日用品、餐饮服务、住房产业、汽车产业等。

当然，要注意在有些特殊情况下，如果企业提供的商品或服务在这个垂直产业链中存在某个中间交易环节，而购买使用方企业在可预见的未来长期存在并具备垄断地位或强势地位，那么即使企业提供的特定产品或服务可由个人或家庭直接接触，或是具有可直接/间接消费或使用的特征，企业家仍然要把消费者当作用户看待。

根据消费者是直接还是间接使用，又分为两种形态：

1. 在消费者（个人或家庭）直接消费或使用（商品或服务形态未发生变化）产品的情况下用户的确认。

比如，针对民用住宅产业，2017年住房城乡建设部发布《建筑业发展"十三五"规划》。规划提出，到2020年，城镇新建民用建筑全部达到节能标准要求。城镇绿色建筑占新建建筑比重达到50%，新开工全装修成品住宅面积达到30%，绿色建材应用比例达到40%。随着政策的推动，在可预计的未来，对于消费者而言，购买的不再是毛坯房，而是精装修房。这意味着建筑开发商对装修有决定性的话语权。在这样的情形下，建材家居工厂不仅要考虑到房地产开发商的诉求，还要考虑到消费者的诉求，而且仍要把消费者当作用户。只有这样，才能从"消费者—房地产开发商—建材供应"的完整产业链市场中找到企业的定位和发展方向。

2. 在消费者（个人或家庭）间接消费或使用（商品或服务形态已经发生了变化）产品的情况下用户的确认。

举一个煤炭市场的案例。煤炭作为基础燃料有不同的品类，对应不同的客户群体。从煤炭产业链上空俯瞰，按照产品品类，有4个不同的产业链市场：动力煤产业链、焦煤产业链、无烟煤产业链和喷吹煤产业链。

这4个不同的产业链市场里，最终购买使用方的差异很大。比如在动力煤产业链中，购买使用方有电厂、建材生产企业、钢铁企业、化工企业等。不同采购者和其不同的流通渠道，形成了不同的动力煤细分产业链市场。接下来，从电力企业作为主要购买使用方的细分市场，进一步说明用户的概念，如图8-2所示。

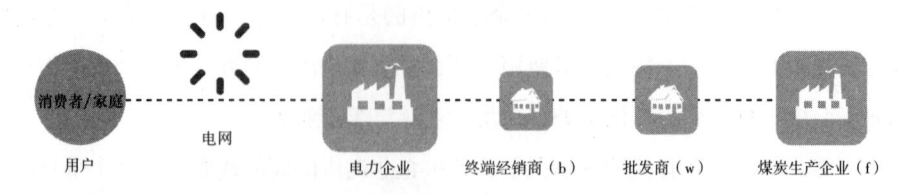

消费者/家庭
用户　　电网　　电力企业　　终端经销商（b）　　批发商（w）　　煤炭生产企业（f）

图8-2　家庭发电的动力煤产业链上的用户

第二部分
灰狼群现象——产业森林的巨变

煤炭生产企业一般会把电力企业理解为用户。但实际上，这个细分的产业链市场和冻品的餐饮细分产业链市场是类似的，家庭仍然是这个产业链市场的用户。虽然大家都知道发电厂对于消费者而言，处于强势地位。

如果煤炭生产企业的企业家在战略思考时，把家庭当作用户，并以此作为自身企业经营思考的出发点，那么就可能会想到不同消费者使用电的场景和对电力的要求有很多差异。不排除有些消费者或家庭基于一些场景，需要的电不一定来自电厂，或者对电的供应有特殊的要求。出发点不同，煤炭生产企业对自身的经营和发展规划也可能不同。

以上是针对消费者群体直接/间接消费的情况进行的用户定义。下面围绕采购者是企事业单位的情况来讨论如何定义用户。

如果一家企业经营的产品由企事业单位采购，根据购买使用方不同的使用目的和成本归集，卖方将有不同的用户确认，见表8-1：

表8-1 特定产品机构采购情况下用户的分析判定

机构采购特定产品后的成本归类	机构采购目的	
	自用	非自用
机构对外提供商品时，将该采购的特定产品作为变动成本记账	A11区：用户未知	A2区：用户未知
机构对外提供商品时，将该采购的特定产品不作为变动成本记账	A12区：用户为该采购机构	

1. 卖方企业所销售产品的对象（采购机构）采购该类产品后，具有自用特征；同时该采购机构在对产品进行财务成本（费用）核算时，该产品并非该采购机构对外经营的产品包含的直接材料成本。那么，该采购机构就是卖方企业该类产品的用户。

这段文字看上去比较拗口，举个例子来进一步说明。笔者之前考察过一家生产包装材料的上市公司，该公司需要采购机器人用于加强生产线的自动化，从而提高生产包装材料的效率。那么对于机器人生产企业而言，该上市公司就是潜在的购买使用方。

上市公司购买了机器人后，会将其作为生产资料在生产线上使用。同时，上市公司的财务人员在做账时，会把采购机器人设备所支出的金额作为固定成本进行折旧摊销，这属于固定设备采购。上市公司的此项采购满足了"自用特征"和"非直接材料成本（固定成本）"两个必要条件，因此和该上市公司类似的企业都是机器人生产企业的用户群（见表8-1中的A12区）。

2. 卖方企业所销售产品的对象（采购机构）主体具有对产品进行自用再加工的特征，并且在该采购机构的财务成本（费用）核算中，将采购费用计入直接材料成本，那么卖方企业暂时不能把该采购机构当作该类产品的用户。

比如，在家具木材供应产业链市场中，林场将林地的木材进行加工，然后提供给家具厂。对于林场而言，家具厂就是采购机构主体，采购木材做家具符合"自用特征"，但同时也符合"家具的直接材料成本"这个特性。那么这个产业链市场的用户就不是家具厂，要在家具厂进行木材加工、生产出家具后，对家具的购买使用方进一步分析才能得知用户究竟是谁。这属于中间过渡状态，我们无法判断谁是用户，这就属于表8-1中的A11区——用户属于未知。

如果通过分析得知家具厂最终将产品卖给了个人消费者和办公机构、酒店等，根据消费品产业链市场的用户定义可以得出结论，个人消费者就是家具生产企业的用户。同时，采购家具的办公机构、酒店这些主体符合"自用特征"和"非直接材料成本"，因此也可以得知办公机构、酒店等也是家具生产企业的用户。如此类推可以得出，对于木材加工、林场等木材的卖方或生产企业而言，用户至少有3个群体：消费者、办公机构、酒店等。

这种情况在工业品的产业链市场中比较常见，在传统原材料或半成品市场中，有的人会下意识地把采购这些产品的企业当作用户。但是跨过这些采购方，看到真正的用户尤为关键。

3. 该采购机构主体具有非自用特征，不管是否对该类产品的最终使用者有很强的控制力（最终使用者没有选择权或有选择权），对于产品的卖家或生产企业而言，同样不能确定用户。需要对该采购机构对外提供的产品或服务的对象进行再次分析，才能确定。

先说第一种情况——采购者非自用但是有很强的控制力，比如政务软件市场。

第二部分
灰狼群现象——产业森林的巨变

一家软件公司参加市政府招标，为市属下面各村委会提供村务管理的软件。各村村委会没有采购选择的权利，市财政局是采购机构。市财政局不能作为软件公司的用户，因为其并不是业务使用单位。这就属于中间过渡状态（见上表8-1中的A2区），需要进一步判别使用者，才能确定用户。在以上案例中，村委会具有"自用特征"和"非直接材料成本"（市政府买单，0固定成本）特性，因此村委会就是软件企业的用户。

再比如在针对物业公司的清洁设备的产业链市场中，物业公司总部会替下属各个物业管理单元向清洁设备生产企业集中采购清洁设备，但这种采购也符合"非自用"和"对旗下物业单元的控制力"特征，因此物业公司总部并不是清洁设备生产企业的用户。进一步分析，各地物业管理单元符合"自用特征"和"非直接材料成本"特性，因此单个物业管理单元才是该清洁设备卖家或生产企业的用户。

这种情况在大集团总部采购、政府及事业单位采购市场较多见。

在以上这些围绕不同产品形态特性（消费品市场/企业级产品市场）的市场中，"用户"这个概念在数字时代产业链视角下拥有不同的定义，这将有助于我们加深对产业链从生产端到用户端的理解。

从产业链角度，讨论完复杂的"用户"的定义，接下来对"客户"定义则相对容易。对于产品的卖家或生产企业而言，采购方如果将产品用于生产或消费，那么该采购方就是该产品的客户。

在消费品产业链市场，对于卖方或生产企业来说，用户和客户是一致的。在工业品产业链市场，用户和客户并不一定一致。需要根据以上定义做详细分析，再进行确定。

目标产业链、紧密关联产业链和全产业链

企业家身处纷繁复杂、产业链呈网络状交织的产业森林中。面对数字时代的模糊边界，企业家只有掌握了用户和客户的定义，才能进一步来了解并确定与自身

企业有关的产业链市场边界。

一、确定目标产业链市场边界

目标产业链市场是企业经营时，在产业森林中首先要划定的边界。这个市场也是每个企业家日常思考的主要市场。

> 该市场由三个要素组成：目标客户方、目标产品品类和目标生产方。目标客户方是目标产业链市场边界的起点和前提，目标产品品类是边界的宽度和关键，目标生产方是边界的终点和支撑。

再一次用鱼丸冻品生产加工企业来举例。这家鱼丸冻品加工厂以向中小餐馆提供鱼丸为主要业务，企业经营效益不错，同时拥有遍布全国的销售网络。

鱼丸冻品加工厂的企业家在企业经营过程中发现，一些做蛋饺、牛筋丸等其他冻品的生产加工企业和上游的一些屠宰后冻品生产厂家有不错的产品，但苦于没有好的市场网络资源来推广它们的产品。

在这种情况下，该企业家确定了把餐馆（不仅是原来重点经营的中小餐馆，而且把大型餐馆和连锁餐馆都纳入进来）当作目标客户方，将鱼丸、蛋饺、冻鸡、冻鸭等作为目标产品品类，那么能够提供目标产品的生产企业就是目标生产方。这三要素确定了该鱼丸冻品加工厂未来发展的目标产业链市场，如图8-3所示。

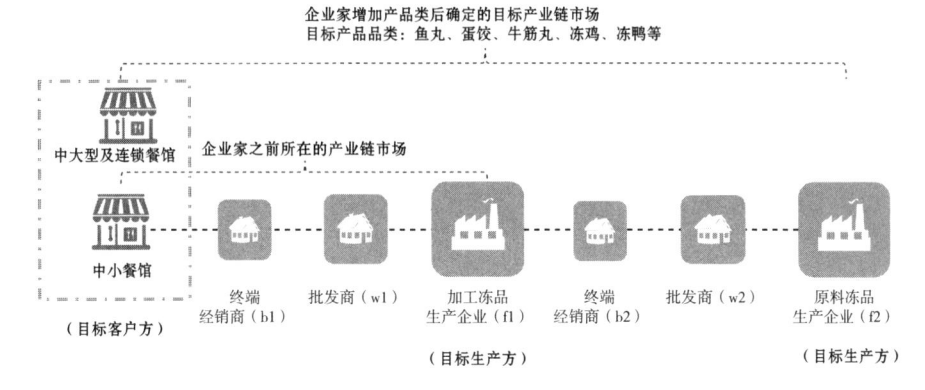

第二部分
灰狼群现象——产业森林的巨变

图 8-3　鱼丸冻品企业家调整客户群和产品品类后的"目标产业链"市场

由于客户群体类别和产品品类增加，以及产品品类增加，促使生产企业类别增加，形成的市场空间远大于企业家之前所在产业链市场的空间。

目标产业链市场规模的大小，决定了企业及灰狼群在未来较长一段时间内的发展空间；同时，目标产业链市场的选择也取决于企业自身在该市场所具备的有竞争力的资源条件和禀赋能力。

因此，如何结合企业现有，以及可预计获得的资源条件和禀赋能力，选择未来有一定发展空间的目标产业链市场，对于企业家而言是非常难的。

首先，对于灰狼群的头狼企业而言，其聚焦的细分市场，即选定的目标产业链市场规模不能太小。如果任何一个细分产业链市场的规模小于 500 亿元，那么就意味着未来头狼企业构建的灰狼群生态在这片森林中的天花板比较明显，头狼企业的资本价值性也会因此受限。比如针对中小餐馆的冻品鱼丸产业链市场，规模和体量都很小。因此对于前文举例的鱼丸企业而言，如果该企业家希望构建灰狼群生态，其所在细分产业链市场的规模就过于小了。

再比如消费者看牙病的场景有两种，一种是独立的专科诊所，即牙医诊所；另一种是公立综合医院。虽然消费者在独立的牙科诊所看病支付的费用很高，但大部分都是诊断和服务费用，因此实际的牙科相关耗材产业链细分市场的规模就比较小。如果有牙科耗材领域的企业家希望在独立牙科诊所耗材产业链市场中构建灰狼

127

群生态，那么，这种生态的资本价值就相对低。

其次，头狼企业要考虑自身在某市场有竞争力的资源条件和禀赋能力。比如，前文举例的鱼丸冻品生产企业调整后的目标产业链市场，该市场有超千亿元级别的市场。同时，该鱼丸冻品生产企业拥有全国中小餐馆终端网络、多品类冻品生产企业合作的资源和很好的团队。那么该企业家选择构建灰狼群生态时，在不考虑外部竞争因素的前提下，餐馆冻品产业链市场就可能是一个很好的选择。

二、确定紧密关联产业链市场边界

假设鱼丸冻品生产企业的企业家，如前文所述确定了目标产业链市场的边界。这时候就可以来讨论第七章提到的数字生态跨链发展现象中，他们从哪儿来的问题？如图 8-4 所示。

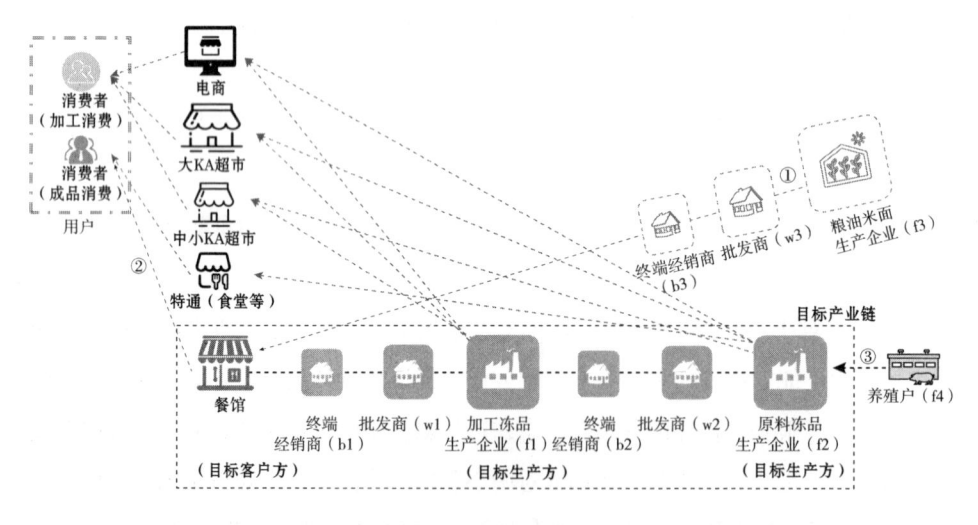

图 8-4 基于餐馆冻品目标产业链的紧密关联产业链市场

图 8-4 中除了前文选定的目标产业链市场，有针对餐馆提供粮油米面的产业链市场（①线市场，同类客户采购其他不同产品品类产业链），也有针对食堂、KA 超市作为冻品采购方再加工、销售给消费者的市场（除①②③线以外的市场，同类产品不同客户群产业链），当然，还有基于不同用户类型的消费者到餐馆就餐

的线下直销产业链市场（②线市场，下游产业链），以及冻品生产企业采购家禽鱼肉原料到养殖户之间的产业链市场（③线市场，上游原料供应产业链）。

以上这些产业链，笔者都称之为相对目标产业链的"紧密关联产业链"，其特征为：该产业链市场边界构成的三要素之一，必定至少有一个和目标产业链市场构成边界的三要素之一重合。

比如，①线的粮油米面产业链的客户方和目标产业链的目标客户方一致；除①②③线以外的其他冻品产业链市场的产品（生产方）和目标产业链产品（目标生产方）一致；②线的消费者餐饮直销产业链市场中，该市场的生产方与目标产业链的目标客户方一致；③线的目标产业链的目标生产方是原料养殖市场的客户方，也是重合角色。

边界构成三要素中任何一个要素的重合，都意味着该紧密关联产业链与目标产业链有着边界的接壤，也意味着当该产业链中出现灰狼群数字生态后，很容易进入到目标产业链市场中，对这个市场中现有的成千上万家企业的经营带来巨大的冲击。就如同上一章提到的美团会进入食材产业链中，粮油米面灰狼群生态与冻品的灰狼群生态未来会互相进入对方的产业链中，产生巨大的市场影响力。

> 当某个产业链市场边界的要素和目标产业链市场边界的要素没有一个重合的时候，意味着该产业链与目标产业链在数字时代是间接关系。本书将这种关系称为"松散关联产业链"。

松散关联产业链之间，数字生态互相进入的难度就比较大。

前文举例的餐馆冻品目标产业链市场，与为食堂提供粮油米面的产业链市场两者之间，就是松散关联产业链，如图8-5所示。

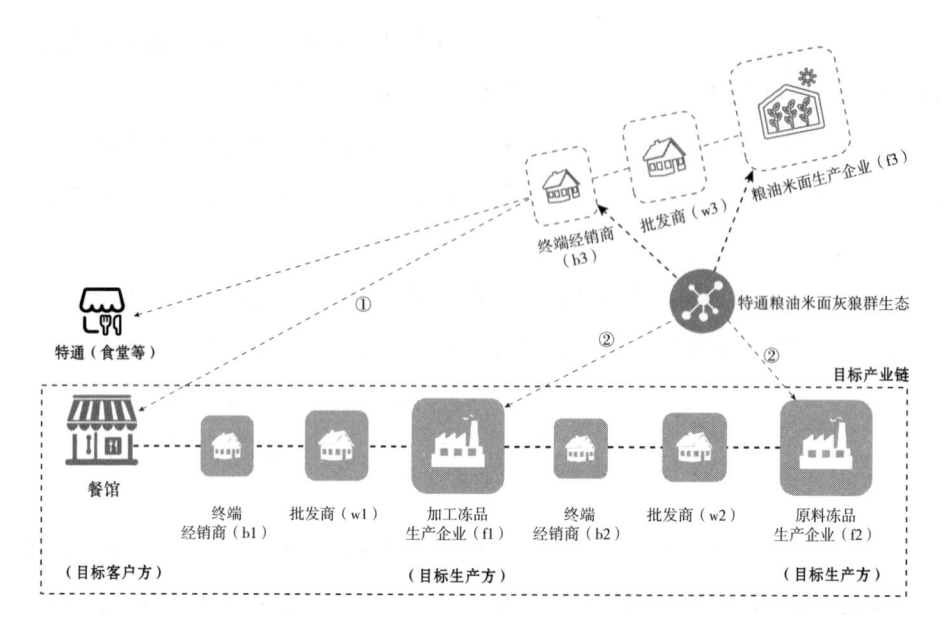

图 8-5　松散关联产业链数字生态的互相影响

当后者市场中出现了特定的灰狼群生态，该灰狼群想要进入目标产业链市场，必须分两步走。第一步，该生态除了需要把粮油米面产品卖给食堂，还要卖给全国的中小餐馆，并且在这过程中，要和这些新客户建立稳定可靠的供应关系。第二步，把冻品产品生产商及相关服务机构，包括冻品物流等引入该生态，最终形成对餐馆客户的冻品销售闭环。完成这两步标志着食堂粮油米面产业链中的灰狼群跨链进入目标产业链市场，并有可能对现有目标市场中的灰狼群和其他物种的经营产生影响。这个过程漫长且有很强的不确定性。因此在产业互联网时代，目标市场内的企业家们在较长时间内，不需要考虑松散关联产业链市场对其经营的影响。

基于同样的道理，在战国时代，秦国采用了远交近攻的战略，加速了对中国的统一。

确定紧密关联产业链就是要确定未来可能的数字生态"敌人"会从哪些邻近市场出现，从而对目标产业链市场中的企业，形成可能的"近攻"。

三、确定全产业链市场边界

对目标产业链市场，以及所有紧密关联产业链市场的总和，笔者称之为全产业链市场，且定义其边界三要素为：把目标市场的用户作为起点，包括目标客户方生产或采购的所有商品品类，把目标产业链中生产方采购原料的生产方（即上游原料生产方）作为终点。

全产业链、紧密关联产业链、目标产业链三者之间的关系如图8-6所示。

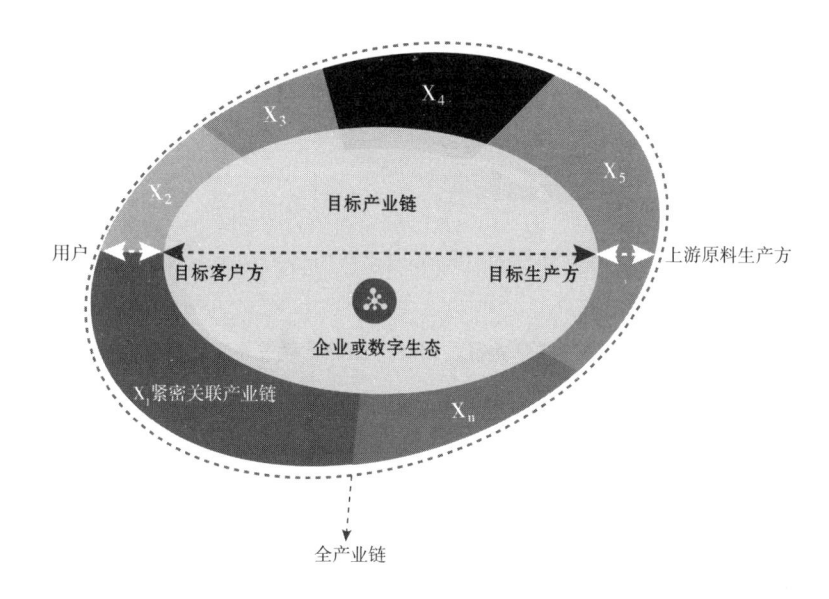

图8-6 全产业链、紧密关联产业链、目标产业链三者关系（用户≠目标客户方）

在图8-6中我们可以看到，任何一家企业或数字生态都将面对三个层次的市场：第一层是自己所在的目标产业链市场；第二层是相邻的紧密关联产业链市场（X_1、X_2……X_n）；第三层是全产业链市场（紧密关联产业链市场的集合）。这三个层次的市场代表着在产业互联网时代，互联网及信息技术为产业森林中每一家企业带来的不同广度和深度的冲击和影响。

对于企业家而言，了解自己的企业身在何处，了解灰狼群及其他数字生态对自身的影响，以及从哪儿跨链进入，就能对企业发展有更加清晰和长远的谋划。

最后，在分析上述三个产业链市场时，即使用户和目标客户方是重合角色，也不代表这三个市场就是同一个市场。读者们可以结合图8-7进一步体会。

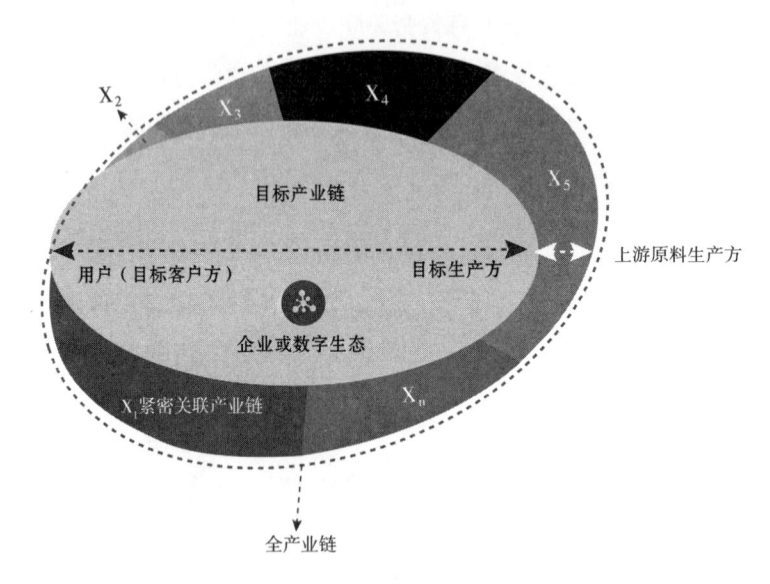

图8-7　全产业链、紧密关联产业链、目标产业链三者关系（用户＝目标客户方）

通过以上分析，我们可以发现传统工业时代产业链之间交织纷繁但又相对稳定的关系在数字时代被彻底打破。跨链现象的产生，迫使企业家的视野不能局限于目标市场内，而是要拿起"望远镜"看向更远的边界，才能更好地决定企业未来的发展方向。

重新确定边界的问题得到解决，但每个紧密关联产业市场对于目标产业链市场中的企业家而言，都是一片未知的森林。如何观察和分析这一片片相邻的森林，成为下一个问题。

紧密关联产业链与目标产业链之间的关系

三国时期，刘备与曹操争夺樊城。曹操的大将军于禁安排军队驻扎在樊城城外的北山谷内，山谷旁边是滔滔的襄江。刘备手下大将关羽骑马登高望远发现此事，于是安排部下准备船筏，收拾雨具，又派人堵住各出水口。就在这天夜里，风雨大作，襄江大水从四面涌入山谷，曹操七军有许多兵士被淹死。关羽带大军冲杀而来，此时于禁率部分将士登上小土山躲避，见四下无路，只得投降。

这是"水淹七军"典故的由来。这个典故除了让我们赞叹关羽优秀的战术素养，更重要的是带给我们一个启迪：在大自然中，接壤的两个地区由于地理位势的差异性，在军事上有天然不同的强弱势地位。根据军队所处地理位势的不同，军队首领在战争中采取的战术也大相径庭。

紧密关联产业链市场由于和目标产业链市场有边界要素的接壤，因此它们之间也存在着类似的"地理位势"关系。从目标产业链市场的角度看，每一条紧密关联产业链与目标产业链可能会有三种不同的"地理位势"关系：强势产业链、弱势产业链和均势产业链。

强势产业链意味着当紧密关联产业链中有数字生态出现的时候，它们会给目标产业链市场中的企业带来非常大的危险；紧密关联产业链占据"地理位势"的优势，很容易进攻目标产业链市场。弱势产业链则相反，目标产业链市场的数字生态很容易进入该紧密关联产业链市场，并对该市场中的企业形成巨大的影响。均势产业链则意味着双方市场之间没有"地理位势"的差异。

下面就基于目标产业链边界不同的重合要素形成的紧密关联产业链（上下游产业链、同客户不同品类的产业链、同产品品类不同客户群的产业链），逐一分析它们与目标产业链之间的强弱势关系。

一、确定下游产业链与目标产业链间的关系

下游产业链的目标生产方与目标产业链的目标客户方，是这两个产业链相互接壤的重合要素。下面来看这两个产业链之间"地理位势"的关系，见表8-2。

表 8-2　下游产业链（相对于目标产业链）的势能分析

/	/	紧密关联产业链市场（下游产业链市场）
目标客户方	边界重合要素	目标生产方
目标产业链市场	产能	过剩	不足
	过剩	强势产业链	均势产业链
	不足	均势产业链	弱势产业链

一般情况下，当两个产业链市场都产能过剩，意味着该下游产业链处于强势地位。比如上一节举例的餐馆到冻品生产企业的目标产业链，面对下游的消费者到餐馆直销产业链市场，该下游产业链市场相对目标产业链市场而言，就处于强势地位。美团在下游产业链形成了数字生态，因为其对餐馆有很强的影响力和控制力，就很容易跨链进入上游产业链市场中，进而构建餐馆冻品食材的数字生态。

如果下游产业链市场和目标产业链市场都产能不足，意味上下游产业链都供不应求，那么下游产业链相比上游而言，处于弱势地位。假如存在这样的现象：在餐馆冻品食材产业链市场中，餐馆需求旺盛，但冻品生产企业由于某种原因产能不足；同时在下游餐饮市场中，消费者去餐馆消费冻品的需求旺盛，但由于餐馆采购不到足够的冻品食材，导致消费者的需求有一半以上不能得到满足，餐馆收入大幅下降。这种现象意味着餐馆冻品产业链处于"地理位势"的优势地位，在该产业链市场形成的灰狼群数字生态掌握着冻品供应，对餐馆有很强的影响力和控制力，所以它进入下游餐饮市场构建消费者和餐馆的数字生态就会很容易。

这种"地理位势"如同河流上下游两段之间的关系。在干旱季节，上游河流水位低，那么流到下游的水就会更少，对下游生态造成很大的影响，因此上游就对下游存在优势地位。

如果下游产业链市场产能不足，意味着生产方处于强势地位，而目标产业链市场产能过剩，那么其目标客户方就仍处于强势地位，因为这意味着两个产业链市场间的重合角色群体或者存在少数寡头，或者有国家管制生产等特殊原因具有强势地位。就好比上游河流的洪水一泻千里，但遇到了一座大坝，限制了水的流出，导致下游出现干旱情况。这个时候，上下游产业链市场都无法对彼此产生影响或依赖，那么下游产业链和目标产业链就互相处于均势地位。

反之，如果下游产业链市场产能过剩，意味着生产方处于弱势地位，而目标产业链市场产能不足，那么其目标客户方就处于弱势地位。好比上游河流没有水，但下游已经洪水滔天。这同样意味着上下游产业链市场都无法对彼此产生影响或依赖，因此两个相邻产业链之间的关系仍处于均势地位。

二、确定上游产业链与目标产业链间的关系

讨论完了下游产业链与目标产业链之间的关系，接着来了解上游产业链与目标产业链的关系。这两者接壤，是因为上游产业链市场的客户方就是目标产业链的目标生产方。这两个产业链之间的强弱势关系见表 8-3。

表 8-3　上游产业链（相对于目标产业链）的势能分析

/	/	紧密关联产业链市场（上游产业链市场）	
目标生产方	假设边界重合要素	目标客户方	
目标产业链市场	产能	过剩	不足
	过剩	弱势产业链	均势产业链
	不足	均势产业链	强势产业链

结论与刚才推演的下游产业链市场和目标产业链市场间的关系情况相反。具体推演过程就不再赘述了，有兴趣的读者可以自行推演。

三、确定同类客户采购其他品类产品产业链与目标产业链间的关系

当某个紧密关联产业链市场的客户方与目标产业链的目标客户方一致，这意味着两条产业链的重合要素就是客户方。客户方购买不同的产品品类，形成了不同的产业链，具体见表 8-4。

表 8-4　同客户群不同产品产业链（相对于目标产业链）的势能分析

/	/	紧密关联产业链市场（同客户采购不同类别产品产业链市场）	
目标客户方	假设边界重合要素	目标客户方	
目标产业链市场	产品对客户的影响力	强	弱
	强	均势产业链	弱势产业链
	弱	强势产业链	均势产业链

表8-4中有一个新的概念——"产品对客户的影响力"。这个概念主要是基于一个客户方在日常采购中需要面对多个不同品类的产品供应商，假设不同产品品类的供应商都可以在某个时间点同时提供其他品类的产品，那么客户方在这个时间点会先考虑和供应商全面合作的优先顺序。

根据以上的假设，对于客户方而言，如果从其他某类产品供应商处进行全面合作的优先级高于目标产业链产品品类的供应商，那么前者对于目标产业链而言，就处于强势产业链；反之，该产业链相对目标产业链则处于弱势地位。

继续用面向餐馆的冻品目标产业链与面向餐馆的调料调味产业链市场（同一类餐馆客户，但提供的不是冻品而是另一类完全不同的产品品类——调料调味品）来做说明。

餐馆在实际经营采购中，对冻品的采购需求量远大于调料调味品的采购量，而且冻品的采购品类金额最大、采购频率更高，这意味着餐馆冻品目标产业链中供货商和餐馆老板的关系相比调味品供应商而言，可能更好。

再考虑调味品相对而言标准属性更强，产品价格波动并不剧烈，冻品的标准化程度要低一些，价格波动也更大，这意味着冻品供货商掌握调味品销售技能的门槛要更低一些。

结合上述因素综合评估，冻品供货商顺带卖调味品给餐馆老板与调味品供货商顺带卖冻品给餐馆老板相比，餐馆老板在同等条件下，最有可能选择的合作对象是冻品供货商。因此，餐馆调味品产业链相比餐馆冻品产业链，就属于弱势产业链。

餐馆蔬菜生鲜的供应商由于每天都要给餐馆供货，供货频率更高，供货金额相比冻品并不一定少。由于冻品相对蔬菜生鲜而言更标准化，蔬菜生鲜供应商做冻品更容易，做冻品供应商的同时卖蔬菜生鲜则更难。但考虑到餐馆采购的金额都差不多，当蔬菜生鲜的供应商同时卖冻品与冻品的供应商同时卖蔬菜生鲜都有可能和餐馆老板合作的时候，餐馆蔬菜生鲜产业链市场相比目标产业链市场，即餐馆冻品产业链市场而言，就是均势产业链。

当无法确定两个产业链各自品类产品对客户方采购的影响有明显的差异性——有可能都强、有可能都弱，那么该紧密关联产业链就与目标产业链处于均势地位。

四、确定同品类产品不同客户群产业链与目标产业链间的关系

下面讨论最后一种关系,即同一个品类针对不同客户群的紧密关联产业,与目标产业链市场之间的强弱势关系,见表8-5。

表8-5 同产品不同客户群产业链(相对于目标产业链)的势能分析

/	/	紧密关联产业链市场 (同产品不同客户群产业链市场)	
目标生产方(产品品类)	假设边界重合要素	目标生产方(产品品类)	
	对于生产方的影响力	强	弱
/	强	均势产业链	弱势产业链
	弱	强势产业链	均势产业链

同样,该表中有一个新的定义——"对生产方的影响力"。这个概念主要是表达对于同一类产品的生产方而言,不同类别的客户方采购,对其日常生产有不同的重要性和影响力。衡量的标准仍可以采用合作的优先级排名来判断强弱势关系。

假设存在这种现象:目标生产方角色在产能有限、供不应求的情况下,面对其他的不同类客户群的需求,大概率会放弃目标产业链的客户群,优先向另一类客户群供货。相对目标产业链而言,这就意味着后者的产业链处于强势地位;反之,该紧密关联产业链处于弱势地位,对生产方影响力较弱。

冻品产业链市场中这种现象不明显,但在有些产业链市场这种现象是存在的。比如汽车主机厂通过4S店把汽车销售给一、二、三线城市居民或者企业用汽车的产业链市场,此外,汽车主机厂还通过二级经销商把汽车销售给三、四线城市所覆盖的汽车消费群体。在汽车主机厂产能有限的情况下,汽车主机厂大概率会优先通过4S店把车卖给一、二线的消费群体。这意味着一、二、三线城市的汽车产业链市场相对三、四线城市的消费者群体产业链,是强势产业链。

当无法确定目标产业链客户群相比另一个客户群对生产方更有影响力时,后者与目标产业链就处于均势地位。

灰狼群效应
产业数字化的临界点革命

以上讨论了各种不同"地理位势"下，紧密关联产业链市场与目标产业链市场的强弱势关系。可以发现，产业链之间这种强弱关系的判断，一方面涉及两者之间的"地理位势"因素，另一方面还涉及接壤重合要素的变化（目标产业链的目标客户方、目标生产方自身受有关产品供需影响和变化）。因此，紧密关联产业链市场与目标产业链市场的强弱势关系，并不是永远保持不变的。企业家需要定期重新审视，这样才能通过产业链视角对企业的未来发展战略进行调整优化。

第九章
灰狼群带来的数字生态竞合规律

上一章讨论了产业互联网时代来临,数字生态跨链发展导致目标市场出现了产业结构动荡的现象。这种现象意味着每个目标市场中的企业家都需要打破传统的"在市场内思考企业发展"的思维框架,跳出窠臼,从产业链上空了解影响产业链结构的因素,再根据这些因素去思考企业的发展。

产业链五力图

灰狼群为代表的数字生态的出现,意味着形成了特定的市场力量,会影响产业链的结构,也会影响每个企业的经营。影响产业链结构的力量,可以分两类来源:一类是来自目标市场外部紧密关联产业链的力量,包括串联产品生态力、并联产品生态力等;另一类是来自目标市场内部的力量,包括内部产品生态力、基础角色变化力和场景服务生态力等。本书将来自这两类来源的五种不同力量称为"产业链五力图",下面分别来讨论。

一、串联产品生态力

针对目标产业链市场,其上下游相邻产业链中基于不同的产品形态出现潜在的数字生态或者已经出现数字生态,对该目标产业链市场的产业结构造成冲击的力量,本书称为"串联产品生态力"。

继续用餐馆冻品目标产业链市场举例。下游消费餐饮直销产业链市场,上游冻品生产企业到鸡、鸭、鱼等的养殖户产业链市场中,已有或者潜在出现的数字生态,都能产生"串联产品生态力"。

可能有一些读者会提问：按照经济学的定义，上游产业链市场是指原料种植和挖掘业，那么假设把原料种植作为目标产业链市场，它还会有上游产业链市场，并产生串联产品生态力吗？

举例说明可能会比较容易解答这个问题。小麦种植户收割小麦，然后通过层层流通环节将小麦卖给面粉厂，或者直接销售给消费者等，这是一个产业链，也是经济学讲的第一产业。假设把面粉厂到小麦种植户的这个产业链市场作为目标产业链市场，这个目标产业链市场一样有上游产业链市场，而这个上游产业链市场也会产生潜在的串联产品生态力，如图9-1所示。

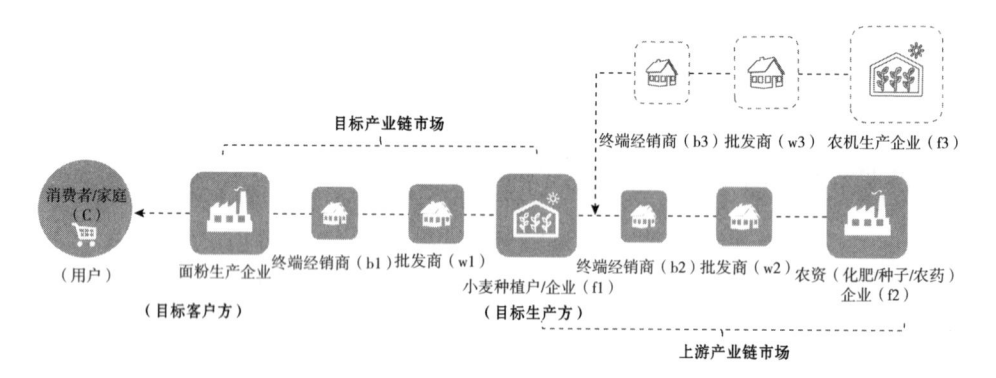

图 9-1　小麦种植及流通上下游产业链市场

无论种植户还是种植企业，他们在粮食种植过程中都需要生产资料，比如化肥、农药、种子等，也需要农机设备辅助播种、收割等农田管理工作。这些就是上游的农资、农机产业链市场，这是一个属于劳动资料范畴的产业链市场；同理，矿业、石油这些产业链市场，也都有上游的生产资料产业链市场。

因此读者要注意，当用户和目标客户方是同一个角色时，串联产品生态力没有下游产品生态力，只有上游产品生态力。

二、并联产品生态力

> 基于目标产业链市场，紧密关联产业链市场中的同一类产品不同客户群的产业链市场，或者同一类客户群不同采购品类产品产业链市场中，出现潜在的数字生态或者已经出现数字生态，该生态对目标产业链产业结构造成冲击的力量，即并联产品生态力。

首先来看第一种紧密关联产业链市场中的数字生态。以基于餐馆的冻品产业链市场的灰狼群生态，与基于"特通"（企事业食堂、娱乐场所、机构团餐等）冻品产业链市场的灰狼群数字生态为例。这两个生态提供同类产品，但处于不同产业链市场，互相都有可能进入对方的产业链市场。

再来看第二种紧密关联产业链市场中的生态。基于和目标产业链市场同一个客户类别，该类客户同时采购其他产品的产业链市场[①]，这样的产业链市场中的灰狼群就有可能进入目标产业链市场。餐馆冻品目标产业链市场与餐馆粮油米面产业链市场就是这样的情况。餐馆在购买食材的时候，除购买冻品，也会购买粮油米面、蔬菜生鲜等。那么，在餐馆粮油米面产业链市场中的灰狼群生态也有可能进入餐馆冻品的目标产业链市场。

汇通达作为中国最大的农村家用电器灰狼群生态，有超过 10 万个镇一级电器夫妻店参与其中。汇通达作为头狼企业，利用农村镇上电器夫妻店与农民良好的乡邻关系，从电器产业链市场进入农资产业链市场。短短一年多时间，通过灰狼群生态，汇通达仅农资销售就已经达到了 60 亿元销售额，开始对传统农资产业链市场形成一定的冲击。

---

① 目标产业链市场的客户方会采购其他不同产品，与本产业链市场提供的产品一起组合达到其最终使用/消费目的。对不同产品的采购次序可以互为先后，或者对其他产品品类优先购买，我们认为这都属于"同时"采购。比如工厂采购设备和生产资料，餐馆采购粮油米面和冻品等。

三、内部产品生态力

内部产品生态力是指在目标产业链内部出现灰狼群为代表的数字生态后，该生态对这个产业链市场结构形成的冲击和影响。

这样的产品数字生态可以分为两类，一类是消费互联网数字生态，另一类是灰狼群数字生态。比如，在消费者到内衣厂家之间的产业链市场中，互联网的垂直电商和综合性电商平台各自形成的数字生态；在内衣产业链市场中形成的终端经销商和厂商联结在一起的灰狼群生态。

当然，像灰狼群这样的数字生态一旦在目标产业链市场中出现，由于涉及企业数量众多，肯定会在市场中形成一定的新闻传播或轻微的产业链结构波动，只要稍有留意，就能够相对容易地感知到这种内部产品生态力。

四、基础角色变化力

基础角色变化力主要是指改变目标产业链边界构成的三大要素——目标客户方、目标生产方和目标产品品类，其中任何一个要素被改变，导致产业链边界及供需结构发生巨变的变化力量。

STEELPC分析[1]是笔者对PEST分析[2]的变形。要注意的是，STEELPC分析与PEST分析各有侧重，PEST分析是基于一家企业的发展来对所在产业链市场进行分析的宏观工具，但STEELPC分析是以寻找对产业边界要素及供需巨变为核心衡量标准的因子目标。

比如，一些产业链的生产方形成了区域的生产企业集群现象。不排除当地政府或有关财团借用金融资本手段来实现生产端的整合，形成寡头垄断。金融资本这

---

[1] STEELPC分析的7个字母分别对应社会/人口（social/demographic）、技术（technological）、经济（economic）、环境/自然（environmental/natural）、法律（legal）、政治（political）和金融资本（capital）。
[2] PEST分析是指对宏观环境的分析，4个字母分别对应政治（political）、经济（economic）、社会（social）和技术（technological）。

个因子，就成为可能的基础角色变化力。

在农村建房的建材产业链市场中，如果有新的建筑技术实现混凝土的装配式搭建，实现在一个星期之内建成农村楼房，同时造价成本和传统建房成本接近，但质量可以保证 70 年使用，远超过现在农村楼房 30～40 年的使用寿命。那么这种技术会使传统产业链市场发生巨变，该颠覆性的技术也是基础角色变化力。

再比如在政策方面，针对装修市场，各省这几年陆续出台政策，要求在 2025 年前实现"全装修"或者"精装修"交房，这些政策意味着开发商将对业主实现"交钥匙拎包入住工程"。由此，消费者对装修的采购需求发生很大的变化，对整个装修市场中的企业，包括装修服务商和材料提供商，甚至是已有的灰狼群数字生态都会形成巨大的冲击。这个政策对于该目标产业链市场而言，就是基础角色变化力。

五、场景服务生态力

对于目标产业链市场的目标客户方和目标生产方而言，除了采购商品的场景，还会有采购服务的场景。场景服务一般分为两种，第一种是和本产业链市场产品关联的场景服务，另一种是和本产业链市场产品没有直接关联的高频刚需场景服务。

第一种场景服务可以进一步解释为目标客户方在采购本产业链市场的产品时，有一个明确的使用目的，采购时间不同或者地理位置不同的情况下，会有特定服务提供商为目标客户方提供配套服务，最终完成产品交付。根据服务商参与目标客户方产品购买前和购买后的不同次序，也可以称之为前场景服务和后场景服务关系。

为了理解这种关系，我们来举例说明。比如消费者为了居住，购买了毛坯房和装修服务，其中装修服务就是后场景服务；消费者购买家具家居用品涉及的安装服务，也是后场景服务；装修服务，则是家具家居产品购买的前场景服务。

场景服务无处不在，对于企业客户方来说更是如此。比如企业客户采购设备的过程中，会涉及安装调试、维修等场景服务；在采购生产原料的过程中，会涉及检测、特殊运输、金融服务等；企事业单位购买了特种设备后，由第三方提供维修安检服务，这些都属于和产品关联的前后场景服务市场。这些市场中的某类服务角色，有可能会团结起来，形成某个生态。当该生态不仅只为客户方和生产方提供服务，而是还将目标产业链的产品纳入它们的经营范围，进而实现交易，那么当这个服务数字生态进入该产业链市场时，就会冲击产业链市场传统的交易结构，对目标产业链产生场景生态力。

大多数家庭在刚开始装修时，不会将需要的家具和家居产品一次性买好。随着装修的进展，这个家庭的装修风格、预算、工期等业务数据会逐步进入装修服务商的数字生态中。而该生态会通过大数据判断该家庭后续可能购买的家具和家居用品，就可以为该家庭精准匹配风格一致、价格合适的家具及家居用品，从而对传统的家具家居用品产业链市场形成冲击。那么，这样的装修服务商数字生态就构成了场景生态力。

接着再看第二种场景服务的情况。这种情况是本产业链市场目标客户方基于自身需求会购买高频场景服务，虽然该服务和本产业链市场产品没有直接关系，但该服务产业链的生态力可能会进入本产业链市场。

在消费者市场中，就有出现高频线下服务场景产业链市场的生态力进入产品产业链市场的情况。比如，在孩子经常游玩的游乐场中，有可能出现由成千上万家游乐园组成的数字生态，该数字生态跨链可进入玩具产业链市场、绘本产业链市场或运动器械产业链市场等。比如，对于经常加油的车主而言，作为其场景服务商的加油站如果团结起来，形成相应的数字生态，那么该生态就可以切入销售各种食品饮料的产业链市场。

企业和工业制造领域也有可能出现这种情况。比如为5万多家企业提供SaaS软件等相关人力资源服务的软件服务供应商，就有机会切入到企业采购员工福利商品的产业链市场；为企业提供办公室绿化的高频服务商，团结起来形成数字生态，就有可能跨界进入办公室空间内的无人零售食品饮料产业链市场等。

这些都是场景生态力的体现。产品关联场景服务数字生态力、高频场景服务数字生态力，都有可能会冲击目标产业链市场中各个企业的经营。

六、产业链五力图

前面就影响目标产业链市场结构的五种力量做了分析,下面从全产业链市场的上空俯瞰观察,如图 9-2 所示。

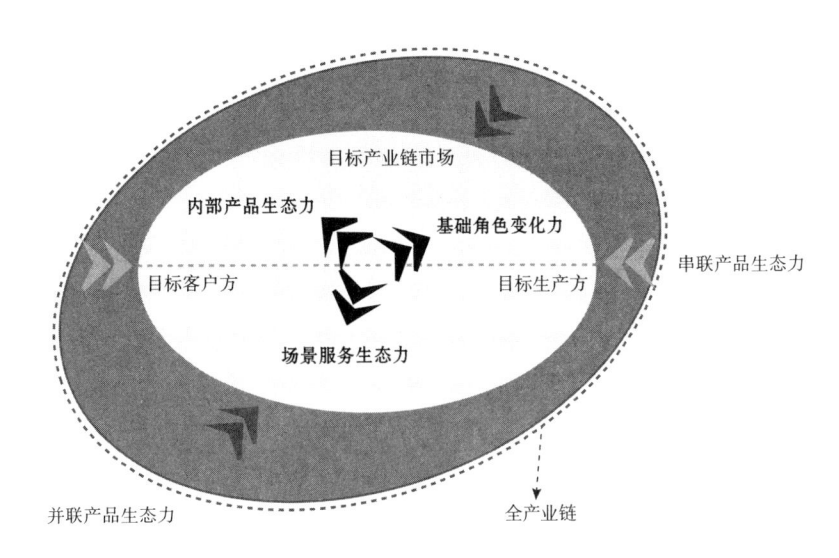

图 9-2 产业链五力图(用户≠目标客户方)

在图 9-2 中,我们可以清晰地看到:对于目标产业链市场而言,有外部紧密关联产业链中上下游市场可能形成的串联产品生态力;有基于同一个客户群不同产品市场和同一类产品不同客户群市场可能形成的并联产品生态力;也有目标产业链结构内部出现的一些能够影响产业结构的力量,包括内部产品生态力、场景服务生态力、基础角色变化力等。

当然,我们仍然要考虑用户和客户角色一致的情况。在这种情况下,五力图的变化如图 9-3 所示。

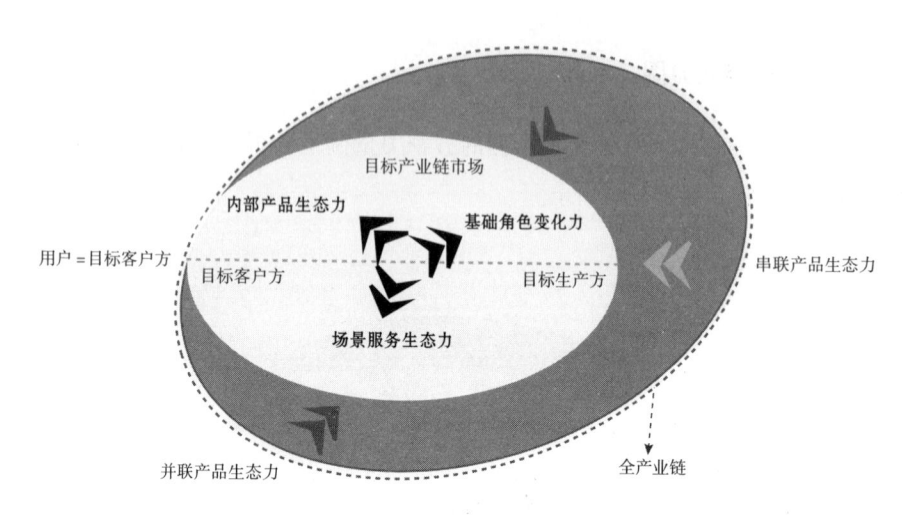

图9-3　产业链五力图（用户＝目标客户方）

这五个力不仅会对目标产业链结构产生重大的影响，还会影响目标产业链市场中每家企业或每个数字生态的经营和发展。

同时还需要注意，这五个力只是统称，实际上每个力都可能包含着许多"子力"。用餐馆冻品目标产业链市场来举例说明，并联产品生态力就可能有许多种"子力"，比如餐馆粮油米面产业链市场、餐馆蔬菜生鲜产业链市场可能出现的生态力等。

在数字时代，企业经营需要做产业链五力的分析，并提前做相应的战略准备。无论是餐馆粮油米面产业链市场中的灰狼群生态，还是内部其他的力量在目标产业链市场出现，都意味着企业后续经营将面临很大的挑战。尤其像目标产业链市场中的灰狼群这样的数字生态，如果没有提前做好准备，那么生态中成千上万家企业都有可能命悬一线。

这种战略不同于传统的波特战略，本书称为"产业链战略"。

产业链战略

传统战略制定一般分为三个层面，第一层面是公司战略，包括增长战略、稳定战略和收缩战略；第二层面是竞争战略，主要参照迈克尔·波特、迈克尔·特里西、弗雷德·威瑟姆、阿诺德·海克斯和迪安·怀尔德等人提出的相关理论进行战略制定；第三个层面是职能战略，包括产品战略、营销战略、研究和开发战略等。

在企业处在一个两端边界相对清晰且稳定的传统产业链市场的情况下，企业家会运用这些战略工具做相应的战略规划。

在产业互联网、互联网信息技术的影响下，传统稳定边界的市场已经逐步变为不稳定的、边界模糊的产业森林。市场主体面对的不只是一个产业链市场内部的竞合，也不是企业和企业间的竞合，而是要面对来自产业链市场内外各种"力"的竞合。这就是数字时代商业竞争的真相。

每个市场中的市场主体，无论是消费互联网平台企业、传统单个实体企业，还是灰狼群生态中的头狼企业，在新的时代进行战略体系规划和制定的时候，都需要对其逐步优化完善，如图9-4所示。

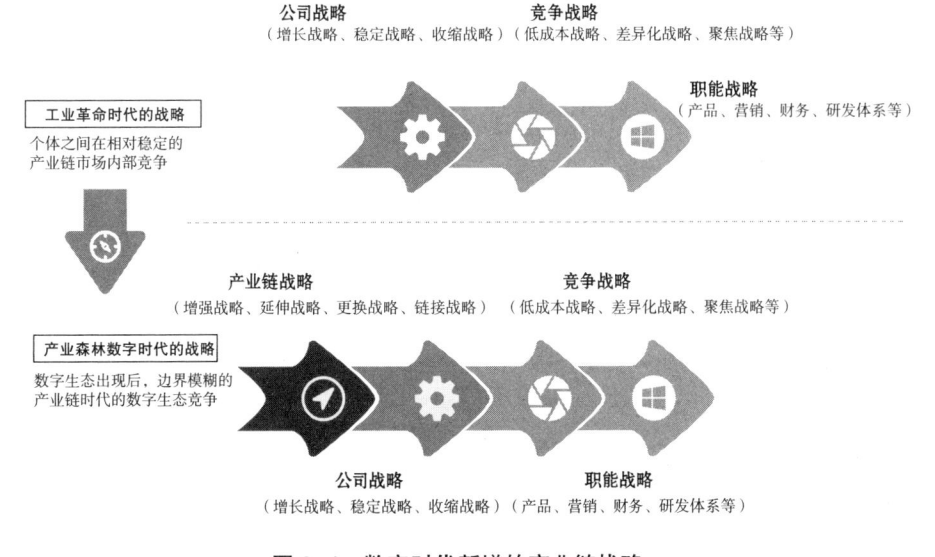

图 9-4 数字时代新增的产业链战略

产业链战略分为四种：增强战略、延伸战略、更换战略和链接战略。接下来我们将一一展开阐述。

一、增强战略

面对产业链五力挑战的时候，企业需要通过增强战略来强化自身的竞争能力，以抵御外部的挑战。采取的措施有可能是加强投入、增加盈利水平、收购相关力量方等。

在餐馆冻品目标产业链市场中，如果市场内的其他企业已经预测到美团生态、粮油米面产业链中的灰狼群生态未来要进入该市场，那么这些企业就可以采用增强战略，通过加强研发力度不断推出更好的产品、降低生产成本、扩大市场投入和客户服务投入，从而增强目标客户方的黏性。这样一来，美团未来进入市场争夺餐馆自主采购权限的难度将大大提高；灰狼群生态则也可以采用同样的增强战略措施，树立更高竞争的壁垒。

二、延伸战略

面对产业链五力的威胁与挑战，延伸战略强调企业从自身业务出发，选择跨链发展，或者在目标产业链市场内部主动发展和构建生态业务。对于单打独斗的个体企业而言，延伸战略就是凭借企业自身的资源条件和禀赋能力，在目标产业链市场内部或者在紧密关联产业链市场中作为头狼企业构建生态。

比如，在餐馆冻品目标产业链市场中，某个大型冻品生产企业利用其原料需求量大的自身条件，进入禽类养殖产业链市场，团结大量的原料终端供应商和养殖户，构建上游产业链市场的灰狼群生态群。

延伸战略对于目标产业链中的灰狼群生态而言，就是基于自身的资源条件和禀赋能力，跨链在紧密关联产业链市场中构建另一个生态，形成跨产业链的复合数字生态组织。比如餐馆冻品产业链市场中的灰狼群生态，跨链进入餐馆粮油米面产业链市场，或者进入上游家禽养殖产业链市场构建灰狼群。前文提到的美团通过新设快驴进货业务，跨链进入食材产业链市场构建生态，这些都是灰狼群生态采用延伸战略的体现。

数字生态成功实行延伸战略，则意味着数字生态中的平台企业或头狼企业打破了所在目标产业链市场规模的天花板，进入另一个产业链市场。该生态拥有了两个产业链市场的合计规模容量，也因此该企业的估值和资本想象空间会变得更大。

延伸战略对头狼企业或平台企业的团队管理能力要求比较高，一般需要不同的团队负责两个不同的产业链市场。如何让延伸到新产业链市场的团队获得公司整体的支持，甚至是否要牺牲一部分原来产业链市场业务团队的利益来支持跨链产业组织的形成，需要领导生态的核心管理团队做智慧的决策。

延伸战略有一定的特殊性。一方面，其强调的是企业自主构建生态的能力，而非融入其他生态（这属于后面提到的链接战略范畴）。另一方面，延伸战略不能用于应对五力中的基础角色变化力。因为延伸战略是企业面对特定的数字生态力的威胁和挑战时，决定在目标市场构建数字生态进行防御或者进入该数字生态力所在的市场跨链构建数字生态进攻的战略选择；当基础角色变化力在影响目标产业链市场结构时，企业对这种力基本上是"无能为力"的，它很难通过采用延伸战略构建生态的方式来抵御和反击。

比如在上文提到的农村建房产业链市场中，颠覆的混凝土装配式住宅搭建技术的出现，改变了农村建房传统的产品形态和使用习惯，产生了基础角色变化力。对于农民而言，该颠覆技术提供的住房产品，成本低、建房速度快，且质量更好、使用年限更长。这种情况下，市场内的企业或灰狼群生态就无法通过延伸战略构建生态来抵御和反击这个技术对市场产生的影响。

三、更换战略

更换战略是指基于产业链五力的分析，考虑现有业务未来发展的不确定性和潜在风险，企业家放弃企业所在的目标产业链市场，选择另一个产业链市场重新开展业务。

比如面对美团的跨链进攻，餐馆冻品目标产业链市场中的灰狼群的应对措施是利用其生态中目标生产方的产品优势，将目标客户方更换为"特通"食堂、社区家庭等，进入相邻的紧密关联产业链市场，重新建立新的数字生态。

四、链接战略

最后一种是链接战略，这种战略主要是加强和五力的业务与战略协同。这种协同的手段有三种——投资、被投资和生态业务协同。

投资和被投资这两种手段相对容易理解，要注意的是在基础角色变化力中，除了颠覆性的产业技术可以被投资，一些其他的力量并不能被投资，比如相关产业政策。

在投资数字生态时，需要注意投资的对象以数字生态的平台企业或头狼企业为主。比如，美团不一定自己进入餐馆的食材供应链市场，而是投资餐馆相关的冻品、粮油米面和蔬菜生鲜等产业链市场中的头狼企业。被投资的头狼企业及其灰狼群生态与美团形成良好的业务协同关系，最终促进"消费者—餐馆—食材生产商"的产业链效能最优化。

生态业务协同的链接战略，对于单打独斗的企业而言，就是进入灰狼群生态或其他数字生态，成为生态的一员。灰狼群生态很难与目标产业链市场内类似的数字生态链接协同，最后必然是你死我活。因此，灰狼群数字生态采取的链接战略，主要是为了实现与紧密关联产业链市场中其他灰狼群生态的协作共赢战略。这是单个企业与灰狼群生态采用的链接战略的不同之处。

关于链接战略，举个例子来进一步来理解，如图 9-5 所示。

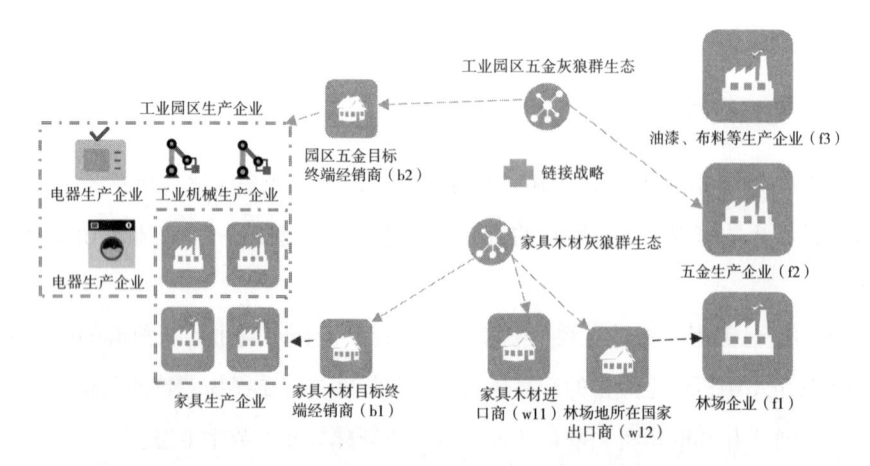

图 9-5　家具木材与工业园区五金两个数字生态之间互相采用链接战略

第二部分
灰狼群现象——产业森林的巨变

家具厂的生产过程中需要很多原料，包括五金、木材、油漆、布料等，于是就产生了很多细分产业链。在这些产业链市场中，现在有两个紧密关联的灰狼群出现。

一个是家具厂木材产业链市场中出现的灰狼群数字生态，该灰狼群团结了木材终端经销商和木材进口商、出口商；另一个是针对工业园区采购五金件的产业链市场灰狼群数字生态，该灰狼群面向工业园区内所有的工厂企业客户（当然也包括家具生产企业），团结当地五金终端经销商及产业链中的五金生产企业。

这两个灰狼群生态中有一部分目标客户方的角色（家具生产企业）重合，因此互为紧密关联产业链，就有生态协同战略的出现。

两个数字生态通过互相投资、业务合作等链接战略选择，就可以加快为家具生产企业提供更完整的产品线和更好的一体化服务。

不仅如此，家具厂木材产业链中的灰狼群生态与装修服务产业链市场中的灰狼群也有生态协同战略的可能，如图9-6所示。

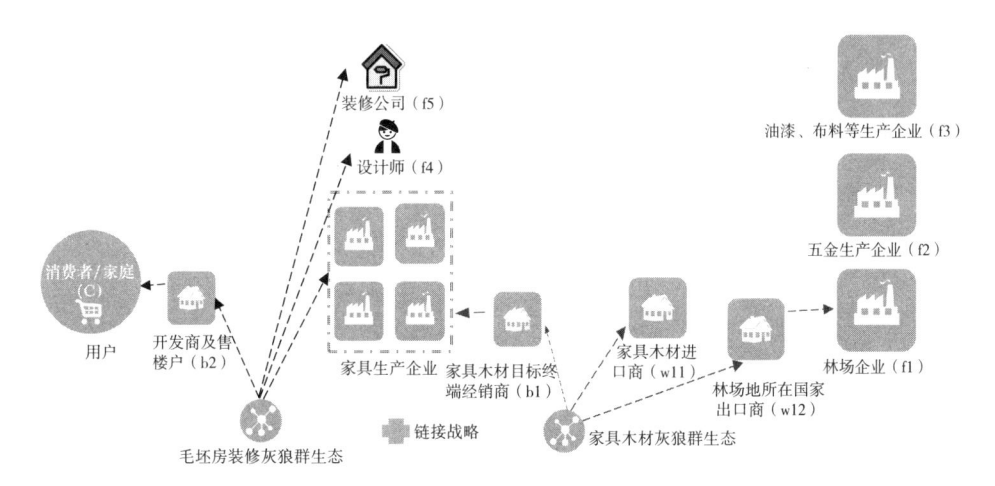

图9-6 业主装修与家具木材两个数字生态之间互相采用链接战略

装修服务产业链市场中的灰狼群生态的头狼企业（如艾佳生活），面对不同房地产开发商、不同户型、不同风格要求等，需要制定个性化方案，保证精装修房屋的实现。

考虑到作为最终产品的精装修横跨了很多细分产业链市场，因此头狼企业在驱动灰狼群生态提供精装修服务的过程中，需要更为综合的专业能力，否则很难面面俱到。比如根据不同的楼盘选择合适的个性化家具生产厂，或是根据家具生产厂的能力，结合楼盘户型需要的个性化家具方案设计、生产及进行质量监控和安装服务等，这些都需要很强大的专业能力来配合实行。

相比传统单个家具生产企业，家具木材灰狼群则有比较大的优势。头狼企业对其产业链市场的目标客户方——各个家具生产厂的经营能力和特色家具都非常清楚；分布全国各个家具生产集群的家具厂，在当地有自己的设计师；同时，各个家具厂都有覆盖全国的家具安装配套服务商网络。该家具木材和装修市场二者的灰狼群生态中的头狼企业，可互相采用链接战略，通过互相投资或业务协同实现两个生态间的高效合作，最终让业主方享受到更好的装修和家具服务。

五、产业链战略

表9-1是根据前文的分析形成的产业链战略表，供大家参考：

表9-1　产业互联网时代的产业链战略

产业链五力	一般战略			
	增强战略	延伸战略	更换战略	链接战略
串联产品生态力	强化本产业链市场的控制力，加强抵御生态力的进攻。	通过资本收购和自身企业的产业资源，进入上下游产业链市场，建立生态。	通过评估无法长期对抗，因此企业重新选择目标产业链市场，进行差异化重新经营。	采用资本投资或被投资、业务协作，选择上下游跨链生态结盟。
并联产品生态力	强化本产业链市场的控制力，加强抵御生态力的进攻。	通过资本收购和自身企业的产业资源，进入上下游产业链市场，建立生态。	通过评估无法长期对抗，因此企业选择基于原有产品线拓展新客户市场；或者基于原有客户群放弃原有产品开展新产品业务。	投资或业务协同形成多产品、多客群的跨链生态结盟。
场景服务生态力	加强本产业链产品和技术应用能力、自身提供相应的服务能力，加强和特定方的黏性。	选择合适时机进入场景服务领域，团场景服务角色建立生态。	通过评估无法长期对抗，因此企业选择基于原有产品线拓展新客户市场；或者基于原有客户群放弃原有产品开展新产品业务。	采用资本投资或被投资、业务协作，与场景服务产业链中的生态进行跨链生态结盟。

接下表

第二部分
灰狼群现象——产业森林的巨变

续表

产业链五力	一般战略			
	增强战略	延伸战略	更换战略	链接战略
内部生态力	加强投入，建立与本产业链核心产品、新技术更紧密的合作；加强和目标客户方、生产方黏性，最终实现自身（或所在生态）竞争力的提升。	单打独斗的企业可以在目标产业链内构建生态。	通过评估无法长期对抗，企业决定是否放弃原有目标产业链，进入紧密相关产业链重新开展业务。	单打独斗的企业采用资本投资或被投资、业务协作，与本产业链中的生态进行结盟，成为该生态中的一员。
基础角色变化力	强化该变化因子方面的投入；或者围绕变化的产业链角色和需求关系调整，强化该角色与需求两端的服务能力和产品技术能力，增加应对变化的稳定性。	/	通过评估无法长期对抗，企业决定是否放弃原有目标产业链，进入紧密相关产业链重新开展业务。	通过投资或被投资、业务合作，与有关角色基础变化力建立连接，比如投资产业中颠覆类技术公司掌握产业结构变化前的先机，结合更换战略，就有机会抢占新产业链市场。

从表9-1中我们可以看到，在数字时代来临后，一家企业要如何在目标产业链市场中根据影响产业链结构的产业链五力，针对性地制定相应的产业链战略。

在这个过程中，我们要注意两个特殊性。其一，单打独斗企业和数字生态，在面对产业链五力制定产业链战略时是略有区别的，在这节前文中已经提及。其二，产业链五力的每个力都有不同的"子力"，这些"子力"有些是隐形的、有可能发生的，也有些是显形的。面对这些"子力"，企业需要仔细评估其威胁和带来的机会，制定相应的进攻和防御战略。这也意味着对于目标产业链中的企业和生态而言，即使面对同一种力，针对"子力"所制定的产业链战略也并不是唯一的，而是可能同时存在多个产业链战略。

接下来简单举个例子来理解上述内容。比如，在餐馆冻品目标产业链市场中，假设有一个占30%市场份额的灰狼群生态，那么针对并联产品生态力中的某个"子力"，比如餐馆蔬菜生鲜产业链市场的灰狼群数字生态"子力"，冻品灰狼群应该如何制定产业链战略？

该"子力"所在的紧密关联产业链市场与目标产业链市场处于均势地位，而且该"子力"的实力相比现有的冻品灰狼群生态力量更为薄弱，那么其进入目标产业链市场的难度很大，对冻品灰狼群生态的威胁并不大。

同时对于餐馆冻品目标产业链市场中的灰狼群生态而言，虽然它可以进入蔬菜生鲜紧密关联产业链市场，但考虑到蔬菜生鲜的价格波动比较频繁，而且运输损耗较大，多数情况下本地蔬菜生鲜生产商是本地消费市场最重要的供给端，不一定能够形成大规模的集采效应，因此，头狼企业可能放弃该"子力"和其所在产业链，并不会为此制定对应的产业链战略。

再举一个例子，餐馆冻品目标产业链市场中的灰狼群生态还可以分析会产生并联产品生态力的餐馆调料调味品产业链市场中，可能出现的灰狼群生态"子力"。

首先，该紧密关联产业链市场相比餐馆冻品产业链市场而言，规模偏小，因此即使形成了灰狼群生态，但该数字生态的"子力"影响有限。其次，考虑到该产业链市场由于产品相对标准化、毛利高，运输物流比较方便，相对目标产业链市场的关系是弱势地位，这意味着餐馆冻品产业链市场的灰狼群生态进入该产业链市场，是个很好的选择。

餐馆冻品目标产业链市场中的头狼企业根据自身的实力和禀赋能力，可制定相应延伸战略（收购或者直接跨链进入该产业链市场，构建复合数字生态）或链接战略（通过投资或业务协同的方式，与该产业链市场的相关生态方共享客户，分得较高利益）。

当然，也可分析下游产业链市场出现的美团生态。由于下游产业链市场相比餐馆冻品目标产业链市场是强势产业链，而且这个生态力量巨大，所以虽然冻品灰狼群已经在目标产业链市场占据了一定的市场份额，但头狼企业仍然要根据自身的资源条件和禀赋能力来制定不同的战略。

增强战略、延伸战略、更换战略和链接战略都是头狼企业有可能做的选择。

通过以上的这些案例，结合SWOT分析（态势分析法），我们可以发现在面对每个力的时候，制定产业链战略的效率会比较高。只不过由于紧密关联产业链市场的特殊性，在分析紧密关联产业链市场的生态力（串联产品生态力和并联产品生态力）对目标产业链市场和企业产生的影响时，需要结合该产业链市场与目标产业链市场的强弱势地位，以及其中数字生态力对目标产业链市场的影响力大小两个维度来思考和分析。

如果想要加深对数字时代产业森林中生态跨界竞争的理解，了解数字生态更多的竞合现象，读者也可以阅读补充阅读材料——产业链的竞争和融合现象。

产业链五力图及产业链战略总结

在数字时代的产业森林竞争中，没有和平，只有数字技术驱动下数字生态不断的跨界膨胀和扩张。

传统经济学理论体系中有产业关联/关系的相关研究内容，但这些理论不能够完整解释数字经济时代，在中国新出现的产业组织变化和竞争的经济现象。

> 产业链五力图和产业链战略是基于产业互联网数字经济时代的到来，从产业链的角度来提出并描述未来的产业链之间关系，以及产业链内部不同生态竞争的分析工具和战略制定工具。

产业链五力图和波特五力模型有比较多的差异性，具体差异如下：

1. 思考的维度不同

波特五力模型是从中观产业链层面，看一家企业在一个目标产业链市场内的经营发展过程，以影响企业经营的因素为主来进行分析的工具。产业链五力图是在产业互联网边界模糊的情况下，从产业森林宏观层面分析产业链之间以及生态力之间的互相竞争，以数字生态力为主进行分析的工具。产业链五力图的出发点是找到改变现有产业链结构的力量，从而帮助企业家制定产业链市场的竞争战略。因此，两者思考的竞争维度不同。

2. 思考的出发点不同

波特五力模型及波特战略是以防护为出发点，基于一个产业链市场，进行如何应对外部的威胁、挑战和机会的分析。其针对的外部威胁有一定的不确定性、未知性和突然性，因此一旦这种威胁出现，就会产生相对被动的防御。

企业在市场竞争的大海中，如果没有可以防御数百海里之外的导弹的"宙斯盾"，就是脆弱的。当被空袭的时候才想修补的办法，那么即使是德国引以为傲的超级军舰——俾斯麦号，也会被击沉入海底。

产业链五力图则不同。在数字生态时代，企业可以通过产业链五力图提前分析内外部能够影响目标产业链市场结构的重要的、潜在的力量。相比传统的PEST分析中各种因素对一家企业的影响程度难以估算而言，以STEELPC分析明确各种因素对产业结构的影响会相对容易得多。

通过产业链战略的制定，市场主体可以在有限资源的情况下提前占领整个目标产业链市场的制高点，提前做相对主动的产业链防御和进攻准备。

3. 应对的手段不同

一家传统企业在面对威胁的时候，侧重的是用资本、业务手段来加强企业在某一方面的核心竞争能力。而产业链战略的制定除了传统的资本和业务手段，用到更多的是互联网及信息技术，这也是数字化产业组织及生态的核心工具。通过这个工具，才能实现产业组织生态的强化和跨链的竞争。互联网及信息技术工具能够更加"轻"、更加"快"地完成一个产业组织的指数增长，确立产业组织的优势数字生态力地位。

灰狼群所代表的数字生态，正在发生的竞合现象，在未来会大规模发生。

> 传统商业世界中企业间的竞合将逐渐弱化，数字化产业森林将是生态和生态之间的竞合。这就是传统工业时代向数字化时代的跃迁。

下篇
灰狼群生态的多样性及产业互联网其他观点剖析

通过中篇各章的分析，大家已经了解灰狼群及生态的出现给目标产业链市场的产业结构和各企业的经营带来了很大的变化，下篇将重点分析灰狼群生态的多样性及几种主流的产业互联网观点。

也许很多企业家会有疑问：灰狼群生态难道在数字产业森林中无处不在，在每个产业链市场中都会出现灰狼群吗？

聪明的企业家可能还会联想到另一个问题：灰狼群生态在产业森林中是否都是类似的形态，还是会像消费互联网时代的互联网平台电商，有多种不同的形态？比如在消费互联网时代出现的拼多多的团购、淘宝的"跳蚤市场"、天猫的品牌专卖、京东的自营电商，等等。

第十章
灰狼群生态的多样性

上文中第一个问题的答案是，灰狼群作为新物种，其生存之地有独特性；第二个问题的答案是，灰狼群表现的形态多种多样。这两个答案也是灰狼群生态多样性的体现。

这种生态多样性表现在产业森林中不同特征的产业链市场，会决定灰狼群是否会出现，以及出现的基本形态。这是灰狼群生态被动性的体现。头狼企业基于自身资源条件和禀赋能力的不同，在构建、发展灰狼群的过程中，主动设计，使得灰狼群呈现不同的外在形态。这是灰狼群生态主动性的体现。

灰狼群会在什么样的产业链市场中出现与分布

灰狼群新物种在大规模标准化的、规模定制化的或个性化的产业链市场中都有一定的竞争性，但并不是任何产业链市场都有机会出现灰狼群生态。

无论是哪个产业链市场，都需要同时具备供大于求、两边碎片化、没有限制约束的交易的特征，才有可能会出现灰狼群数字生态。

一、供大于求的产业链市场

一个产业链市场之所以存在，是因为有商品的交易。交易角色有很多，但至少要有两个角色，才能成为产业链市场，这两个基础角色分别是目标客户方（代表需求方）和产品的目标生产方（代表供给方）。

需求大于供给的市场意味着市场供不应求。在这个市场中，生产方对产品价格有话语权。产品不愁卖，生产了就能卖出去，所以不存在需要买卖双方实现交易精准匹配的问题。在这个市场中存在的核心问题是产能问题。"无形的手"将会指挥市场增加生产者，扩大生产规模，增加传统的生产要素——包括土地、资金等的投入，以实现供需平衡。

灰狼群和头狼企业的首要服务对象是产业链市场的需求方，而不是生产者。所以，供不应求的市场中很难存在灰狼群，在供大于求的市场中，灰狼群反而会有机会。

供大于求的市场意味着产能过剩，需求方有话语权和挑选权。存在的问题是如何帮助企业在产能过剩的产业链市场中，找到符合心理预期甚至超出心理预期的产品或服务。这恰恰是灰狼群有价值存在的土壤，因此，供大于求的市场是灰狼群出现的前提。

有一种产业链市场比较特殊，比如煤炭、加工用番茄等产品市场，这种产业链市场有供需和价格的周期性波动。在这样的市场中，供需关系有时是供大于求，有时是供不应求。这种产业链市场因为有供大于求的周期，同样存在出现灰狼群生态的机会。本书把这种周期性的产业链市场，也纳入灰狼群生态有可能出现的"过剩"产业链市场。

二、两边碎片化产业链市场

本书定义的两边碎片化产业链市场，是指为目标客户方直接供货的终端经销商是分散的、碎片化的，该产业链市场中销售额排名前10的经销商合计销售额占总份额低于20%；同时，该产品的生产企业数量也是分散的、碎片化的，市场中销量排名前10的企业合计销售额占总份额低于20%。[①]

在国外发达国家，移动互联网及信息技术的应用也很发达，但没有出现批量的灰狼群现象。主要原因是在这些发达国家，各个产业链市场相对成熟，绝大多数产业链市场中，大型企业占据了绝大多数的市场份额，不存在两边碎片化产业链市场。在这样的成熟市场中，零售端大型连锁企业、拥有品牌的大型企业或是大规模

---

① 两边碎片化定义中提到的 $CR_{10}<20\%$ 中的"20%"只是概数，不同产业链市场可能有不同的衡量数值。本质上强调在该市场中，老虎企业并不具备整个产业链市场中的话语权。

的生产企业形成了较强的市场控制能力,很难出现灰狼群生态。这种市场就是垄断市场。虽然这种市场在国内比较少,但一旦存在,该市场中灰狼群出现的概率就很低。

拿一个寡头垄断的市场来举例。从销量情况来看,2017年我国乳制品累计实现销售额3759亿元,同比增长4.4%,增速低位回暖。乳制品行业集中度CR_{10}保持在65%左右,前两位龙头企业伊利、蒙牛的市场占有率分别为22%、21.8%,呈现较明显的双寡头格局。

虽然乳制品用户的市场容量还在不断增长,但产能同样存在过剩现象。寡头企业之间要么通过多种手段——包括产品更新、供应链控制、加大市场宣传和推广等,进行用户市场份额的激烈争夺;要么多家生产企业达成默契,互相减少产能。

在这样的市场中,少数老虎企业通过长时间持续经营建立了较高的壁垒,占据了寡头垄断地位。因此,头狼企业很难团结到足够多的狐狸企业和供给端企业,形成灰狼群生态。即使有部分企业团结在一起希望进化到灰狼群生态,但由于老虎企业在该产业链市场中有举足轻重的影响力,很容易发现这种生态出现,并能及时制定竞争策略,将其扼杀于摇篮中。

如果灰狼群在羽翼未丰的情况下就面临老虎企业的强势话语权带来的巨大竞争压力,那么灰狼群生存并发展壮大的难度就比较大。在这样的产业链市场中,就很难出现灰狼群。新进入者难以立足,老虎企业之外的其他从业者过于弱小。

从产业链市场蛋糕重新分配的角度来看,也会发现"两边碎片化产业链市场"是灰狼群出现的必要条件。假设把一个产业链市场当作一个大蛋糕,参与分蛋糕的企业数量越多,意味着单个企业对这个市场的掌控力就越弱。在两边碎片化产业链市场中,灰狼群出现后,其市场竞争力大大加强。灰狼群首先抢夺的是狐狸企业的现有蛋糕,占领狐狸企业所占有的市场的代价和时间成本很小,灰狼群成长和壮大过程中面临的抵抗也相对较小。在一个"非两边碎片化产业链市场"中,灰狼群的成长过程就是和垄断市场的老虎企业博弈抢夺蛋糕的过程。这个过程中,灰狼群很难有足够的空间和时间成长,没有太多的生存机会。

只有在两边碎片化产业链市场中,才有可能出现目标客户方、终端经销商、生产企业需要精准匹配的需求,这样的市场是出现灰狼群的基础。

三、对交易没有限制约束的产业链市场

典型的产业链市场由两个细分市场链接组成,一个是零售市场,一个是流通市场。我们发现,如果这两个细分市场中的任何一个存在非市场化因素,比如政府政策或行业习惯形成了买卖双方限定交易的情况,那么在这个产业链市场中,就不会出现灰狼群。下面用不同的例子来说明。

当零售市场出现限制性、有约束条件的交易,就无法出现灰狼群。比如医院药品产业链市场,医院是该产业链市场的目标客户方,但是由于政府政策,"两票制"乃至2019年正式实施的"一票制"措施,使医院不再有自主采购权利,由有关机构强制招标。这种方式使医院与特定中标方形成了固定交易,产业链角色被强制定位,供需也被强制对接,因此灰狼群出现的可能性就比较小。

再看另一个流通市场因限制性、有约束条件的交易而无法出现灰狼群的案例。烟草产业链市场是由消费者和烟草店零售交易市场,以及烟草店和烟草生产企业流通交易市场这两个细分市场组成的。在其中的流通交易市场出现了限制性交易的现象,烟草店只能从国家指定的烟草公司进货。这同样造成了市场内交易角色强制定位和供需指定匹配的现象。

在烟草产业链市场,也就很难有头狼企业出现,更不用提构建灰狼群数字生态。唯一有可能的就是产业链市场中垄断方即烟草公司自身成为头狼企业,以构建灰狼群生态。这些垄断方通过垄断地位获得超额利润,有动力再去对产业链做进一步的改造,并成为灰狼群的头狼企业的可能性并不高。

如果产业链市场的两个细分市场中的主流产品交易都是不固定的、自由的,即没有强制约束或契约限制交易市场,那么就有可能出现灰狼群。

如果是没有流通环节,生产企业之间直接对接直销产业链市场,尤其是在一些工业领域的中大型设备产业链市场,也很难出现灰狼群。

上面是灰狼群不会出现的三种情况。反向推之,可以总结灰狼群生态大概率出现的市场,具有"一剩二碎三自由"的特征。

"一剩"是指产能过剩;"二碎"分别指碎片化的终端经销商和生产企业;"三

自由"指该产业链市场内目标客户方、终端经销商都可以不受约束和限制，从不同的供应商处自由采购产品。

由于商业世界的竞争规则，存在着追求自己企业利益最大化的非合作博弈市场。这种市场的内耗比较多，市场效率比较低，但又可以用互联网及信息技术加以改造。因此，这类市场就是灰狼群在产业森林中最有可能诞生的地方。

中国绝大部分市场都具有这种特征，所以当互联网在中国出现时，就有阿里巴巴、慧聪网等互联网先驱企业，尝试用信息撮合的方式来实现买卖双方需求和供给商品信息的精准匹配。遗憾的是，由于没有实现"交易在线"，所以产业链市场中没有提前出现灰狼群现象。

朱恒源教授提出一个观点：随着主流用户认知和消费习惯的变化，对产品的需求会从小众市场到大众市场、分众市场再到杂合市场。杂合市场中，用户需求呈现高度混杂和细分，厂商不应该试图寻找主流客户，而是要思考努力满足高度非标化、自主化的客户需求。在这种市场中，将出现平台型企业。

朱教授提到的杂合市场，是从用户或客户需求变化的角度出发，思考成为平台企业的可能性。本节提到的"一剩二碎三自由"市场，则是从产业链市场结构角度的出发。两者都能说明平台企业（头狼企业）及灰狼群出现的可能性，相互之间有一定的参考意义。

产业森林不同产品及服务属性决定灰狼群有不同的基本形态

上一节讨论了灰狼群会在具有什么特征的产业链市场出现。下面基于消费市场和非消费市场的划分，来总结灰狼群的几种基本形态，见表10-1。

第二部分
灰狼群现象——产业森林的巨变

表 10-1 消费和非消费市场中的灰狼群基本形态

目标客户方	消费		非消费	
	特定消费产品产业链市场	特定消费服务场景市场	特定产品产业链市场	特定功能服务市场
C	C-b→s 灰狼群	C-b→s 灰狼群	/	/
企事业单位	B-b→s 灰狼群	B-b→s 灰狼群	B-b→s 灰狼群	B-b→s 灰狼群

上表从 3 个维度来划分不同的产业链市场：第一个是不同客户方形成的产业链市场；第二个是根据产品或服务特性的不同（消费和非消费）来划分的产业链市场；第三个是根据提供产品还是提供配套服务的维度来划分的产业链市场。从表中可以看到，有 6 种不同的产业链市场有机会出现灰狼群生态。

先从消费维度来了解灰狼群的生态：

1. C-b→s 消费品灰狼群生态

该生态所在的市场，就是马云提到的新零售市场。这是一个针对特定的目标人群、场景和细分消费产品的产业链市场，无论是线上还是线下，头狼企业把碎片化目标终端经销商 b 的客户流量整合起来，再反向对接目标生产/供给端 s（国内优秀的消费品生产厂家或者国外优秀消费产品进口/出口代理），形成灰狼群。本书提到的 7-Eleven 和汇通达等，都属于这一类灰狼群。

2. C-b→s 场景服务灰狼群生态

在线下针对目标消费者的场景中，以目标终端场景服务商 b 提供专业化服务为主，同时在该场景内可以引导目标消费者购买商品，有头狼企业会向商品供应商 s 反向集采，从而形成灰狼群。这样的服务市场属性比较复杂，可以做进一步讨论。

如果对于目标消费者而言，这个服务的需求是低频的，金额不大或者受众少，那么该服务场景可能就不存在灰狼群。前几年出现的为客户上门提供餐饮服务的互联网企业逐渐消失，就是个例证。

如果这个服务需求低频但市场大，就有机会从服务市场向垂直产品产业市场转变，可能形成灰狼群生态。比如，车主维修汽车的低频服务市场中，头狼企业把汽修厂团结起来，就有机会建立汽车后市场配件反向集采的灰狼群。

如果这个服务需求高频且人群覆盖面广，那么就有机会从服务市场向异质产品跨产业链市场转变，可能形成灰狼群生态，其规模更大。比如，团结全国农村地区一部分的自然村，形成村民基础服务到商品交易服务的灰狼群数字生态。这个生态首先为农民提供社保、养老金、就业等基础民生政务服务，再帮他们解决集中人力输出和就业问题，并集中解决汽车、拖拉机甚至房子等商品的采购需求，对接相应商品的供应商。该灰狼群围绕特定的人群、场景，提供异质产品跨产业链的反向集采服务，将有机会形成规模巨大的灰狼群生态交易。

以上讨论了从消费者角度看到的不同灰狼群生态，下面从企事业单位角度来看消费的不同灰狼群。

1.B-b→s产品灰狼群生态

该生态主要存在于企事业单位采购日常消费品的产业链市场。针对特定的目标机构客户，头狼企业团结目标终端经销商，反向对接目标供应商，形成灰狼群生态。比如针对办公楼宇中的单位食堂，头狼企业团结目标终端经销商和食材生产企业，形成食堂食材的灰狼群生态；针对办公楼里的企事业单位，头狼企业团结成千上万家附近的打印店和办公用品、电脑电器设施供应商，形成企事业单位的办公用品灰狼群生态；等等。

2.B-b→s场景服务灰狼群生态

企事业单位在采购一些功能性服务的时候，该服务市场也会出现灰狼群生态。比如办公室内绿化服务产业链市场，头狼企业通过团结成千上万个目标终端绿化服务商和苗圃基地，形成灰狼群，高效服务办公企业的空间环境绿化；同时，头狼企业可以赋能终端绿化服务外包商，在办公空间提供无人零售商品服务，从而形成跨链的消费品类产业链市场的灰狼群。

通过赋能团结终端服务商b，头狼企业就有可能在该服务市场中培育出灰狼群生态。

在非消费市场的生产资料及服务市场，灰狼群的存在相对比较简单，有两种形态：

1.B-b→s产品灰狼群生态

B是这个生产资料产业链市场的目标客户方，b是目标终端经销商，s是目标供应商。比如化工产业链市场、煤炭产业链市场等，只要符合"一剩二碎三自由"的特征，就都有可能出现头狼企业团结目标终端经销商和目标供应商的灰狼群生态。

2. B-b→s 场景服务灰狼群生态

B 在这个服务市场不仅指生产企业，还包括所有的企事业单位。一家企事业单位的生产资料服务有很多种，包括设备维修、安装调试、原材料和设备质量检测、运输服务、金融服务等。

以上这些场景服务，同样存在场景服务产业链市场的数字生态跨链成为灰狼群的可能性，需要具体分析才能确定。

比如办公楼宇设备产业链市场中，可能存在着设备维修保障场景服务跨链形成的灰狼群生态。头狼企业团结给各个办公楼宇提供维修保障服务的经销商和办公楼宇运维设备生产厂商，形成灰狼群，为业主和物业提供高效集中采购办公楼宇维修所需的备品备件、楼宇运营设备等服务。

头狼企业挑选交易角色的方法决定了灰狼群的外在形态

通过前两节，我们了解了灰狼群在产业森林外部市场条件的约束下表现出的被动性特征，也了解了其呈现的基本形态。下面这两节，一起来了解在头狼企业的主动设计下，灰狼群最终呈现的外在形态。

因为头狼企业挑选生态内交易角色的方式不同，形成了灰狼群不同的外在形态。

一、精英部队形态

头狼企业在其市场中确定了灰狼群生态所需要的目标终端经销商角色和目标供应商角色后，下一步就会考虑是和确定的这类角色群体的所有企业合作，还是只和其中部分企业合作。

如果头狼企业决定只挑选目标终端经销商、目标供应商角色中的优秀企业进行合作，那么这个灰狼群生态将呈现"精英部队形态"。

汇通达就是这样的模式。它在乡镇上只挑选 1 ~ 2 家合适的夫妻电器店深度团结，放弃镇上其他的电器店。通过为挑选出的夫妻电器店深度赋能——包括互联网及信息技术、产品、客户服务、市场推广等，提升这些夫妻电器店在本区域市场电器零售和服务的能力，再联合优秀电器供应商合作，形成高效运营的农村电器灰狼群。

头狼企业通过赋能精英夫妻电器店，使其竞争力远大于周围其他的夫妻电器店，从而获得单元地区内的优势市场机会。

类似的情况屡见不鲜。比如宠物店产业链市场的灰狼群，头狼企业精选社区周边宠物店中的1~2家，提升其运营能力，帮助其实现每月数倍的营收增长。小区周围存量的宠物店服务市场蛋糕被重新分配，其他的传统宠物店面临强力竞争者，很快难以为继，该灰狼群从而逐渐实现单元区域宠物商品零售和服务市场的垄断。

赋能被挑选的目标终端经销商b，使其营业收入大幅增长，导致周围其他未获得赋能的同行（狐狸企业）经营业绩大幅下滑，亏损或倒闭，使b形成单元区域垄断市场地位。等到头狼企业能又快又多地这样赋能目标终端经销商b的时候，该灰狼群在市场上就占据了很大的市场份额。

头狼企业找到了能够让b在其经营地理范围内大幅增长收入的赋能手段，才会促使精英部队形态出现。这种精英部队形态需要头狼企业有很好的产业资源条件和禀赋能力，能够快速筛选出市场中优秀的b并赋能，实现跑马圈地，最终在市场中占有大的份额。

二、赛马部队形态

头狼企业确定了生态中拟合作的目标终端经销商、目标供应商角色后，不对群体中的企业精挑细选，只要这类群体中的企业愿意合作，就可以入选。

头狼企业帮助这些愿意进入生态的企业解决经营痛点，用各种手段赋能，把它们紧密团结在自己构建的灰狼群生态中。头狼企业只能通过"赛马"的方式筛选找到其中的精英企业，形成长期合作关系，这种灰狼群形态被称为"赛马部队形态"。

"赛马部队形态"比较常见。在街边小店的服装产业链市场中，头狼企业一手组建的灰狼群采用的就是赛马部队形态。年轻女性在街边小店购买衣服，很大程度上需要非标化服务，依赖服装小店店主对时尚的感觉和判断，也依赖小店店主对顾客非标化的搭配服务水准及客情关系处理能力。

在这种产业链市场中，即使再优秀的小店，也很难形成单元区域垄断市场地位。因此，只要能够存活下来的店铺，都有自己独特的竞争力，头狼企业都可以考虑和其合作。在经历了"赛马"式的筛选后，剩下的都是灰狼群生态中优秀的企业。

当然，除了街边小店的服装产业链市场，还有生鲜市场、灯具市场等消费品产业链市场。这些产业链市场的特点和服装产业链市场类似，消费者有非常明显的非标化需求，产品 SKU 数量众多，同时在线下市场的采购习惯中，消费者对目标终端经销商没有明显的忠诚度，或者培育消费者忠诚度的难度极高。

对于这种非标化、低忠诚度的市场，头狼企业很难采用赋能手段帮助 b 增收，因此需要寻找帮助 b 提升经营效率的手段，增加长期合作的黏性，最终再反向对接目标供应商，形成灰狼群。

比如刚才提到的头狼企业一手，它发现这些服装小店店主有每个月定期去批发市场挑货的习惯，这种习惯不仅浪费店主的时间和精力，还不一定能够找到称心如意的货品。而且店主选好了特定的服装，还需要批量采购，容易形成库存积压。因此，一手负责安排时尚买手对每天上游供应的数万款衣服进行前期挑选，筛选出最可能流行的数千款衣服，店主通过小程序或 App 结合自己的眼光再次挑选下单。一件起订，解决了服装店主采购效率低、服装店容易积压库存的痛点。

这种头狼企业需要具备较强的产业资源条件和资金实力，才有可能和这个产业链市场中大多数终端经销商合作，较快地占领较大的市场份额，否则容易出现模仿现象，导致之后出现多个灰狼群生态恶性竞争。

三、跨境部队形态

传统跨境贸易的买卖双方对接，主要通过阿里巴巴等跨境 b2B 信息撮合平台来实现。随着中国的关税逐步降低，电子通关越来越简便快捷，中国经济融入全球经济的速度也越来越快。在这个大背景下，两个国家之间的经济交易便捷性有可能得到进一步提高，跨境产业链企业之间的耦合程度也逐渐加强。头狼企业基于综合考虑，就有可能选择两个或多个国家跨境的目标产业链市场，实现灰狼群生态。

在一些标准品产业链跨境市场，头狼企业通过团结产业链市场中的某类角色，解决了跨境企业间采购需要多轮磋商才能解决的物流仓储、进出口、信用管理等交易关联条款，打破了传统跨境交易冗长繁杂的交易过程，形成"四流合一"的高效产品交易网络，实现了"交易在线"，让产业链高效运转。这种团结其他各种价值角色形成的高效跨境产业组织，笔者称之为"跨境部队形态"。

比如国内粮食进口市场，周期长、价格波动大、环节多。如果能出现这样的头狼企业，联合亚非拉多个国家当地现有的大量粮食出口商，再借助中国"一带一路"的春风、中外两方的海关联合，设立托管或监管粮仓，并团结海运物流企业与国内的采购商，形成一站式的线上现货交易和期货交易网络，就可能形成灰狼群生态。这种灰狼群的形态就属于"跨境部队形态"。

另外，母婴进口产业链市场的灰狼群生态；出口东南亚某些国家的手机配件商团结当地的手机小店，成长为最大的手机配件产业链市场跨境灰狼群生态，这些都是"跨境部队形态"。

在这样的跨境产业链市场中，头狼企业一方面要非常了解该产业链市场跨境交易的历史障碍和痛点，另一方面要拥有搭建跨境灰狼群产业组织的跨境产业资源和极强的跨境管理团队，才有可能构建及实现这种形态。

四、跨链部队形态

除了上述3种形态，有的头狼企业会把目标产业链市场边界界定为由两个产业链组合而成，在两个产业链市场内构建灰狼群生态，就会形成一个复合跨产业链的特殊灰狼群产业组织。这种跨链生态的构建，需要头狼企业有足够的产业资源和管理能力，才有可能实现。

前文提到的美团就是典型的代表，其核心业务是聚焦人和消费场景的连接。在消费场景中，美团作为消费互联网平台企业，构建了一个数字生态。当美团准备进入餐馆的食材采购产业链市场时，该数字生态裹括了粮油米面产业链市场、调料调味产业链市场和冻品产业链市场。

美团从平台企业向灰狼群生态转变，横跨多个细分产业链，直接形成了C（消费者）–b（餐馆）→s（食材供应商）新型复合跨链的灰狼群产业组织。其目标是实现两段产业链市场的最优化，当然，这种模式还处于早期，还需要进一步观察和验证。

再比如，之前提到的提供办公室内绿化服务的灰狼群生态。头狼企业不仅团结了该市场中提供办公绿化的目标终端经销商和苗圃基地，还跨链团结了食品饮料生产企业，为办公室内职场人员提供相关商品和服务。这种情况下，也形成了一个复合跨链的灰狼群产业组织。

这些复合跨链的灰狼群产业组织中的头狼企业，需要具备极强的运营能力、资金能力和产业资源条件。因此一般情况下，头狼企业都要先做好一个产业链市场的生态，再跨链进入其他产业链市场。这样，整个生态发展和扩张会更为稳妥。

还有一些试图构建灰狼群的企业家"艺高人胆大"，在没有数字生态支撑的情况下，从零开始直接跨链构建灰狼群数字生态，这无疑会有很大的风险。

头狼企业赋能角色的方式决定了灰狼群的外在形态

头狼企业挑选交易角色的方式不同，决定了灰狼群呈现不同的外在形态。接下来，笔者从头狼企业赋能角色尤其是目标终端经销商角色的角度，来探讨灰狼群所呈现的不同的外在形态。

笔者在市场中看到，头狼企业赋能目标终端经销商，有不同的强度和管控力度，可以分成3种不同的连锁形态，见表10-2。

表10-2 头狼企业赋能目标终端经销商的3种不同连锁形态

比较项目	线下代运营连锁	轻连锁	特许连锁
主体	独立法人	独立法人	独立法人
法律关系	委托管理合同关系	不一定有合同关系	合同关系
网络关系	纵向关系，各加盟店间无横向业务联系	加盟店之间可能存在横向业务联系	纵向关系，各加盟店间无横向业务联系

接下表

续表

比较项目	线下代运营连锁	轻连锁	特许连锁
与头狼企业产权关系	无资产关系（经营理念是产业共同体）	无资产关系（经营理念是产业共同体）	无资产关系（经营理念是产业共同体）
经营权	非独立（头狼企业）	赋能业务非独立	独立（总部为主，加盟店为辅）
人事任命	头狼企业任命（雇员）	自有	自有
稳定性	稳定	可自由加入退出连锁体系，头狼企业有选择权	合同期内不能自由退出
管理模式	头狼企业对加盟店经营中各项具体事务均有决定权	特许经营体系通过特许经营合同形成，各个加盟店人事和财务关系相互独立，头狼企业无权干涉，但有督导人员协助运营	特许经营体系通过特许经营合同形成，各个加盟店人事和财务关系相互独立，头狼企业无权干涉，但有督导人员协助运营
总部收取的费用	按照委托管理合同进行利润分配	按照合同约定进行利润分配	按照合同约定进行利润分配
商品供给来源	经由头狼企业供应	大部分头狼企业供应，部分自己进货	经由头狼企业供应
价格管理	头狼企业规定	自由制定	原则上由头狼企业规定
促销	头狼企业统一供应	要求加入，但不强制	头狼企业统一实施
合同约束力	强硬	松散	强硬
合同规定加盟时间	多为5年以上	不确定	多为5年以上
外观形象	完全一致	不一定	完全一致
适用领域	商业和服务业	商业、零售业、服务业、餐饮业、制造业、高科技信息产业等领域	商业、零售业、服务业、餐饮业、制造业、高科技信息产业等领域

第一种是线下代运营连锁形态。在特定市场，尤其是消费品或服务领域的传统夫妻门店，有一部分群体没有能力学习、应用最新的互联网及信息技术来经营客户和产品。这些经营效益不佳的夫妻店老板意识到数字化运营能力的重要性，也认可头狼企业示范的数字化运营。这种情况下，他们希望以委托头狼企业代运营的方式，省心省力地获得利润收益。

这种运营总部托管开展的重连锁业态，在传统消费品市场和服务市场已存在很多年。运营总部需要具备较强的、标准化的运营管理能力。

对于头狼企业而言，在生态构建成长的过程中，大多数情况下，它会慎重选

第二部分
灰狼群现象——产业森林的巨变

择这种业态。原因在于：第一，这种业态需要头狼企业的精细化强运营能力，扩张速度慢。第二，这种业态要求头狼企业自身有充沛的资金来支撑各个门店的运营支出。在灰狼群生态快速成长的过程中，把有限的资金和资源用于大量的局部地区市场份额直接争夺，并非最佳的开放生态共赢模型。第三，头狼企业通过这种业态自己掌管从零售管理到供应链管理的全部过程，承担了全链的风险和压力，会变成老虎企业。

头狼企业在某个时间段、局部地区，会出于战略目的考虑，暂时选择这种业态。比如宠物店涉及宠物商品供应链市场，有头狼企业在局部地区采用线下代运营连锁业态，打磨标准化的运营手册，锻炼和培养宠物店的运营人才，监测有关商品的销售情况，为后续吸收和赋能这个市场其他地区宠物店，以及之后构建灰狼群生态做铺垫。

还有一种比较特殊的代运营服务，并不属于线下代运营的连锁业态。头狼企业帮助这些线下经销商门店做线上传播和客户群体线上运营的代运营服务。比如餐馆、美容院等小型门店，店主通过组建专门的数字化营销团队，开展网络营销，实现单个门店的获客、留存、客户转介绍的过程，既不专业又不经济。头狼企业可以统一组织数字化营销服务团队，帮助大量的门店店主规模化地实现门店在网络上的营销。通过这种代运营服务，头狼企业和门店建立了很强的黏性，随后可以帮助大量门店反向集采对接产品供应商，构建灰狼群生态。

这种代运营方式属于线上代运营，头狼企业并不深入参与门店的日常线下业务。这只是其构建灰狼群数字生态的过程中，吸引目标终端经销商进入生态的一种手段，属于第二种连锁形态——轻连锁形态。

第二种是轻连锁形态。其特征是头狼企业筛选出合适的目标终端经销商后，帮助目标终端经销商解决某一方面或者进、销、存某个环节的经营问题，并不参与目标终端经销商日常的全面经营活动。头狼企业在赋能过程中，一般还会配备具有赋能职能的运营督导团队进行指导，帮助这些目标终端经销商做出好的经营业绩。

在双方合作过程中，头狼企业不一定会限制目标终端经销商的采购行为和进货渠道，也不一定强制它们采用统一的门店品牌。事实上，头狼企业通过对目标终端经销商的赋能，帮助它们有了明显的业绩增长后，这些企业会心甘情愿地主动和头狼企业进行深度合作。

比如前文提到的汇通达、一手这些头狼企业，都是采用这种连锁业态和目标终端经销商合作的。

第三种是特许连锁业态。当头狼企业的品牌和口碑声誉在客户方获得了广泛认可，在一些特定市场比如消费品市场或服务市场，一些头狼企业会走向特许连锁。

7-Eleven 就是灰狼群生态中成熟的特许连锁业态。

读者可能会有些疑惑：7-Eleven是一家知名的连锁加盟便利店，其总部在赋能加盟商方面可能做得比同行更好，但传统连锁业态也都是总部赋能加盟店的模式，为什么那些总部不能算头狼企业，它们的生态不能算灰狼群？传统特许连锁业态和灰狼群的形态有什么关系呢？

要解答这些问题，我们来看表10-3。

表10-3 传统特许连锁业态和灰狼群形态的对比

比较项目	灰狼群特许连锁	传统特许连锁（FC）
主体	独立法人	独立法人
法律关系	合同关系	合同关系
网络关系	纵向关系，各加盟店间无横向业务联系	纵向关系，各加盟店间无横向联系
与总部产权关系	无资产关系（经营理念是产业共同体）	无资产关系（经营理念与总部一致）
经营权	独立（总部为主，加盟店为辅）	独立（总部为主，加盟店为辅）
人事任命	自有	自有
稳定性	合同期内不能自由退出	合同期内不能自由退出
管理模式	特许经营体系通过特许经营合同形成，各个加盟店人事和财务关系相互独立，头狼企业无权干涉，但有督导人员协助运营	特许经营体系通过特许经营合同形成，各个加盟店的人事和财务关系相互独立，总部无权进行干涉
总部收取的费用	按照合同约定进行利润分配	特许经营费用和保证金等
商品供给来源	经由头狼企业供应	经由总部供应
价格管理	原则上由头狼企业规定	原则上由总部规定
促销	头狼企业统一实施	总部统一实施

接下表

第二部分
灰狼群现象——产业森林的巨变

续表

比较项目	灰狼群特许连锁	传统特许连锁（FC）
合同约束力	强硬	强硬
合同规定加盟时间	多为5年以上	多为5年以上
外观形象	完全一致	完全一致
适用领域	商业、零售业、服务业、餐饮业、制造业、高科技信息产业等领域	商业、零售业、服务业、餐饮业、制造业、高科技信息产业等领域

通过表10-3，我们可以了解到，传统的特许连锁只需要和总部的经营理念一致，在条件符合的情况下，加盟店即可开展独立经营，没有明确总部的理念到底是什么。虽然灰狼群特许经营业态强调的也是经营理念一致，但更为明确地指出了理念出发点是"产业链命运共同体"。

在传统特许连锁业态中，如果该业态的总部具有"产业链命运共同体"的经营理念，那么该业态也是灰狼群。灰狼群生态与传统特许连锁业态之间的关系如图10-1所示。

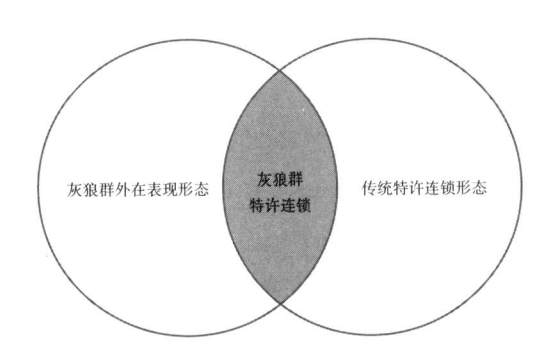

图10-1 灰狼群（数字产业集群）与传统特许连锁（FC）之间的关系

头狼企业赋能目标终端经销商，影响目标终端经销商经营活动的差异性，形成了灰狼群不同的外在形态。

基于头狼企业挑选交易角色、赋能角色的不同方式所形成的灰狼群不同的外在形态，除了前文提及的形态，不排除还有更多的形态。而且各个形态之间并不是绝对互相排斥的关系，甚至有些灰狼群同时具备多个形态的特征。

对于有志于构建灰狼群生态的读者而言，如何在产业森林中结合不同的产业结构，结合团队的资源条件和禀赋能力，在被动环境中主动创造和构建不同的灰狼群形态，造就未来多姿多彩的灰狼群生态，有赖于不断的学习、思考和总结。

第十一章
灰狼群角度观察产业互联网现有的理论及观点

在数字时代，在从消费互联网向产业互联网跨越的这个临界点，有很多智者也看到了未来产业结构变化的趋势，以及"互联网+"在改造传统垂直产业链市场中的表现，并提出了自己的一些见解。这些见解都是基于平台企业的商业模式来进行诠释的，其中比较典型的有三种观点：第一种是S2b2C，第二种是b2f，第三种则沿用了消费互联网平台企业的商业模式。下面从灰狼群生态的角度来看下这三种观点各自的内容。

S2b2C 观点

有关专家在对S2b2C观点的论述中提及S是指一个大的供应链平台企业，能够对接产业链供应商端。而b是指其所赋能服务对应万级、十万级甚至更高万级的终端经销商（可能是线上流量节点零售商或线下的零售商），让他们完成针对C端用户（C在这个商业模式的定义中不是指消费者，而是泛指所有用户）的服务。因此S和众多的b是紧密合作的关系，而不是简单的商务关系。

在这一产业链中，S和b共同服务C，连接的核心在于S对b的赋能。当b服务C时，必须调用S提供的某种服务。这种服务对于S平台来说，意味着渠道商b服务C的过程必须是透明的。最终，S平台基于其大数据和互联网信息技术能力来提升对渠道商b的赋能能力。而且，这种赋能也是S2b2C模式的核心要件。

S2b2C模式更多出现在互联网流量成本高昂的当下，S平台团结和赋能b，整合供应链市场，实现价值创造。当价值创造得以实现，S平台也将获利。

S2b2C观点的先进性，使其在创业者中和投资圈内产生了较大的影响力，因此很多创业者在做项目商业计划书（BP）融资的时候，都向投资人描绘他们的 S2b2C 运营模式。

这里面存在着很多的"南郭先生"，衡量他们有没有滥竽充数的标准，就是之前提出的两个核心要件是否成立——b 是把 S 当作供货商，还是自愿成为 S 触达最终客户的触角；S 平台推出赋能手段，b 是虚与委蛇还是积极响应。如果答案都是前一个，说明 b 并没有和 S 平台形成紧密的协同关系，共同面向客户创造价值。那么这个 S2b2C 的模式是不成立的，S 平台也是不成立的。

S2b2C 也是灰狼群产业组织基于头狼企业商业模式的简要表达方式，有一定先进性。该理论强调了灰狼群的赋能特征，并总结了一些赋能的手段，但还有更多可进一步完善的空间：

1.S2b2C 突出 S 平台企业（头狼企业）的重要性，强调了 S 是未来，未涉及对产业链结构的影响。

2.S2b2C 总结了 S 平台赋能 b 的一些手段。这些不同的手段如何使用有不同的时机选择，比如集采赋能需要 b 到了一定数量规模之后才能使用；同时也有些手段过于宏观指导。因此，S 平台如何选择合适的工具来指导赋能 b，以及落地实操的过程并没有展开详细的阐述。

3.S2b2C 提出了 S 平台要通过价值创造来获利。但 S 最后靠什么获得盈利，其盈利模式是什么，没有进一步做更详细的阐述。

4. S2b2C 没有考虑 S 平台的互相竞争跨界问题，也没有基于不同产业链与目标产业链的关系，就 S 平台及生态的发展方向做更多的探讨。

本书在以上这些方面结合灰狼群数字生态，有更加系统性的阐述。

b2f 观点

b2f 是基于产业链的视角，强调平台企业一方面赋能终端经销商 b，另一方面对接生产企业 f 实现商品反向集采，最终形成 b2f 平台数字生态，具体有以下几个内容：

1.b2f 平台数字生态的实现，前提是互联网的流量成本已经非常昂贵，被主要的巨头所垄断。在这个背景下，需要重新审视线下存量市场，如果存在两边碎片化产业链市场（比如有大量的零售终端经销商、大量碎片化的生产供给企业），那么就存在 b2f 生态。

2. 在 b2f 生态中，平台企业通过团结和赋能最优秀的 20% 终端经销商（b），提高它们线上线下经营客户的能力，获得存量的客户市场，最终淘汰没有被赋能的终端经销商，反向跨过传统低效率流通环节，平台企业再挑选上游最优秀的 20% 生产供应商（f）合作，就有机会做成该市场中最大的数字生态。

3. b2f 数字生态中的平台企业的核心使命是赋能 b，根据赋能业务的特点和先后次序，总结出相应的公业务和母业务。平台企业首先要做公业务（赋能业务），通过公业务能够快速团结终端经销商 b，实现流量垄断，建立私域流量池。然后，再通过母业务（多个变现业务）获得盈利。

其中公业务强调"海、刚、高、慢"（海量、刚需、高频、周转慢）特性，母业务强调"三低三高一非"（低频、低需、低量，公业务转化为母业务的高转化率、单客 ARPU 高价值、40% 以上高毛利和非标）特性。公业务甚至可以是免费的。

b2f 也是灰狼群形态的一种，是最为典型的灰狼群产业组织。b2f 的数字生态进入一个产业链市场后，对其中的存量蛋糕重新瓜分。

本书提到的灰狼群生态与 b2f 数字生态观点也存在一定差异性：

1.b2f 侧重讲了灰狼群的精英部队形态，但不同的产业结构会出现不同形态的灰狼群，即使在两边碎片化产业链市场里，也不一定会出现 b2f 模式。

比如，我们之前提到了医院药品采购产业链市场和烟草产业链市场，两者都有着碎片化的两边市场，但是由于采购的限制性和非自由性，导致很难出现灰狼群生态，也很难出现 b2f 数字生态模式。在"一剩二碎三自由"的产业链市场里，灰狼群生态出现的概率会比较高。

即使是符合"一剩二碎三自由"特征的产业链市场，会出现灰狼群数字生态，但不一定会出现 b2f 生态。比如前文提到的一手，街边服装小店和上游供应商这两边都是碎片化产业链市场，但这种市场属于非标化两边碎片化低忠诚度市场，不适合用 b2f 数字生态模式。

2.两边出现垄断特征的产业链市场，也有可能出现灰狼群生态（包括 b2f 数字生态模式）。

比如动力煤市场中，上游煤矿生产企业是目标生产方，下游的电厂是产业链的目标客户方。这个目标产业链市场表面上属于寡头垄断市场，但是在这个市场中，生产商和需求方都很强势，都是老虎企业。煤矿生产企业不管煤炭市场是否过剩，都要求款到之后才能发货；电厂也很强势，供货商必须先把煤送到，电厂验收合格后 2~3 个月内付款。

由于大多数情况下供应方和需求方的物理距离较远，煤价又有周期性波动，导致中间大量流通环节碎片化，只能由经销商来承载该产业链市场产供需两端的压力。

根据"一剩二碎二自由"特征评估，这个市场符合目标终端经销商碎片化、目标供应商（产地经销商）碎片化特征，因此有机会出现灰狼群生态（包括 b2f 数字生态）。

3. b2f 数字生态要求生态中的供给方角色必须是生产企业 f。但在一些特定的产业链市场中，头狼企业构建灰狼群数字生态优选的目标供应商，不一定是生产方。

前文也举了一些产业链市场的例子。比如鸡蛋产业链市场，养殖户虽然是目标生产方，但是当地经纪人对这些养殖户的鸡蛋销售有天然的话语权和重大影响力，那么产地经纪人就是灰狼群生态首要团结的目标供应商 s。

4. b2f 数字生态构建没有考虑跨链发展因素的影响，在梳理产业链结构解构、数字化重构路径、产业链之间的关系等内容上，也暂时没有系统性的内容。

沿用消费互联网平台企业的相关理论

消费互联网时代出现了很多互联网平台企业，有很多学者对此做了深入的研究，提出了互联网平台企业的理论。我们可以简单了解一些主流的观点[①]：

1.构建平台企业的基础因素是两边模式。双边模式代表平台生态圈所链接的

---

① 以陈威如、余卓轩在《平台战略》中提出的观点为主。

两组使用群体，被视为两个不同的市场。这两个市场都可以带来收益或产生支出。平台企业为一边市场提供费用补贴，激发该群体加入生态圈的兴趣，这一边的群体被称为"被补贴方"；反之，平台另一边的群体若能给平台带来持续收入以维持平台运营，则称为"补贴方"。

2. 平台有同边网络效应和跨边网络效应，通常平台企业所设计的机制是为了激发"正向循环"的网络效应。

3. 平台企业要对平台生态圈进行设计，包括"补贴方"和"被补贴方"的设计，以及用户过滤机制、两边群体的开放或管制措施等的设计。

4. 平台企业自身盈利一方面来自跨边效应带来双边核心需求，满足关键核心环节处的卡位所带来的收入。比如世纪佳缘，男女双方对接卡位给平台企业带来收入。另一方面，通过双边市场的数据挖掘获得收入。

5. 平台企业的成长需要从早期因新鲜而尝试的用户加入开始，一直到突破引爆点，才有可能实现平台最低限度的良性运转。一旦突破引爆点，就有可能实现爆发式增长。

6. 平台企业之间存在着竞争和覆盖现象，这是互联网线上不同业态平台的特征决定的。竞争现象主要是指拥有同质性业务的平台企业运用同样的盈利模式，争取相同的使用群体而产生的对抗。比如，早年百度和谷歌之间的竞争。覆盖现象是指处于邻近甚至毫不相关的产业平台对同一使用者市场的侵蚀，产生对既有盈利模式的威胁。

7. 在覆盖现象中，覆盖者通常采用补贴策略颠覆被覆盖者的利润池，获取其客户群体。这些覆盖者有可能来自业务互补领域、微替代领域、垂直维度、非相关领域等。

以上这些观点都是根据消费互联网市场特征所总结平台企业的规律。这些规律和产业互联网的灰狼群数字生态有比较大的差异性，不建议产业互联网的从业者盲目套用消费互联网平台理论来指导产业互联网灰狼群生态的构建。

结合前文内容，汇总消费互联网与产业互联网的差异，并进行对比，见表11-1。

表 11-1 数字经济临界点，从"影响消费零售市场"到"改造各个垂直产业链市场"不同阶段平台企业的对比

平台企业区别因素	消费互联网	产业互联网
影响不同的市场	一个消费零售及服务的市场	成百上千个细分垂直产业链市场，大多数产业链市场由零售市场和流通市场组成
影响的市场范围不同	消费者——卖家在线市场（10万亿～20万亿元）	目标客户方——目标终端经销商——生产企业（150万亿～200万亿元）
创造价值对象不同	为消费者创造价值	为目标客户方和生态中的角色创造价值，实现产业链效率最优
互联网体现的形式	建立双边线上对接市场（平台企业），互联网是"市场"	垂直细分产业链目标终端经销商、目标供应商和目标生产方形成灰狼群生态，是数字产业集群，且生态内形成了交易协作网络，互联网侧重是"工具"
平台企业盈利模式	通过获取眼球流量，并对其进行管理，建立线上市场（开放或封闭形态），选择从买方或卖方处获得盈利	平台企业通过实现数字生态的产业链最优，一方面从提升产业链效率中获利，另一方面通过生态从存量经济蛋糕中获得指数增量后获利
突破引爆点不同	同边及跨边网络效应	以赋能价值扩散效应、跨边网络效应为主，同边网络效应为辅
竞争形态不同	线上增量消费市场竞争，抓公海流量，眼球经济竞合	线下存量市场私域流量竞争，产业链边界模糊，跨链数字生态的竞合
对产业结构影响不同	寡头竞争，寡头最优	寡头竞争，产业链效率最优
	以非合作博弈市场为主，合作博弈为辅	以合作博弈为主，推动供给侧结构性改革和产业链的数字化整合
	少数大流量平台出现	数百个灰狼群生态，即数字产业集群出现，并互相竞合
竞争方法论差异	在眼球新大陆跑马圈地建立领地的方法论	打破旧产业链格局，在旧的产业链市场中"发起变革"，建立跨地理的新数字产业集群生态组织

注：消费互联网平台企业形成了数字生态，产业互联网头狼企业（链主企业）形成了数字生态，头狼企业也有平台特征。为了便于比较，在本表中将二者统一为"平台企业"。

1. 互联网影响的市场不同。消费互联网是互联网及信息技术形成的在线零售交易市场，该市场冲击了消费者和卖家之间的传统线下交易市场。这个在线的产业链市场总规模有 10 万亿～20 万亿元。产业互联网是指互联网及信息技术改造了许多不同的垂直细分产品的产业链市场（n 个不同的产业链市场）。大多数产业链市场由两个细分市场组成，一个是目标客户方从经销商或者门店采购商品的交易市场，

还有一个是经销商或者门店向生产商采购商品的流通市场。产业互联网涉及的产业链市场总规模在 150 万亿～200 万亿元之间。

2. 创造价值对象不同。消费互联网的平台企业直接为用户创造价值，因此这部分群体通常在平台生态圈内被定义为"被补贴方"，他们是消费互联网平台企业重点研究的群体。而互联网改造产业链市场的过程中，头狼企业最终考量的是为目标客户方（不一定是最终使用者）创造价值，同时还要考虑到合作目标终端经销商、目标供应商、目标生产方等灰狼群生态中的角色利益，以及这些企业能力的提升，因此要为他们赋能，为他们创造价值，并团结他们一起实现产业链效能最优。

这种创造价值对象的不同，导致两者对平台构建的需求区别较大。大多数消费互联网平台企业以创建一个线上平台为主，服务两边或多边角色。而产业互联网时代的头狼企业，由于前文已经提到在产业链市场里它们至少要服务两个细分市场，因此一般情况下，都有两个不同的线上交易和服务网络。

即使在一个产业链市场中，头狼企业大多也属于复合多网络生态企业。7-Eleven 灰狼群建立了消费者和门店之间的线上订购及服务网络，同时还建立了门店和生产企业之间的线上下单交易网络系统，以及门店、地区仓储中心、生产企业间物流配送服务网络系统等。

3. 互联网对平台企业（头狼企业）构建收入及盈利模型产生的影响不同，就如《平台战略》提到的构建消费互联网平台企业的基础因素是两边模式，平台企业更像在线上开设的一个市场，双边通过这个在线市场，形成跨边效应。当然，在这个市场中，平台企业面对两边会形成"补贴"和"收费"两种形式，意味着平台企业和双边群体分别形成"对手牌"。平台企业无论设定对哪一边群体"补贴"或"收费"，都需要先行考虑并设计规则。这也是明明建设了一个在线零售交易市场，但《平台战略》提到这是两个市场（被补贴的一边群体和平台企业之间的市场，平台企业和收费的一边群体之间的市场）的原因。无论淘宝还是京东，都是如此。

在产业互联网时代，要对一个细分产业链市场进行互联网改造，即围绕目标客户方形成高效的灰狼群生态（数字产业集群）。"平台企业"虽然可以作为头狼企业的一个标签，但头狼企业更多承担了灰狼群的产业大脑角色。在灰狼群内部，不存在"被补贴方"和"补贴方",头狼企业和其他灰狼企业没有"对手牌",是产业链命运共同体,也是利益共同体。

因此,灰狼群并不采用补贴的方式以获取更多的目标客户方,而是由头狼企业赋能目标终端经销商,通过互联网及信息技术和其他经营手段,提升目标终端经销商的运营能力,形成碎片化私有流量的聚集。有些产业互联网企业试图通过给终端经销商低价补贴、提供便宜产品的方式来获取终端经销商的信任,但这并不是长久之计。只有创造价值,才能维持长久合作关系。

消费互联网平台企业能够设计一边群体成为"补贴方",获得收入或盈利的原因,要么是精准匹配创造了价值,要么是基于数据创造了价值,所以它才可以向一边或双边群体收费。头狼企业能够获得收入或盈利,则是由于灰狼群体现出的竞争力。这种竞争力体现在两个方面,一方面是产业链效率提升后收益在生态内部的再分配;另一方面是灰狼群团结优秀的狐狸企业,利用竞争力抢夺了所在市场中落后生产力的存量蛋糕。对于增加的蛋糕部分,灰狼群内部由头狼企业根据各自角色贡献,设计相应的利益分配比例再分配,如图11-1所示。

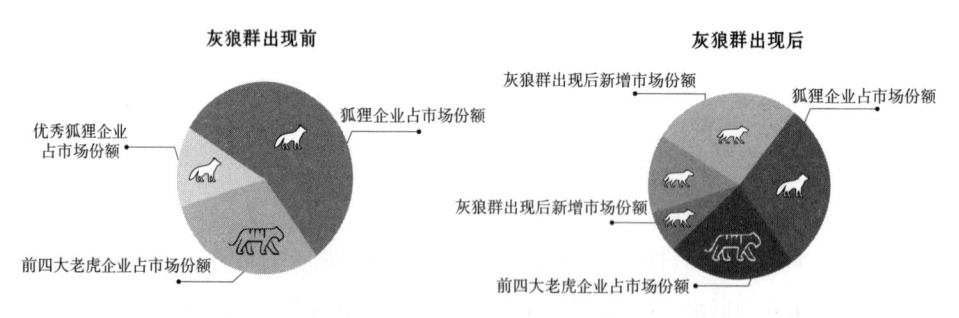

图 11-1 灰狼群出现前后市场份额变化对比示意图

4. 平台企业业务突破引爆点方式不同。消费互联网的平台企业侧重网络效应,通过创新扩散的S曲线①在临界点之后引爆,平台用户数量快速增加,收入快速增长。这种现象背后主要是由于消费者在新平台的采购决策属于"生活性质"的创新探索尝试,这种决策相对容易通过朋友圈、同学圈等进一步传播,属于生活发现、生活分享,所以是增量市场。

产业互联网是对存量市场的互联网改造,头狼企业首先赋能的目标终端经销商是狐狸企业,其通过进化才能成为灰狼企业,这个过程对于狐狸企业而言也是自身能力提升蜕变的过程。狐狸企业的企业家需要一段时间来提升企业的经营能力,这也是狐狸企业在头狼企业的帮助下,对新的"工作性质"的创新探索。被赋能的企业很难也不太可能主动对同行进行口碑传播推广,反而有可能对外秘而不宣,防止同行学习。

对于头狼企业而言,重点还是赋能后的终端经销商b是否有高增长性和高效能,同时赋能的业务是否有快速复制性。笔者将其统称为赋能价值的扩散效应是否足够明显。扩散效应到一定阶段后是否能够进一步形成规模化的跨边效应,将决定头狼企业的业务能否高速增长。

在头狼企业的指数增长特征中也有类似的阐述。因此,消费互联网平台企业是通过建立某项"性感"消费业务,并设计让一边的用户群体不断形成口碑,以突破引爆点形成规模化增长;头狼企业则是基于产业链市场建立某项或多项赋能业务,实现碎片流量的累积,以突破引爆点形成规模化增长。

5. 平台企业面对竞争形态不同。在这个过程中,"60后""70后"属于互联网的移民,大都是成年之后才接触到互联网,学习互联网;而"80后"大都是PC互联网的原住民;"95后"大都是移动互联网的原住民。消费互联网就是由无数

---

① 1962年,埃弗雷特·罗杰斯出版的《创新扩散》(*Diffusion of Inovation*)一书首次提出了创新随着时间在市场中扩散的现象。书中正式提出了创新扩散形态的S形曲线理论。该理论认为,创新扩散是创新通过某种管道随着时间在社会系统成员之间传播的过程,强调随着累积创新采纳者数量或者比,在时间变化过程中呈现出相对规则的S形曲线,即刚开始增长较慢,然后迅速增加,最终缓慢增长的形态。罗杰斯认为,创新是一种被个人或其他采用单位视为新颖的观念、实践或事物;创新扩散是指一种基本社会过程,在这个过程中,主观感受到的关于某个新语音的信息被传播。

个不同类型的在线市场组合形成的消费大市场，每个人都可以通过鼠标从一个在线市场切换到另一个市场。

消费互联网时代是公海流量、抓眼球经济时代。在这种情况下，消费互联网中细分业务品类的企业很少能够做到客户黏性大、壁垒高，防御消费互联网巨头摧枯拉朽式的进攻并逐步成长起来。互联网企业的竞争是白热化的，有些细分领域的平台企业能够存活下来，或者是因为其领域的市场规模不大，没有引起消费互联网巨头的兴趣，或者是因为已经和某一家消费互联网巨头企业形成了一定的业务协同。

"公海流量"使消费互联网巨头或者是掌控了流量并将流量卖给别人（比如淘宝），或者在掌控了流量的基础上销售自己的产品（比如京东）。同时，由于是在"公海"上，消费互联网巨头也要提防有可能会被不知道从哪儿冒出来的竞争对手抢走自己的利润池。

互联网经济的下半场，产业互联网表现为"私域流量、产业链的数字化改造"。每个垂直产业链市场内部，当头狼企业通过赋能团结了终端经销商企业，就相当于间接或直接地团结了这个产业链市场的碎片化私有流量。

这种碎片化流量对头狼企业具有高黏性。因为企业之间的合作时间长了很难更换，交易的安全感和稳定性超过对低价的敏感性。比如特许加盟便利店是个竞争很激烈的产业，各家连锁加盟便利店总部为了增加连锁便利店的数量，经常会出现恶性竞争，提供比竞争对手更有利的条件、更低的加盟费用等。这种现象在日本也同样存在。7-Eleven总部从未涉足这项竞争，其制定的分蛋糕规则不会随着竞争对手的变化而变化，但7-Eleven依靠赋能，仍然使其灰狼群生态具备足够的竞争力，竞争对手从未动摇过它们的地位。

当然，产业互联网的竞争不再局限在一个产业链市场内部，而是基于现实产业链市场边界被互联网打破之后出现了不同生态之间的竞争。这也是不同"力"之间的竞争，这和消费互联网时代的竞争有比较大的区别，本书的相关章节对"力"已做了详细的描述和总结，因此不再讨论。

6. 平台企业对产业结构产生的影响不同。消费互联网平台企业没有脱离传统商业竞争的范畴，仍然追求个体最优，一旦形成寡头竞争或垄断，就有可能使消费者、供给方的利益受损。政府需要有一定的管制措施,防止垄断作恶现象。

对于灰狼群而言,头狼企业的利他属性是整个生态和产业组织存在的基础及前提。而且产业森林中依然存在的老虎企业、模糊边界导致的生态竞争,会促使头狼企业不断地"利他"以推动灰狼群不断进化,使数字化的产业链越变越强。从政府角度而言,如何在规制中引导这种生态有序地发生,是重要的考虑方向。

消费互联网的"公海流量"特性和市场规模较小特性(20万亿元左右的市场规模),导致消费互联网的巨头数量比较少。

产业互联网不考虑每个现实产业链较高的产业壁垒性,也不考虑可以进一步细分每个产业链,按照100多万亿美元市场规模,参考消费互联网10万亿、10家左右的百亿美元企业,简单推算也至少有50乃至100家的百亿美元市值头狼企业出现。

7. 创建的方法论不同。在消费互联网浪潮中,由于互联网是市场,这是一个新出现的大陆。在这个新大陆上,传统企业家并不了解这个新大陆的价值,大量的年轻人作为原住民,反而先一步了解了这个新大陆的规则。

这些年轻人结合金融资本的力量,跑马圈地,建立线上的领地。他们一方面去抢更多的新大陆地盘,另一方面又怕领地被人攻破,因此资金在领地建设、扩张和保护的过程中起着巨大的作用。在新大陆跑马圈地的过程中,线上新市场冲击了传统的线下市场。

产业互联网中的灰狼群是在旧大陆诞生的,它们了解旧大陆产业链存在无序竞争、产业内优秀技术很难推广、企业散乱差等矛盾,用市场化的手段逐渐团结一部分优秀的企业,重新进行价值分工,并对旧大陆产业链进行革命,从而建立起数字化的产业集群和生态,实现灰狼群数字生态内部的产业链升级与蜕变。它们和消费互联网平台企业采用的是完全不同的方法论。

数万年来大自然中的森林不断发生变化,导致森林中出现新的物种。产业森林也是如此,技术革命不断推动着产业森林发生变化,新物种悄然而生。每一个轮回都是更高维度竞争的开始。

【补充阅读材料】

虚拟产业集群（VIC）

在灰狼群出现之前，学术界、产业界和政府虽然没有体系化的论述，但对于互联网及信息技术改造全产业链市场，以及具有灰狼群特征的产业组织，有不同专家从不同的角度进行了研究。

VIC这个概念最早是由一个名为"中小企业协作系统"的网络化研究项目课题组[①]提出的。课题组将虚拟产业集群定义为快速构建与运作虚拟企业的基础平台。它是由具有一定专长的企业组成的集合体，主要功能是通过提供与调节成员企业的核心能力，参与虚拟企业运作，从而使成员分享市场机遇。

国内大多数学者主要侧重对地理产业集群地区和高新园区VIC升级的研究；还有一小部分学者从不同的角度研究同一个产业升级VIC形态过程中的问题，并提出一些经济学观点。

虚拟产业集群是针对未来新型产业组织的一种定义。根据其定义和特点（跨区域、跨不同领域角色、开放性灵活性、信息网络性等特点），它和灰狼群之间的关系如下：

只要符合特征的产业组织都可以称为VIC，比如猪八戒网，就是一个基于无形知识产权开放自由竞争合作的虚拟产业集群。灰狼群虽然是虚拟产业集群，但以有形产品为主，半封闭，面向一个垂直细分产业链市场，且各角色强调内部高效协作。因此，灰狼群的特征符合虚拟产业集群，但不是虚拟产业集群的唯一一种产业组织形式。

---

① 1997年，欧盟实施EU-SACFA计划，资助巴西圣保罗大学、墨西哥蒙特雷技术大学、德国亚琛大学、瑞士圣加仑大学、意大利威尼斯大学和英国纽卡斯大学联合组成该课题组。

灰狼群是虚拟产业集群概念所覆盖的一种产业组织形态,也是针对产业链市场进行重构时最有效率、最典型,已经经过验证且开始大规模出现的一种 VIC 形态。其他的 VIC 形态都是局部、非系统、个案的体现。

虚拟产业集群主要来自地理产业集群的升级,以及同一个产业链市场中小企业群的升级,这和灰狼群的来源是一致的。

产业链的竞争和融合现象

书中有关章节已经结合跨链发展产生的数字生态竞合现象,对相应的产业链五力图和产业链战略做了详细阐述。为了加深大家的理解,笔者介绍一下中国逐步发生的生态或产业组织间的竞争和融合现象(基于一些原因,部分垂直产业平台的名字不能披露):

1. 串联紧密关联产业链之间的跨界竞争和融合

之前已经讲了美团作为下游的数字生态,进入上游的餐馆食材产业链市场形成竞争融合的这种现象。当然,也有上游产业链市场中的企业往下游产业链延伸,构建灰狼群生态。比如在包装行业,上游的造纸企业往下游的纸板及纸箱垂直产业链市场延伸,用互联网及信息技术改造这些市场,形成上下游产业链市场的协同。

2. 并联产品产业链之间的竞争和融合

在产业互联网领域也开始有这样的案例。比如一家企业围绕幼儿园建立起幼儿父母和幼儿园高黏性的沟通服务平台,且已经占据了超 30% 的市场份额,然后该企业再延伸切入儿童产品及课外教育供应商的产业链市场。

针对办公打印耗材产业链市场,由数万个打印店团结形成的灰狼群生态,也可以延伸切入企事业单位的办公打印设备交易和租赁的产业链市场,等等。

3. 内部生态力对于业链的影响

笔者在 2017 年年底和 2018 年年初,在家具厂木材目标产业链市场看到两个灰狼群生态。其中一家头狼企业是为家具厂提供木材的终端经销商，该企业通过提供共享木材仓的方式，降低终端经销商的库存压力和管理不同规格木材的难度，从而提高了终端经销商的资金周转率，把他们团结在身边；另外，头狼企业还帮助终端经销商对接木材进口商和供应商，在此基础上形成了灰狼群。还有一家头狼企业的创始人是福建人，由于这个产业链市场的大多数流通商都是福建人，该头狼企业团结了一批有实力的福建人去海外买了不少木材产区的林地，从源头来降低成本，再团结流通领域的经销商形成灰狼群。

但是在 2018 年，家具厂产业集群地区生态发生了变化。家具生产集群地中有大型家具企业联合起来，一起入股成立了一家头狼企业，一起集采家具生产企业所需要的主要原料木材，并对接上游的木材类供应商，形成了灰狼群生态。

这意味着目标产业链市场内的单打独斗企业和另外两个灰狼群生态，都会受到新生态的影响。

4. 场景服务生态力对产品生态链市场的竞争和融合

高频场景服务生态力切入低频产品产业链市场。宠物店产业链市场的灰狼群赋能数千家宠物店，这些宠物店的传统盈利很大一部分来自场景服务，包括高频的美容、洗澡等。由于受到互联网的冲击，宠物店的商品销量降低。

这家头狼企业帮助这些宠物店集采严选优质的宠物商品供应商，从而提升商品的销量。同时，他们为了能够找到更多帮助这些宠物店提升业绩的办法，尝试在北京接盘了一家倒闭的宠物店，通过采用互联网及信息技术运营店铺，并重新设计和改造店面，通过高品质、规范化、中低价位的宠物服务业务，获得了大量宠物主的青睐和长期合作，店内宠物商品的销量大幅上升。在 6 个月后，该宠物店每个月的经营业绩是行业单店平均水平的 3～5 倍。这意味着采用互联网及信息技术结合全新的店面经营理念，通过良好的高频场景服务，完全可以改变传统的宠物商品产业链市场，甚至可以面对消费电商的竞争。

5. 基础角色变化力

由于基础角色——包括用户、目标客户方需求的变化，导致产业链发生很大变化的情况很多。这和产业互联网时代的关系并不大，而和 PEST 有比较大的关系，比如手机替代了照相机市场，大量中小煤矿的合并等，就不在此举例了。

以上都是产业森林正在发生的一些产业链竞争和融合的变化。

数字产业经济的生态分布

大家在第十章已经了解了灰狼群在数字产业森林中的分布。灰狼群有机会在"一剩二碎三自由"的产业链市场中出现，但除了这样的产业链结构，产业森林还有其他的产业链结构，还会有消费互联网平台生态。

本补充材料帮助读者从产业森林上空来俯瞰未来各种数字生态的分布情况，以理解未来的数字产业森林，见表 11-2。

表 11-2　产业森林的数字生态分布

最终客户方	消费		非消费	
	消费产品产业链市场	消费服务场景市场	产品产业链市场	功能服务场景市场
C	C-s 消费互联网平台生态	C-s 消费互联网平台生态	/	/
	C-b→s 灰狼群生态	C-b→s 灰狼群生态	/	/
机构企业事业单位	B-s 消费互联网平台生态	B-s 消费互联网平台生态	B-s 平台生态（信息撮合平台生态）	B-s 服务平台生态（信息撮合平台生态）
	B-b→s 灰狼群生态	B-b→s 灰狼群生态	B-b→s 灰狼群生态	B-b→s 灰狼群生态

在消费领域，除了灰狼群生态，消费互联网平台上的买方既可能是个人消费者，也可能是企事业单位等机构。读者都比较熟悉这些平台企业了，因此不再做过多的介绍。

在非消费领域的产品产业链市场中，既存在着信息撮合平台生态，也存在着 B-s 平台生态。

最有代表性的信息撮合平台生态就是阿里巴巴的 b2B 业务，两边有各个产业链的产品、各个产业链的买家和卖家，互相之间实现信息的精准撮合。

B-s 平台生态分为两种，一种是多对多交易网络生态。由于买卖双方数量比较多，产品品类也比较多，平台通过一定的信息技术实现了多对多的网上交易，形成了一个生态。

SAP 公司的 Ariba 就是建立了一个完整的企业交易网络：截至 2021 年，全球 190 个国家和地区的 410 多万家企业的采购商及供应商通过 SAP Ariba 网络平台连接在一起，使用 Ariba 的 SaaS 解决方案来管理开支和商务活动，开展业务协作并拓展贸易伙伴关系，高效管理整个采购流程，同时有效地控制支出，找到新的省钱之道，并打造健康的供应链。Ariba 创造了每天超过 76 亿美元、一年超过 2 万亿美元的交易额。

还有一种是一对多的网络生态。这是一种基于直销产业链的产业结构，产业链市场中没有流通环节。一些大型生产企业与多种不同配件的生产企业形成紧密的研发、生产协同网络，由此形成了一个生态。这种工业互联网化的产业组织也是产业经济学传统研究的重点。

以上是非消费领域中涉及产品产业链的一些其他生态分布。在非消费领域的功能服务产业链市场，同样存在着两种不同的生态：信息撮合平台生态与 B-s 平台生态。

功能性服务的信息撮合平台生态比较少，一般都是特定的垂直产品交易产业链的配套。这些平台大多还是以线下撮合为主，由功能性媒体和行业展会、协会来提供传统的信息撮合服务，比如供应金融媒体、区块链媒体、包装展会等。

功能服务的 B-s 平台生态则比较多，比如猪八戒网提供有关企划的信息交易服务，货车帮提供货车的配送对接服务等。

这些生态和灰狼群生态一起组成了未来的数字产业森林。

第三部分
灰狼群生态的形成

第三部分
灰狼群生态的形成

1936年12月,毛泽东总结红军反"围剿"作战经验,在《中国革命战争的战略问题》中提出了著名的慎重初战三原则:一、必须打胜;二、必须照顾全战役计划;三、必须照顾下一个战略阶段。

毛泽东强调慎战,是因为革命战争的艰巨性和复杂性。灰狼群生态的形成,也是打破产业链旧世界格局,建立新世界秩序的一种产业链革命形式,同样具有艰巨性和复杂性。

大多数人没有认识到这一点,想到就立刻要去做,错误地认为行动比慎战思考更重要,认为每个人天生都会使用一种方法——试错法。

试错法,也就是从实践中总结成功与失败经验的方法。在这几年投资接触数百个垂直产业的平台项目创始人的过程中,虽然笔者因为各种原因对绝大部分项目没有参与投资,但也感受到了他们不断试错的过程。

试错就是在黑箱性质的系统中,通过不断试验和消除误差,基于目标探索路径的方法。试错法是纯粹经验的学习方法,其存在的问题是失败率依赖试错的主体和对试错过程的总结。试错法在创新的过程中同样无处不在,因此在"创新圣地"美国硅谷提倡精益创业、减少试错成本的同时,增加创新创业成功的概率。

很多人听过爱迪生的故事。爱迪生试制耐用灯泡时,在持续一年多的时间里,他和他的助手们用过的灯丝有1600多种金属材料及6000多种非金属材料,试验了7000多次,终于找到了有实用价值的灯丝材料——棉丝能够连续燃烧45个小时。至于"竹丝"和"钨丝"的发现,则是进一步试错的结果。

爱迪生有一句名言:"天才就是1%的灵感和99%的汗水。"爱迪生和助手的做法是边试验边分析,然后确定下次试验该怎么做。这种企图打开黑箱找到解决方案的成本和代价很高,而且这种方法速度太慢,已经无法适应产业互联网快速发展的需求了。

曾经是爱迪生的助手、交流电之父、知名天才科学家尼古拉·特斯拉曾评价爱迪生:"他用的方法的效率非常低,经常做一些事倍功半的事情。如果有一根针掉到稻草堆里,他会一根稻草一根稻草地翻找,直到找到为止。整体而言,我是一个很不幸的见证人,他无视初等教育和数学知识,完全信任其直觉和建立在经验上的美国人的感觉。我非常同情他的工作状况，如果有一点点理论和计算能帮助他的话，就将节省他 90% 的精力。"

这种理论和计算存在吗？答案是存在的，那就是实验设计（design of experiments，简称 DOE）。有位名叫费雪的英国人发明了实验设计，他也是整个现代统计学的奠基人之一。

DOE 是基于统计学的一个管理工具。该工具主要应用在工程技术及质量领域。面向需要解决的问题，找到相关的因子进行实验设计，通过一定数量的实验获得客观的数据与事实，按照统计学的方法进行分析总结，来回反复逐步接近并最终找到正确的答案。

大量传统行业的企业家在拥抱产业互联网的过程中，自己充当医生，试图用其他产业链被改造的成功经验，或者用消费互联网的平台经验，来进行自己所在的目标产业链市场中灰狼群生态的构建。

在这个过程中，企业家有时候会和核心团队开会讨论，做一些重要的决策。但由于实业企业家代表着企业形象，承担着资金支出，自身背负了很大的压力，因此面对未来的复杂不确定性，更多的时候，他们只能凭借自己的经验和能力独立做出发展的重大决策。这种重大决策有时候是为了资本的偏好，甚至会有纯粹的目标导向，比如完成多少的平台 GMV（商品交易总额），而并不考虑生态客观的成长规律。

2000 年左右，消费互联网浪潮刚起来时，一些风险投资机构虽然会研究特定市场的一些规律，也会做一些调研，但最终还是基于传统"投人""投赛道""投模式"的投资方法论，给予产业互联网中潜在的头狼企业一定资金，用于试错和扶持生态野蛮生长。

"非理性试错"现象在消费互联网的精英们创业的过程中相对较少，这是因为精英们了解消费互联网新大陆基本的游戏规则：通过找到消费者痛点，用补贴吸引"眼球"，并撬动另一边的供货商，实现同边、跨边网络效应。这种游戏规则的路径是相对清晰的，因此是一种理性试错。

"非理性试错"在产业互联网则是普遍现象。多数人不了解大多数产业链市场是由零售和流通两个市场组成的复合、复杂市场，是产业链旧世界的解构与新世

第三部分 灰狼群生态的形成

界数字化的重构。简单套用消费互联网建设一个新零售在线交易市场的方法论，无疑是错的。

很多萌芽的头狼企业不断摸索前进。其间不断有头狼企业甚至不少融资上亿的头狼企业死去。在变革的迷雾中，头狼企业是否能够找到理性试错的方法论？

英国哲学家卡尔·波普说，试错法的成功主要取决于"提出足够数量（和独创）的理论，所提理论应足够多样化，并应进行足够严格的检验。这样，如果我们有幸，就可以排除不适合的理论而保证最适者生存"。

以上说明了在复杂环境下进行真知探寻，仍然有一定的方法和工具可以提升效率并帮助我们找到正确的答案。灰狼群生态的构建涉及宏观、中观及微观的产业问题，无法直接套用DOE的原理来寻找答案，但还是可以借鉴其原理：把复杂的问题重新拆分、定义成不同的子问题，然后围绕每个子问题进行方案设计，找到解决相应问题的因子。结合相对客观的数据和现实反复讨论，找到解决的办法，进行理性试错，并不断纠正优化。

通过对数百个不同灰狼群生态的观察，笔者发现，要找到这个新物种如何形成的答案，需要把这个问题拆解成三个核心问题，打开三个黑箱进行试错并寻找答案。

第一个核心问题是：数字生态出现导致产业链间边界模糊的情况下，灰狼群面临的机会和威胁是什么？打开该黑箱，意味着头狼企业在目标产业链市场构建灰狼群生态之前需要未雨绸缪，提前把影响目标产业链市场结构的不稳定因子找出来，做好雷达预警，做好产业链五力分析，并制定产业链战略。通过这部分工作，头狼企业就为即将构建的灰狼群生态在边界模糊的产业森林中确定了前进的路线方向。

第二个核心问题是：产业森林内部结构模糊而又能感知到低效，如何清晰全面地解构产业森林，并发现低效问题所在？要打开这个黑箱，需要头狼企业对传统产业森林进行全面的解构、梳理和诊断。就如同医生要拿到产业链市场这个病人的"X光片"，同时要结合望、闻、问、切等手段，确定病因、病症，以及疾病对人体的损害程度。

这一步的试错能否成功，依赖两个方面：一方面是头狼企业作为医生，是否具备长期、专业且系统化问诊的解构能力；另一方面是对产业森林诊断的过程中，

灰狼群效应
产业数字化的临界点革命

所获取的信息是否具备有效性、准确性和全面性。

第三个核心问题是：在找到低效问题的产业森林中，如何用互联网及信息技术进行变革，构建形成灰狼群，并将其逐步壮大？打开这个黑箱，本质上就要回答针对目标产业链市场，如何系统地设计灰狼群形成的路径。在这个过程中，需要结合头狼企业自身的资源条件和禀赋能力，以及回答第二个核心问题获取的市场相对客观数据和事实结果等。

总结以上的论述，灰狼群生态的形成是一组三部曲。

第一部，试错的黑箱。前文中已经分析并提供了相关的工具，帮助读者来进行更小代价的试错。笔者继续在后文介绍另两个黑箱的打开过程，以及相应理性试错的不同工具和方法。

上篇
全产业链图谱（分析）体系

全产业链图谱（分析）体系，它既是一套工具，也是一套分析产业森林的方法论。①

---

① 在这一篇中，由于主要讲述如何解构产业链结构，涉及比较多的经济学、统计学、管理学方面的专业知识和工具，并需要结合前文有关专业知识综合使用，难度较大，因此适合从事产业研究的第三方相关专业人员阅读。实业企业家读者如果阅读本篇时觉得比较晦涩，可以直接跳到下篇继续阅读后续内容。

第十二章
提前准备

为什么需要全产业链图谱体系

2017年9月，南京大学的刘志彪教授在一次演讲中提到一个比较有意思的产业经济学问题：

"产业经济学长期忽视的一个问题就是最终产品的产业链。产业链的分析是产业经济学最需要加强的领域。我们研究的产业链作为一种相互的系统关系，存在多种形态：1.产业价值链：发现创造价值的核心环节在哪里，如何分配价值；2.产业技术链：发现技术的来源与分布结构；3.产业竞争力链：发现竞争力来自哪里，如何获取竞争力；4.产业创新链：发现创新出现在哪里；5.产业融合链：发现两个以上的产业是如何融合为一个新产业的，产业如何跨界……如果把各个产业叠加产业链的开放性，那就会更加有意思。比如，生物产业可能总部设在上海，并在全国各地采集胎儿的脐带血，拿到欧洲进行粗加工，加工完成后再转移到美国进行精加工。这种形式就是技术研究的创新链。这个产业链是如何分布的，我们现在一无所知，科学家知道但是不能用经济学的语言把它表达出来，这是一个大问题……"

这个问题不仅阻碍了很多经济学家和产业研究专家对特定产业链市场结构进行研究，也阻碍了经营实体企业的企业家们加深对产业链的理解。解决了这个问题，大家就可以获得全面、清晰、相对客观的全产业链细节，企业家对相关产业和市场的决策就会更具有可靠性、准确性和前瞻性。

在风险投资领域，大部分优秀的投资人也经常碰到同样的问题。投资人在寻找好企业的过程中，并不局限于某个垂直市场；一旦意识到这是可能潜在的好企业，就需要对该企业所在的市场做快速的分析和调研，从而在尽可能控制风险的前提下判断该企业的市场价值，决定是否投资该潜在好企业及具体的投资金额。如何在有限的时间内快速地、尽可能全面地掌握一个陌生市场的所有信息，是一个挑战。

业内有两种不同的办法，试图解决这个问题。

一种办法是投资人针对重点大项目或者看好的多个投资领域，会提前投入顶尖的人才、产业研究员和大量的资金，花几个月乃至更长的时间做深入调研，尽可能获得这个市场的全面信息，了解这个产业链的角色和基本运作规律，找到市场中最好的投资机会和有可能被投资的潜在好企业。

另一种办法是投资人资源有限，因此只选择一个重点投资领域深耕，并逐步理解这个市场。投资人一方面深入研究这个市场，一方面随着投资的过程，接触到越来越多的这个市场中的项目或企业，对产业的理解越来越深，踩的坑越来越少，对企业的市场潜力判断也就越来越准。

这两种方法虽然都有效，但周期较长，而且严重依赖市场研究者的能力。

在对产业互联网领域的投资中，头狼企业由于是整个灰狼群生态的中心，必然成为投资人追逐投资的热点。这些头狼企业在不同的市场中生存和发展，对于投资人而言，需要快速学习了解不同产业链市场的运行规律，快速了解头狼企业所在的不同产业链产业结构，只有这样才能判断头狼企业构建灰狼群生态路径的合理性，判断头狼企业的潜在资本价值。显而易见，采用之前两种周期长、效率较低的市场调研方法，是无法在产业互联网领域判断某家头狼企业是否适合投资的。

从另一个角度来讲，头狼企业家们在接触投资人的时候，也会碰到类似的难题。头狼企业家们无法拿出清晰、翔实、完整的产业链数据来证明其灰狼群生态构建的合理性，以及改革模式和生态的有效性。大多数情况下，头狼企业只能向对其感兴趣的投资人提供市场的一些宏观数据及市场经验描述。

当投资人试图询问有关这个产业链市场更详细的数据时，比如该产业链市场中目标客户方的分类、画像及市场份额情况，终端经销商（或者流通商、生产商）数量、规模统计数据分布、地理分布、经营情况，不同产品流转的路径和形态变化等，头狼企业的企业家受限于经验和直觉，缺乏对这些数据系统性的梳理，导致对产业链市场的认知模糊。

长时间以来，产业森林始终被蒙着一层面纱，阻碍着人们对其的理解。是否有工具可以对森林进行全面扫描，从而揭开这层面纱？

现实生活中，医生可以通过特定的仪器扫描病人身体，获得 X 光片；但对产业森林，大家暂时找不到这样的方法和工具。

本书提供了这样一套工具——全产业链图谱（分析）体系（下文简称图谱）。该图谱可以较好地映射出产业森林的全貌，在一定程度上解决上述各类人群在深入研究产业链时碰到的难题。

全产业链图谱体系实现的依据——"一切皆可量化"

"一切皆可量化"是应用信息经济学创始人道格拉斯·W. 哈伯德在《数据化决策》一书中提出的理念。他也是国际公认的知名测量师、决策分析师和风险管理专家。

由于现代社会和经济的高速发展，组织机构、决策机构经常会面临复杂的环境，需要做复杂决策。决策之前，由于极高的调研成本和紧迫的时间要求，在很多情况下，这些组织机构或决策机构只能结合少部分数据和经验做感性决策。

该书的目的就是让这些组织机构、决策机构明白两件事情：第一，看起来完全没有踪迹可循的无形之物是可以量化的；第二，这种量化可以用比较经济的方法来实现。

同时，《数据化决策》中也提到了量化所需要的一些方法和原则。1. 只要准确定义问题、分解问题，就能够厘清大量的未知地带。可以把问题区分为已知和未知的因子，再对未知的部分进行低成本的统计调查，例如小样本随机抽样、简单的实验和观测等，就能够达成量化目标。2. 数据要尽可能准确，但不需要精确。

回到灰狼群的形成。虽然头狼企业有主观能动性，但产业链对其有着很强的外在影响。产业链中对灰狼群形成重大影响的因子有很多，比如现有产品在市场中不同的供应链和流转情况、现有产业链各个角色情况、现有产业链产品特性及价格

第三部分
灰狼群生态的形成

波动情况等。系统性地梳理产业链的结构，并通过小样本非随机抽样获得这些因子的相应数据，就可以形成图谱。

在这个过程中，数据的获取并不要求精确，只要准确即可。灰狼群生态的形成立足于一个产业进行价值链的重组，形成新的产业组织，这也是中观层面的经济现象。这意味着我们并不需要追求图谱中每个数据的精确性，而是应该追求数据互相印证的合理性。这些数据只要能够合理地映射产业森林，在合理的置信区间内即可。这和微观地对一家企业做经营分析，需要详细精确的经营业务数据和财务数据有很大的差别。

> 有了这样的图谱，头狼企业从数据层面，一方面可以验证目标产业链市场选择和产业链战略选择的正确性，另一方面也为头狼企业构建灰狼群生态的顶层设计做好支撑。

有了这样的量化图谱，对于单打独斗企业而言，也有机会把握产业链的战略点[1]，能够决策企业自身关键资源的投入时机，掌握先机。

《三国演义》中的一段重要情节——赤壁之战中，诸葛亮有经天纬地之才、运筹帷幄之能，但也要依赖对赤壁地区水文地理的透彻理解调度资源，包括派关羽把守华容道这最后一个战略点，完成战略部署，才做到决胜千里之外。

"一切皆可量化"是本图谱实现的理论依据。

---

[1] 2017年4月，任正非出席哈佛商学院全球高管论坛时提到"不在非战略机会点上消耗战略竞争力量，要有战略耐性。（华为）每年投入上千亿元（500亿元用于研发，500亿~600亿元作为市场、服务费用），持续28年攻击同一城墙口，密集投资，终于在大数据传送上走到了世界前列的队伍中。应用压强原则，针尖般地突破"。从产业链角度来看这段演讲，意思是华为对产业链做了详细分析，识别了战略点、非战略及机会点，聚焦资源专注关键环节，实现了技术及业务突破。

全产业链图谱体系由谁来做

每一个产业链市场就是一片森林，存在着一个复杂、立体的生态系统。绝大多数的产业链森林对于一般人而言，都是非常陌生的。

2018年12月，受B2B行业媒体平台B2B内参创始人马羽东先生的邀请，笔者参加了B2B内参组织的一次三亚投资人和产业互联网头狼企业创始人的对接交流活动。这次活动有约30位不同垂直产业链市场中的头狼企业创始人和5位相对熟悉产业互联网领域的基金投资人参加。

在现场，不少企业家聚集在一起交流讨论各自企业的发展，其中不乏"基金投资人不懂产业"的声音。言外之意，企业家认为自己构建了很好的灰狼群生态，但没有投资人慧眼识珠。

"产业外的第三方研究学者和投资人不懂产业。"这句话要辨证来看。

在大多数情况下，从了解特定的产业链市场经验和潜在规律角度而言，企业家在其中浸淫多年，其对特定产业的直觉和感知，肯定强于泛产业的研究者和投资人。

但从另一个角度来说，"企业家比投资人更懂产业"有可商榷的余地。大部分实体企业家了解或理解这个市场，是由于其多年经营特定产品，基于企业所在产业链位置——有可能是生产企业、中间流通企业或是零售企业，积累经验，形成了一个"经验的雷达半径"。

这个雷达半径让企业家对自己熟悉的业务范围了如指掌，但在超过这个半径的领域，企业家的了解也并不全面。这种直觉认知会有盲区，无法全面扫描整个产业森林中的所有环节、不同角色的状态及他们之间的合作关系，也就无法量化这些内容。

投资人、产业研究专家和实业企业家不同，大多数具备了产业链市场整体的分析思考框架，有详细的量化数据框架来梳理和理解泛产业森林。他们虽然不一定了解某个特定的市场，但可以很快通过框架找到想要的该市场的某些关键细节数据。

举个简单的例子，笔者和同事在2019年6月和一个铁路维修及配件产业链市场中的实业企业家交流。由于这个市场没有公开数据可以参考，该企业家一开始讲

第三部分
灰狼群生态的形成

解了自身所覆盖的市场份额数据和自认为的企业市场占有率。同事在企业家介绍完后，问了很多问题。这些问题包括市场中不同类别的采购客户数量及分布，年平均采购额，竞争对手不同品类商品的销售情况，相互竞争或替代的不同产品品类销售情况、销售的区域分布及某些区域当地不同品类的销量，等等。

从这些问题的答案中，可以大致推导出该企业相应的市场占有率。推导出来的数据和企业家一开始自己介绍的产品在市场的占有率数值有很大的差异。

对此，企业家不能自圆其说，并不是他故意编造市场占有率，而是企业家经验的雷达半径导致。

第三方泛市场领域研究人员和特定市场内的从业者两者之间的关系，如同生物学家与其考察地当地的原住民关系。

生物学家很了解各种生物的习性以及生物在自然环境中的各种变化形态，但他们一旦要进入陌生的热带雨林、炙热的沙漠、荒无人烟的山地，都会寻找当地的向导陪伴左右。向导虽然不具备完整、专业、系统性的知识体系，但比生物学家们更熟悉当地情况。

> 要获得高质量的图谱，专业人士与向导的关系不能仅限于简单合作关系，而要形成"产业森林的研究共同体"。

过去在对产业森林的研究中，大多数第三方专业人士都像生物学家一样，主动获取自己感兴趣的相关数据，"向导"只是被雇用的引路人，是被动的信息反馈者。双方的目的并不一致。专业人士通过考察一片森林获得的数据完整性、结构化和真实性，严重依赖"向导"的能力、意愿、认知水平及范围。

如果不改变这种与"向导"合作的"主动—被动关系"，那么产业链市场的数据获取质量就不会发生本质的变化。

如何将轻关系变成重关系？唯一的方法就是用"助理研究员"来代替原来的"向导"。当向导只负责带路的时候，他无法系统、结构地搜集数据并做分析；当向导成为助理研究员，甚至也成为生物学家的时候，研究者之间就能形成良好的紧密合作关系，成为研究共同体。这样，才能各取所长，图谱的高质量获取也将成为可能。

产业互联网领域恰恰有很多想成为"助理研究员"的"森林向导"。他们有志于改变传统落后、内耗的市场。他们大多有10年以上该市场内的从业经验，也希望能够成功构建灰狼群生态。这些企业家心怀梦想，脚踏实地，有强大的内心驱动力，只不过他们之前缺乏对森林量化、解构和分析的方法论和工具。一旦有了专业的方法论和工具，他们就会积极参与对森林的梳理，动员全国性的市场资源，去寻找市场中的典型用户、典型客户方、典型终端经销商、生产企业等，配合完成合适的样本抽样、数据采集和有效性的校验。

除了头狼企业，森林中的老虎企业、狐狸企业中也有很多优秀的企业家，可以成为"助理研究员"。他们能够和专业人士互相配合获取图谱来帮助自己在产业森林中选择战略点。笔者在实践中也验证了"助理研究员"在图谱获取过程中发挥的巨大作用。

写到这时候，谁来做全产业链图谱体系？答案已经非常清楚了。

全产业链图谱体系所需要的基础知识和工具

一、基础知识和工具——统计学

用数据来量化产业链市场，离不开一类经济基础学科知识——统计学。著名的统计学大师C. R. 劳有句名言："在终极的分析中，一切知识都是历史；在抽象的意义下，一切科学都是数学；在理性的世界里，所有的判断都是统计学。"

在产业链市场数据量化的过程中，虽然不需要全面掌握统计学知识，但它却是一个必不可少的分析工具。在本节中，笔者会尽量用简单直白的语言来讲述图谱所涉及的统计学重要知识点，快速帮助大家理解。

先看一段关于图谱用到的统计方法描述：从产业链的购买使用方出发，在"助理研究员"即专家从业者的协助下，从产业链产品流转各环节的角度入手，对产业链市场中各要素进行定类/序/距/比变量设定，并根据这些变量的分布态势抽取市场的一部分样本数量（非概率抽样），进行以现场采访为主的数据采集；以"助理研究员"的经验假设为先，经数据采集分析及讨论验证后，对变量数据进行客观总结，最终呈现量化、结构化产业链图表形式。

这是全产业链图谱（分析）体系的总体思路。这段文字虽然比较拗口，但大家可以通过学习后面图谱相关的内容来逐步理解。下面是一些术语定义：

1. 产业链的购买使用方

在产能过剩的全产业链市场中，有两个重要的购买角色，即用户和客户。用户和客户的购买行为及购买场景，决定了不同的供应链，也形成了不同的细分产业链市场。本章为了说明图谱设计的思路，方便起见，通常会用"购买使用方"代指用户和客户。

2. 助理研究员（专家从业者）

指那些深入了解某类商品或服务在垂直市场中的运营流通及对应购买使用方的采购、使用、服务过程，了解其他替代、互补、竞争商品品类的特点和业务情况的相关人员。他们有如下特征：

（1）在市场内经营企业多年（5年以上），至少在全国范围内对市场现状和发展有直观的认识，也有上下游和同行的人脉资源。

（2）对产业链某个环节（生产、销售、流通等）有独特的想法，且曾有优秀的经营表现，经常作为同等规模企业的代表参加各种论坛并发言，是意见领袖。

（3）在产业链市场尝试过多种业态经营（生产、流通、加工、零售等），曾引入企业信息化软件建设并经常参与经营新理念的学习和培训。

3. 定类/序/距/比，统计学确定要素变量性质的基础划分标准

（1）定类变量，根据定性的原则区分类别的变量。把研究对象分类，比如消费者可以简单分为男性和女性两类，加油站分为国有和民营两类。这些变量的值只能区别异同，不能够分级或者排序，因此属于定类层次。设计定类变量的各个类别时，要注意两个原则：一个是类与类之间要互相排斥，即每个研究对象只能被归入一类；另一个是所有研究对象均有归属，不能遗漏，实现穷尽及互斥。

（2）定序变量，又称顺序尺度，它是对事物之间等级或顺序差别的一种测度，能够按照分级或顺序进行分类，但不能反映事物之间的间隔或距离，是比定类变量

更高层级的变量。

比如，学校作为变量，分为大学、中学、小学、幼儿园；工厂作为变量，分为大型工厂、中型工厂、小型工厂。这些变量的值既可以区分异同，也可以区别研究对象的高低或大小。

各个定序变量值之间没有确切的间隔距离，通常是没有确切尺度来测量的。定序变量所取的变量值只具有大于或小于的性质，只能排列出它们的顺序，而不能反映出大于或小于的数量、距离。

（3）定距变量，对事物类别或次序之间的间隔进行的一种测度。它除了包括定序变量的特性，还能确切测量同一类别变量高低、大小次序之间的距离。

定距变量具有加与减的数学特质，但不能用乘除或倍数的形式来说明它们之间的关系。如果变量的数字为0，则有特定意义，不代表"没有或不存在"，比如温度变量、年份变量、成绩分数等。

（4）定比变量，除了具有定距变量的特性，还具有一个真正的零点，因而它具有乘或除的数学特质。比如月收入变量，A店的月收入是60元，我们可以计算3个月累计月收入为180元。B店的月收入30元，就可以与A店月收入相除，得出A店的月收入是B店的两倍。定比变量是最高测量层次的变量。

4. 分布态势

一般经济现象中都有不同的群体，这些群体存在三类分布特点。

（1）丘形分布/钟形分布（如图12-1所示）。丘形分布又分为正态分布、左偏分布和右偏分布，比如在很多产业链市场中的高中低产品销售量分布、生产企业

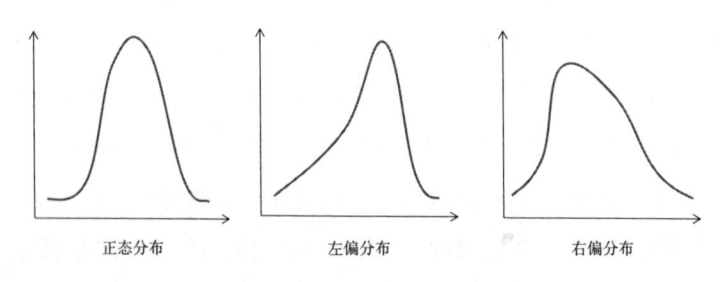

图 12-1　丘形（钟形）分布图

规模大小数量分布等。

（2）U形分布（如图12-2所示）。市场中也会存在U形分布，比如购买使用方两极分化，导致高端和低端产品销售量高、中端产品销售量低；流通渠道两极分化，超市往大和小两端趋向，购物中心往两端发展。

（3）J形分布，又分为正J形和反J形分布（如图12-2所示）。

J形分布现象在产业链中也屡见不鲜，比如很多产业链市场的流通环节从一批商到终端的数量分布、汽车厂家的销量分布等。由于不同产业链市场的不同环节有不同分布态势，因此我们要根据相应的分布态势去挑选合适的对象，做数据访谈和搜集。

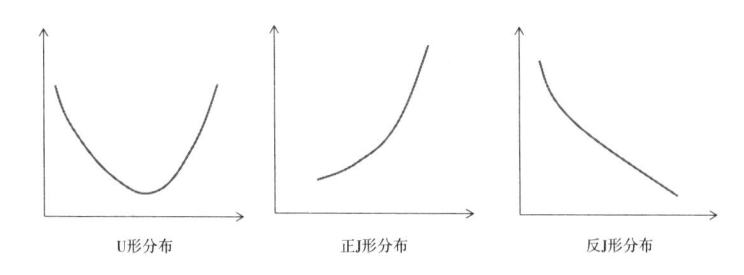

图 12-2　U形、正J形、反J形分布图

5. 非概率抽样（即非随机抽样）

非概率抽样相对概率抽样而言。概率抽样又称随机抽样，是按随机原则抽取样本单位。非概率抽样是指从研究的目的和需要出发，根据调查者的经验或判断，从总体中有意识地抽取部分单位构成样本。

对于图谱中不同研究对象的数据采集而言，考虑到助理研究员的存在，可以有的放矢地去找典型的样板企业或对象进行调研。采用非概率抽样的方法做调研，获取该类群体或对象的代表性数据及数据的准确性，就会高很多。

二、基础知识和工具——麦肯锡 MECE 分类原则

产业森林中有非常多的参与群体和产品品类，图谱要映射森林，如何对这些群体和产品品类分类是一件很重要的事情。除了统计学中有一些关于分类的描述，麦肯锡咨询顾问芭芭拉·明托在其多年的咨询生涯中，根据对客户经营中所碰到

的问题分析和解决方案总结出了 MECE 分类原则，该原则的英文全称是 mutually exclusive collectively exhaustive，翻译成中文即"相互独立，完全穷尽"。

1.各部分之间相互独立——"相互独立"意味着问题的细分是在同一维度上的，并有明确区分、不可重叠。

2.所有部分完全穷尽——"完全穷尽"则意味着全面、周密。这条规则和统计学中的一些统计原则也是一致的。当要对复杂问题或资料进行分类时，往往就会用到 MECE 分类原则。

假设有 4 个团队针对不同类别的人群做衣服款式的设计，每个团队都按照自己的偏好来对人群进行分类，图 12-3 中只有 1 个团队（右上角）的分类符合 MECE 分类原则，而剩余的 3 组团队对用户的分类都违背了 MECE 分类原则。

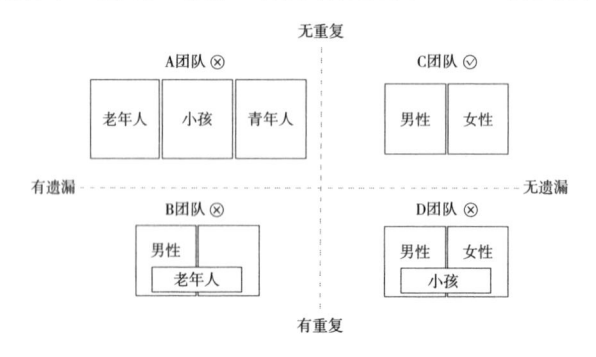

图 12-3　不同服装设计团队针对人群进行 MECE 分类

如果纠正左下角 B 团队的分类错误，就可以得到图 12-4 的 MECE 分类。当然，

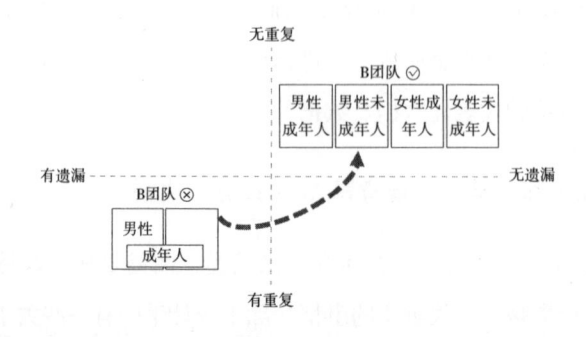

图 12-4　B 服装设计团队对人群进行 MECE 分类的前后对比

还可以进一步细分，比如把男性成年人分为男性青年、男性中年、男性老年。分得越细，团队对市场的了解就越清楚，后续选择细分市场的产品及运营策略，就会更加符合这个特定用户的消费场景和习惯。

三、基础知识和工具——全产业链图谱范围和 HAMS^2 分类法则

在前文中，读者们已经了解了统计学相关知识和 MECE 分类原则。这些基本方法对于特定的简单的目标分类而言是完全适用的，但在对产业森林里的物种和产品进行分类时，这些方法的效率仍然非常低，因此需要在此基础上寻找更好的分类方法。

本小节解决分类的两个小问题：第一个是针对产业森林，进一步界定图谱的范围及分类的范围；第二个是针对产业森林复杂的物种和产品形态的多变性，找到更加高效的分类方法。

前文列举了餐馆冻品目标产业链对应的紧密关联产业链（全产业链），如图 12-5 所示。

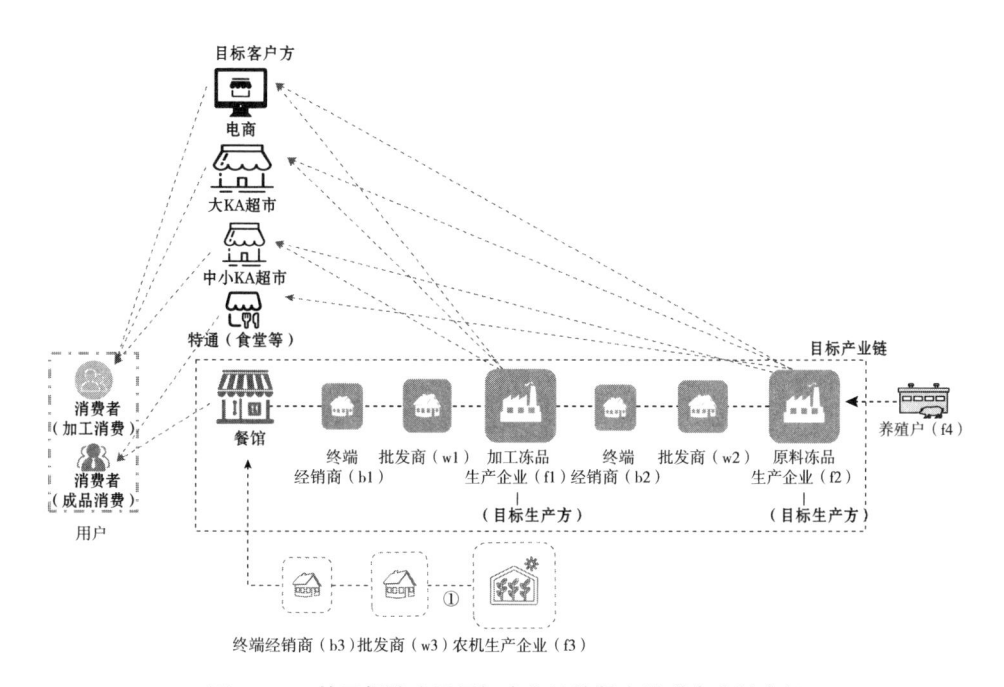

图 12-5 基于餐馆冻品目标产业链的紧密关联产业链市场

图 12-5 展现了基于餐馆冻品目标产业链市场形成的全产业链市场范围。实际还有一些围绕餐馆同一类客户的紧密关联产业链，比如餐馆调料调味品产业链市场、餐馆蔬菜生鲜市场等，图中没有列举出来。

图谱是应该围绕图 12-5 的全产业链图谱进行有关物种和产品的分类，并展开调研，还是可以进一步缩小范围进分类，再做图谱获取？

答案是后者。考虑到目标产业链市场非产品相关的紧密关联产业链，头狼企业通过产业链强弱势分析及产业链五力图、产业链战略，在灰狼群形成第一步时，已经做了相应的预警和战略部署，因此聚焦到目标产业链产品品类相关的紧密关联产业链市场进行分析和图谱获取是完全适当的。

我们通过图 12-5 可以看到产业链市场中的产品品类都与目标产业链市场有着强相关——或者是冻品的其他不同客户群的市场，或者是冻品的上游原料市场，或者是冻品再加工后新形态的下游市场。

图中①线是指餐馆的粮油米面产业链市场。该市场的产品品类与冻品品类既不相似，也不能互相替代。这样的紧密关联产业链市场，对于冻品市场中的企业而言，在不跨链发展的情况下暂时不需要去详细了解它们的产业结构，用本书产业链的有关分析具，已经能够应对潜在的机会和威胁。类似情况，还包括餐馆冻品调料调味品、蔬菜生鲜等紧密关联产业链市场。

根据以上的分析，本书将基于目标产业链市场的产品品类形成的强相关产业链市场，与该目标产业链市场一起构成的产品强关联的全产业链市场，以此作为图谱分类和分析的范围。

因此，对于举例的餐馆目标产业链市场而言，在全产业链图谱体系获取前进行分类的范围如图 12-6 所示。

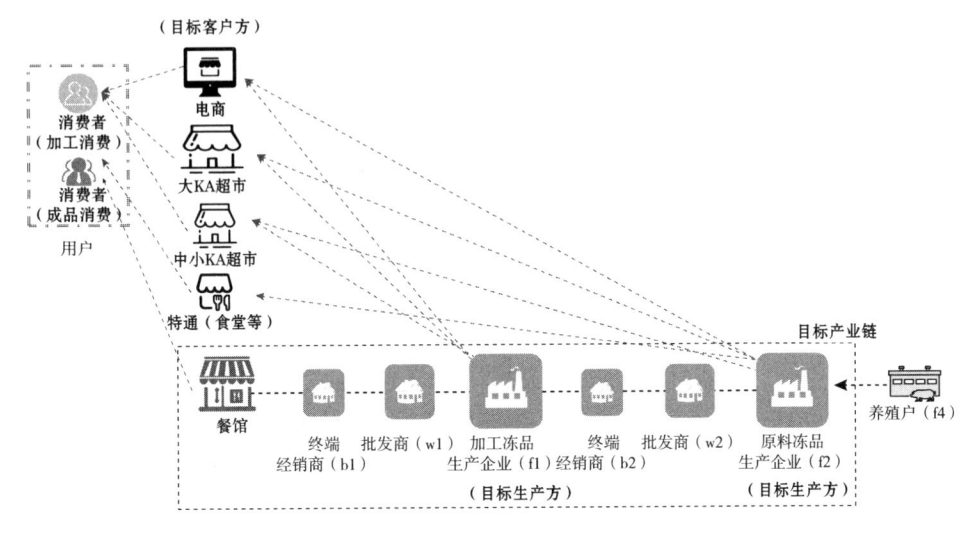

图 12-6 基于餐馆冻品目标产业链的"产品强关联的全产业链市场"

本书所介绍的全产业链图谱体系实质上是基于目标产业链市场的产品品类，对产品强关联的全产业链市场进行扫描之后获得的图谱。

确定了新的全产业链分类范围，继续了解针对复杂产业森林更加高效的分类方法及工具——HAMS^{2}分类法则。

> HAMS^{2}分类法则主要应用于产业森林中存在的两个关键研究对象：一个是森林中存在的不同物种，即有价值的企业群体角色；另一个是产品品类，这是产业森林中不同物种之间形成关系的纽带。

在助理研究员的协助下，针对这两个关键对象，首先要根据市场习惯（habit）和该对象的特征（attribute）进行全面的分类；然后根据分类形成的细分市场，从每个细分产业链的资本价值（market value）、企业自身发展考虑（self-choice）出发，把分类出来的小细分市场（small market segmentation）归纳合并或舍弃，从而确定全产业链图谱中每个对象的分类。

下面来更详细地了解HAMS^{2}分类法则。

1. 优先考虑根据市场习惯性进行分类

一般而言，根据企业经营习惯和市场经验，从目标产业链角度，助理研究员针对森林中不同的价值角色和产品，都会有直觉上的分类标准。

比如针对餐馆冻品目标产业链市场，在价值角色分类上，企业家可以把冻品的客户分为餐馆、"特通"等；流通环节角色可以分为冻品代理商（一批）、冻品经销商（二批、三批）、KA 超市等。在冻品产品分类上，企业家又可以把冻品分为加工冻品、屠宰后冻品、水产类冻品等。

2. 根据价值角色特征或产品属性分类

在产业森林中，不同研究对象群体的特征和属性存在差异，如果这些研究对象形成了不同的供应链和群体关系，那么在分类时需要优先考虑这种特征或属性。

比如上述冻品产业链市场中，对消费者进行分类时，既可以按照收入，也可以按照分布的地区（城市或农村）。但考虑到消费者购买冻品自行加工、消费者直接享用餐馆或食堂提供的冻品菜肴这样的消费场景，这样的分类下，冻品供应链差异更为明显。那么，针对消费者分类时，消费场景应该作为第一级属性。

同样的道理，餐馆可根据菜肴样式，分类为中餐、西餐等；也可根据规模大小，分为中大型连锁餐馆、中小型餐馆等。考虑到按照后者属性更能体现冻品供应链的差异性，所以将其作为优先因素对餐馆进行相应分类。

当然，产品品类也参考同样的标准进行分类。比如按照第一条分类法则，根据助理研究员的经验和直觉，冻品品类可以分为加工冻品、屠宰后冻品、水产类冻品等；如果按照第二条分类法则来判断，这样的分类明显形成了不同的冻品供应链，因此这种分类是恰当的。

流通环节一般会有约定俗成的分类，根据产品流转次数属性分为一级、二级、三级经销商。

第三部分
灰狼群生态的形成

> 要注意的是，在全产业链图谱体系中，当不同的产业链结构由于产品形态的变化出现产品分类并不完全一样的情况时，仍然以目标产业链的产品品类供应链差异属性作为判断标准，根据此标准优先对该对象进行分类。

前文的例子中，餐馆冻品目标产业链市场涉及的对消费者的分类，也是对该注意事项的一个典型体现。在消费者到餐馆消费的下游产业链市场中，基于不同平均收入等级的家庭分类，其消费和购买的菜肴的差异可能更为明显。但考虑目标产业链市场的产品品类是冻品，针对消费者的分类优先基于冻品的供应链差异，分为自行加工场景消费者和直接享用冻品菜肴消费者两个类别更为恰当。

3. 根据细分产业链市场的资本价值和企业自身进行分类

根据前两条分类法则，产业森林中的物种和产品品类都可以被细分。比如基于餐馆冻品目标产业链市场重新确定的全产业链图谱体系中，餐馆可以分为连锁餐馆、大型单个餐馆、中型单个餐馆、小型单个餐馆等，还可以进一步采用 MECE 分类，细分为连锁西餐厅、连锁火锅店、连锁鲁菜店等餐馆。不同的餐馆代表不同的冻品购买方群体，日常会从不同供应商处采购不同的冻品。

购买使用方、产品品类、供应商构成了一个细分市场。上面针对餐馆进行细分分类后的冻品产业链市场规模过小（百亿级规模），头狼企业在这么小的市场里构建的灰狼群生态的资本价值有限，有明显的天花板，因此有些头狼企业就把冻品的客户方分为四类：购买冻品再加工的消费者、餐馆、食堂和其他购买使用方。把餐馆作为目标产业链市场的客户方，同时为了便于进一步研究，再把餐馆分类为大型及连锁餐馆、中小型餐馆即可。

对购买使用方、产品品类、生产企业构成的产业链边界进行分类时，分类要素要尽可能结合企业未来在这个市场中的发展，以及未来的资本价值想象空间来考虑。过小分类要做合并。

另外，头狼企业对产业森林中不同对象分类的颗粒细度，还要根据不同的研究课题以及助理研究员自身的企业资源条件、禀赋能力及未来发展的综合考量来选择，有很强的企业家的主观性。

4. 小细分市场的合并

最后一条产业链对象研究分类的合并法则，则是基于第三条法则的处理方法。我们先来看一个产业链市场的网状交易结构示意图，如图 12-7 所示。

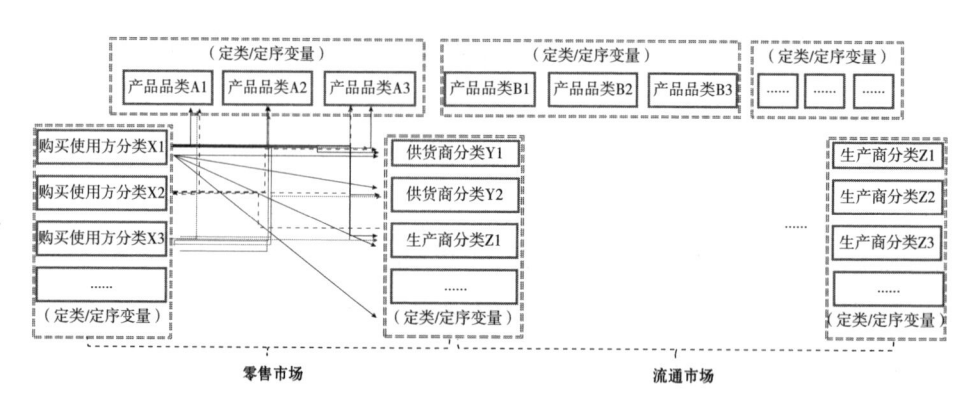

图 12-7　一个产业链市场内部的网状交易结构

可以看到，零售市场和流通市场组成的产业链中，在产品流转的每个交易环节都形成了一个交易网。购买使用方、产品、供应商三者都属于多对多的交易对应关系，一个购买使用方在零售市场可以从多个不同类型的供应商群体购买商品，甚至也可能直接从生产厂家处购买。比如连锁餐馆作为冻品采购的大户，其总公司根据所需冻品品类不同、采购量大小不同等情况，可能从二批商或一批商乃至生产厂家购买冻品。

图 12-7 中的每一条线都代表产业森林中某一类产品交易活动的合计数据，代表特定购买方从特定卖方那里购买某特定产品类时的细分市场规模。交易角色的分类越细化意味着交易的网状线条越多，也意味着特定交易细分市场越来越多。用图 12-7 中的零售网状交易市场制表，假设把购买者分为 3 类、产品品类分为 3 类、参与零售供货的供应商分为 3 类，见下表 12-1。

表 12-1 一个产业链市场中零售交易环节的网状交易结构量化

购买使用者分类	产品分类			零售经销供应商分类
	产品品类 A1	产品品类 A2	产品品类 A3	
X1				Y1
				Y2
				Z1
X2				Y1
				Y2
				Z1
X3				Y1
				Y2
				Z1

该表最终形成了 27 个细分交易市场（浅灰色背景部分）。如果把买方、卖方和产品品类各分为 4 类，就会形成 84 个细分市场。分类越多，细分市场越多，也意味着数据采集及分析的工作量越大。

专家从业人员可以根据 HAMS² 分类法则确定的分类，对产业森林中每一个小的细分市场涉及的对象分类进行调整，包括合并和舍弃，从而确认最终产业链市场中每个对象的分类。

当然，并不是小市场就应该舍弃，要注意到有些小市场具有独特的价值，未来会成为大市场，或者该细分市场的产品利润很高等。因此，决定小市场的舍弃与合并时，可以将图 12-8 作为参照依据。

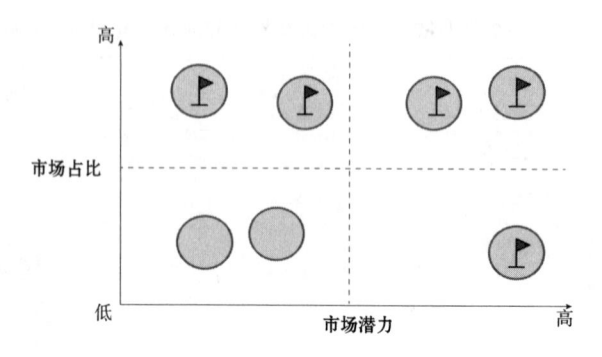

图 12-8　ABCD 市场分析法

由于本法则是第三条法则的处理方式，因此这两条原则就用"S^2"来表示。

通过 HAMS^2 分类法则，根据研究目的的不同，最终确定全产业链图谱中各个对象（包括角色和产品）的分类。

表 12-2 是基于餐馆冻品目标产业链确定全产业链图谱分类的范围，某位冻品市场的企业家对市场中的各个对象进行分类实践后的一个示例。

第三部分
灰狼群生态的形成

表12-2 冻品全产业链图谱中的有关角色分类

用户	零售经销商	客户方	流通批发商		加工生产方	采购流通批发商		采购流通批发商		后续环节角色	
消费者居家加工消费	电商	/			卤制冻品企业		一级批发商	进口冻品批发商		/	
	大型KA				牛羊猪及家禽加工企业（其他加工冻品企业）	→	二级批发商	冻品生产方	流通批发商	/	养殖户（原料生产方）
消费者成品消费（相对正式聚会）		大型及连锁餐饮	一级批发商					水产冻品企业	/	/	
消费者成品日常消费（含外卖）		中小餐饮	二级批发商					屠宰冻品企业			
消费者成品日常消费（工作）		特通（食堂）	三级批发商		↑						
/		其他（包含工业/养殖原料）	次终端								

注：在冻品产业链市场中，把餐饮、特通等标为终端，次终端是给终端供货的经销商；但本书提到的餐饮冻品目标产业链市场中，终端经销商就是冻品产业链市场中的次终端。

产品品类	牛羊猪及家禽冻品、卤制品、水产冻品、屠宰冻品和其他
目标产业链产品品类专属服务商（信息流）	数字化服务商（冻品在线、冻品汇、新冻网、冻到家等）
目标产业链产品品类相关通用服务商	传统冷链物流、银行等

217

表 12-2 分为上、中、下三部分。第一部分是从不同分类用户采购冻品产品开始，直至供应冻品的进口批发商和冻品生产方之间形成的不同交易环节，并连接而成全产业链产品流转路径。该表对这个路径中的每个交易环节的买卖双方都做了示例分类。

在从第一部分中我们可以看到：第一，该企业家考虑到冻品生产方原料上游产业链市场及冻品进口商上游产业链市场暂时不是业务关注的重点，因此放弃了上游相关角色分类和对交易环节的描述；第二，该图也体现了网状交易结构特征，市场中每个交易场景的买方从多个不同类别的卖方处购买冻品是常态；第三，该部分的角色分类并不一定能够满足其他专业人士的不同研究目的，比如为了加深对卤制品生产及营销的研究，还可以将卤制品生产方分类为中大型卤制品生产方、小型卤制品生产方分类等。

第二部分是产品分类。针对下游产业链，该企业家并未单独按照目标客户方（餐饮及"特通"等）的加工形态做下游产品变化后的分类，仍以目标产业链的产品分类作为全产业链产品的主要分类。

第三部分是服务商分类。该企业家在"四流"中综合考虑，只挑选了"信息流"专属服务商做分析，物流和金融领域服务商作为通用服务商来简单分类。

这一节讨论了全产业链图谱体系的范围，以及所需要的统计学基础知识、分类的相关方法与工具等。下一章就要结合这些内容，介绍全产业链图谱体系的制作与获取。

第十三章
全产业链图谱体系

大家通过第十二章已经了解到全产业链图谱体系所覆盖的范围、所需要的基础知识和工具，也了解了产业森林有两类不同的关键对象，即产品品类和产业链价值角色。

全产业链图谱体系也是从这两个对象的角度出发，对产业森林进行映射，其中包含了两套不同的图谱内容，见表13-1。

表13-1 全产业链图谱体系

全产业链产品及流转图谱 X1						
产品角度	全产业链					
产品流转过程形成的交易网络	①全产业链产品流转细分市场图谱 X1-1					
产品流转过程中不同产品间结构关系及特征	②全产业链产品流转结构及特征图谱 X1-2					
目标产业链角色图谱 X2						
角色角度	目标产业链					
^	交易价值角色			服务价值角色		
^	目标客户方	终端经销商	特殊交易商	目标生产方	特殊服务商	专属服务角色	通用服务角色
目标产业链关键角色在市场中的基本信息	①目标产业链关键角色基本信息图谱 X2-1					
角色经营	交易场景分析	定性分析	②目标产业链交易价值角色经营分析图谱 X2-2		③目标产业链服务角色经营分析图谱 X2-3	
^	^	定量分析	^		^	
^	经营数据统计		^		^	
^	痛点及需求分析		^		^	

以产品为研究对象进行全产业链扫描分析看，形成的是全产业链产品及流转图谱。该套图谱包括两个方面的内容：

1.用户端从成品生产企业购买产品成品，成品生产企业从半成品生产企业购买半成品，半成品生产企业从上游原料生产企业购买原料，这些市场都存在着多个交易环节。这意味着全产业链的交易角色中，用户之外的角色既是产品买方，又是卖方。每类买方和卖方之间构成了一个细分市场，根据这些细分交易市场绘制出不同的图表，并获取数据，就形成了一类子图谱，即全产业链产品流转细分市场图谱X1-1。

2.在整个链条中，产品在流转过程中有不同形态，这些上下游不同产品形态之间有着结构性关系。成品由半成品或配件组成，半成品则由不同原料组成。同时，这些不同形态的产品各自有不同的产品属性和特征（包括且不局限于价格弹性、生命周期等）。这些内容形成了第二类子图谱，即全产业链产品流转结构与特征图谱X1-2。

以目标产业链市场中的各个关键角色为对象进行分析，形成了目标产业链角色图谱。这是全产业链图谱体系包含的第二套图谱。该套图谱分别从价值角色在市场中现有的基本信息情况（包括数量、地理分布、采购行为等）、交易角色在市场中的经营情况、服务角色在市场中的经营情况这三个维度做分析，对应形成了三类不同的子图谱，即目标产业链关键角色基本信息图谱 X2-1、目标产业链交易价值角色经营分析图谱 X2-2、目标产业链服务角色经营分析图谱 X2-3。

以上两套图谱构成的全产业链图谱体系，在实际扫描产业森林的过程中，又分为图谱表格的设计及表格相应数据获取两部分工作。下面就这两套图谱分别进一步介绍。

全产业链产品及流转图谱

在美丽的大自然中，不同地区的森林形态各异。决定森林植被呈带状分布的是气候条件，气候条件主要体现为热量和水分。

在地球上，气候条件按照纬度、经度与垂直地带性（海拔高度）三个方向有所变化。纬度和经度结合在一起，就是地理位置。因此对一个森林生态有影响的两个关键要素，就是地理位置和海拔。

地理位置不同导致不同的自然环境，海拔不同带来了不同的气候，形成了不同的森林形态。这种现象比比皆是。

比如，宝岛台湾有座著名的阿里山。阿里山的山脚生长着椰树、龙眼树、姜花丛等热带植物；山腰则是温带林区，有竹林、杉林等；到了近山顶之处，则有柳杉、红桧，甚至有寒带的针叶类植物。

对于产业森林而言，技术推动了社会分工。由于分工的存在，产业森林出现了不同的垂直产业链市场，比如化工、医疗、机械、食品饮料等。这就像地理位置对大自然森林形态的影响。

大自然森林中的海拔对应产业森林中的产品类别形态。不同的产品类别使得不同物种出现，并使它们之间形成了不同的供应链关系，最终构成了多姿多彩的产业森林。

由于产品类别形态对产业森林的重要性，因此在研究某个产业领域时，专业研究人士大都围绕这个关键点展开分析。本书也不例外，将围绕产品类别形态提供两个不同角度的分析图谱。

一、全产业链产品流转细分市场图谱 X1-1

大家已经了解了产业链市场中存在着大量网状交易结构，也在前文看到了通过图表的形式要如何映射这种网状交易结构。

X1-1 是全产业链各个交易环节的网状交易结构基于产品的映射图谱，用户和目标客户方是否一致，决定了呈现的图谱从用户端开始就会有很大的差异性。

一种情况是用户和目标客户方不一致，这意味着存在着下游产业链。如果该下游产业链是直销产业链，那么绘制设计成全产业链产品流转细分市场图谱 X1-1（1）；如果该下游产业链是包含了零售市场和流通市场，那么绘制设计成全产业链产品流转细分市场图谱 X1-1（2）。

还有一种情况是用户和目标客户方角色重合，那么绘制设计成全产业链产品流转细分图谱 X1-1（3）。

先来讨论第一种图谱 X1-1（1）的绘制与设计。由于餐馆冻品目标产业链市场的下游是消费者餐饮直销产业链，因此符合第一种图谱的产业链情形。先回顾一下其全产业链范围，具体可以参照图12-6。

结合前文对该全产业链各个角色和产品的分类示例，先绘制一张用户对冻品消费或采购形成交易的结构表格，见表13-2。

表13-2　基于餐馆冻品目标产业链市场针对用户采购零售市场的网状市场交易结构

用户分类 ——定类/ 定序分类	简述采购 理由	合计占 市场占比	合计采购 金额（单 位：亿元）	产品分类——定类/定序分类（单位：亿元）				供应商分 类——定类 定序分类
^	^	^	^	牛羊猪及 家禽加工 冻品	卤制品 加工冻品	屠宰后 冻品	水产冻品	^
消费者 （居家消费）								电商
^								大型KA
^								中小型KA
^	合计							/
消费者 （在外消费）								大型餐饮连锁
^								中小餐馆
^								特通（食堂等）
^	合计							/
养殖场/ 工业原料								牛羊猪及家禽冻品生产企业
^								卤制品冻品生产企业
^								屠宰后冻品生产企业
^								水产冻品生产企业
^	合计							/
汇合总计								/

从表13-2我们可看到，购买使用方分类、产品品类、供应商分类形成了三维表格形式。表格中深灰色部分需要从外部获取数据，其他空格部分则对获取的数据进行加工后得出。

继续采用上述同样的方式绘制全产业链网状交易结构的表格，最终可形成完整的全产业链产品流转细分市场图谱X1-1（1），见表13-3。

第三部分 灰狼群生态的形成

表 13-3　下游直销产业链的全产业链残品及流转细分市场图谱 X1-1

用户分类——定类/定序分类	简述采购理由	合计占市场占比	合计采购金额（单位:亿元）	牛羊猪及家禽冻品	卤制品冻品	屠宰后冻品	水产冻品	供应商分类——定类定序分类
消费者（居家消费）	便宜	21%	400	144	40	180	36	电商
	放心，可以直接挑，习惯	12%	240	94	36	91	19	大型 KA
	方便，价格稍贵	67%	1280	499	192	486	102	中小型 KA
	合计	100%	1920	737	268	757	157	/
消费者（在外消费）	聚会	5%	320	115	32	144	29	大型餐饮连锁
	方便，外卖服务，家庭消费	64%	4160	1498	416	1872	374	中小餐馆
	办公需要	31%	2000	600	360	940	100	特通（食堂等）
	合计	100%	6480	2213	808	2956	503	/
养殖场/工业原料	过期/或质量差消耗	34%	72	72				牛羊猪及家禽冻品生产企业
		12%	25		25			卤制品冻品生产企业
		48%	102			102		屠宰后冻品生产企业
		6%	13				13	水产冻品生产企业
	合计	100%	212	72	25	102	13	/
汇合冻品市场总计			8612	3022	1101	3815	673	/

注：以上数据并不代表现实产业链结构现状，仅用于本书示例。

目标生产方及供应商分类	养殖户分类
屠宰后冻品生产企业	家禽养殖
水产清理冻品生产企业	猪牛羊养殖
进口冻品企业	水产养殖

由于篇幅限制，该表格只呈现了本书示例部分，并没有一直延伸到冻品的生

产方。从表 13-3 中我们可以发现，在冻品供应商—流通商—加工冻品生产商环节，以及加工冻品商—流通商—生产方—养殖户的产业链中，存在着多个交易环节，因此需要绘制多个类似的三维表格。读者可以采用示例的思考方法，继续绘制后续产业链市场网状交易结构形成的各个表格。

这种网状交易结构的本质，是产业森林中的物种通过产品连接在一起形成的产业链分工协作关系。通过梳理这些网状交易结构，我们可以更加全面和清晰地了解产业森林中不同物种之间的关系远近。

下面继续讨论在下游产业链由零售市场和流通市场组成的情况下，如何绘制获取全产业链产品流转细分图谱 X1-1（2）。

设定家具木材产业链为目标产业链市场，其下游的产业链为用户购买家具的产业链市场，该市场中存在着零售市场和家具流通市场。以此为例来了解相应图谱绘制。首先来看相关的全产业链市场图，具体可参照图 12-6。

如果家具木材目标产业链市场中的企业家想要了解下游的家具产业链结构，就需要把下游的各个环节网状交易结构绘制出来。表 13-4 是下游产业链的零售市场网状交易结构示意。

表 13-4　下游产业链的零售市场网状交易结构

用户分类——定类/定序分类	简述采购理由	合计占市场占比	合计采购金额（单位：亿元）	下游木质家具产品分类（单位：亿元）——定类/定序分类					零售供应商分类——定类定序分类
				实木家具	人造板家具	红木家具	办公家具	其他	
消费者（一二线城市新房）							/		家庭家具电商自营店
									线下商场家庭家具加盟店
							/		线下全屋装修公司
							/		精装修房开发商
							/		其他
	合计								/

接下表

第三部分
灰狼群生态的形成

续表

用户分类——定类/定序分类	简述采购理由	合计占市场占比	合计采购金额（单位：亿元）	实木家具	人造板家具	红木家具	办公家具	其他	零售供应商分类——定类定序分类
消费者（三四线以下城市新房）							/		家庭家具电商自营店
							/		线下商场家庭家具加盟店
							/		线下全屋装修公司
							/		精装修房开发商
							/		其他
	合计								/
消费者（一二线城市二手房）							/		家庭家具电商自营店
							/		线下商场家庭家具加盟店
							/		线下全屋装修公司
							/		精装修房开发商
							/		其他
	合计								/
消费者（三四线城市以下二手房）							/		家庭家具电商自营店
							/		线下商场家庭家具加盟店
							/		线下全屋装修公司
							/		精装修房开发商
							/		其他
	合计								/

接下表

续表

用户分类——定类/定序分类	简述采购理由	合计占市场占比	合计采购金额（单位：亿元）	下游木质家具产品分类（单位：亿元）——定类/定序分类					零售供应商分类——定类定序分类
^	^	^	^	实木家具	人造板家具	红木家具	办公家具	其他	^
企事业单位	/			/	/	/			办公家具电商自营店
^									线下商场办公家具加盟店
^				/	/	/	/		线下全屋装修公司
^				/	/	/	/		精装修房开发商
^						/	/	/	其他
^	合计								/
总计									/

在表13-4中读者可以看到，企业家先做了有关用户、产品、零售供应商的分类，然后根据分类绘制了木质家具零售市场的网状交易结构。表13-5是下游产业链流通市场网状交易结构示意表。

表13-5 下游产业链流通市场网络交易结构

零售供应商分类——定类/定序分类	简述采购理由	合计占市场占比	合计采购金额（单位：亿元）	下游木质家具产品分类（单位：亿元）——定类/定序分类					供应商分类——定类定序分类
^	^	^	^	实木家具	人造板家具	红木家具	办公家具	其他	^
家庭家具电商自营店	/						/		家庭木质家具生产企业直销
^							/		线下商场家庭家具加盟店
^	/						/		其他
^	合计								/
线下商场家庭家具加盟店							/		家庭木质家具生产企业
^							/		其他
^	合计								/

接下表

第三部分
灰狼群生态的形成

续表

零售供应商分类——定类/定序分类	/			下游木质家具产品分类（单位：亿元）——定类/定序分类					/
	简述采购理由	合计占市场占比	合计采购金额（单位：亿元）	实木家具	人造板家具	红木家具	办公家具	其他	供应商分类——定类定序分类
线下全屋装修公司							/		家庭木质家具生产企业
							/		其他
	合计								/
精装修房开发商							/		家庭木质家具生产企业直销
							/		线下商场家庭家具加盟店
							/		其他
	合计								/
办公家具电商自营店	/			/	/	/			办公木质家具生产企业直销
	/			/	/	/			线下商场办公家具加盟店
	合计								/
线下商场办公家具加盟店				/	/	/			办公木质家具生产企业
				/	/	/			其他
	合计								/
其他	合计								/
总计									/

完成了下游产业链图表的绘制，再结合目标产业链及上游产业链的角色分类[①]和产品分类，继续延伸绘制目标产业链和上游产业链网状交易结构的图表，就构成了全产业链产品流转细分市场图谱X1-1（2），如图13-1所示。

接下来是就目标产业链的用户就是目标客户方时的情况，即目标产业链没有下游产业链的情况下，来绘制和设计全产业链产品流转细分图谱X1-1（3）。比如，

[①] 对于该目标产业链市场中的头狼企业而言，它们暂时并不关心上游产业链的网状交易结构，因此本书用Y11、Y12、Y21等指代不同类别的农资农机。读者如果感兴趣，可以对此进行进一步分类，然后绘制上游产业链的网状交易结构图，并将其纳入X1-1（2）图谱中。

灰狼群效应
产业数字化的临界点革命

用户				零售供应商（本书示例）				

基于家具木材目标产业链的下游产业链零售市场网交易结构示意图　　　　　　　基于家具木材目标产业链的

用户分类——定类/定序分类	简述采购理由	合计占市场比例	合计采购金额（亿为单位）	下游木质家具产品分类（以金额亿为单位）——定类/定序分类					零售供应商分类——定类定序分类
				实木家具	人造板家具	红木家具	办公家具	其他	
消费者（一二线城市新房）							/		家庭家具电商自营店
							/		线下商场家庭家具加盟店
							/		线下全屋装修公司
							/		精装修房开发商
							/		其他
	合计								/
消费者（三四线以下城市新房）							/		家庭家具电商自营店
							/		线下商场家庭家具加盟店
							/		线下全屋装修公司
							/		精装修房开发商
							/		其他
	合计								/
消费者（一二线城市二手房）							/		家庭家具电商自营店
							/		线下商场家庭家具加盟店
							/		线下全屋装修公司
							/		精装修房开发商
							/		其他
	合计								/
消费者（三四线城市以下二手房）							/		家庭家具电商自营店
							/		线下商场家庭家具加盟店
							/		线下全屋装修公司
							/		精装修房开发商
							/		其他
	合计								/
企事业单位				/	/	/			办公家具电商自营店
				/	/	/			线下商场办公家具加盟店
	/			/	/	/			线下全屋装修公司
				/	/	/			精装修房开发商
									其他
	合计								/
	总计								/

零售供应商分类——定类/定序分类 | 简述采购理由 | 合计占市场比例

- 家庭家具电商自营店 / 合计
- 线下商场家庭家具加盟店 / 合计
- 线下全屋装修公司 / 合计
- 精装修房开发商 / 合计
- 办公家具电商自营店 / 合计
- 线下商场办公家具加盟店 / 合计
- 其他 / 合计
- 总计

图 13-1　下游产业链的全产业链产品及流转细分市场图谱（产品角度）X1-1

228

第三部分
灰狼群生态的形成

木质家具生产企业环节（目标客户方） ----- 零售供应商 ----- 林场 ----- 零售商 ----- 农资农机生产商

游产业链流通市场网交易结构示意图

计采购金额亿为单位）	下游木质家具产品分类（以金额亿为单位）——定类/定序分类					供应商分类——定类定序分类	目标生产方分类	林场分类	农资农机分类
	实木家具	人造板家具	红木家具	办公家具	其他		实木家具厂	国内林场	Y11（代指）类农资
	▓	▓	▓	/		家庭木质家具生产企业直销	人造板家具厂	北美林场	Y12（代指）类农资
	▓	▓	▓	/		线下商场家庭家具加盟店	红木家具厂	俄罗斯林场	Y21（代指）类农机
	▓	▓	▓	/		其他	……	……	……
				/					
	▓	▓	/			家庭木质家具生产企业			
	▓	▓	/			其他			
			/						
	▓	/				家庭木质家具生产企业			
	▓	/				其他			
		/							
	▓					家庭木质家具生产企业直销			
	▓					线下商场家庭家具加盟店			
	▓					其他			
						/			
	/	/	/	▓		办公木质家具生产企业直销			
	/	/	/	▓		线下商场办公家具加盟店			
	/	/	/	▓		其他			
						/			
	/	/	/	▓		办公木质家具生产企业			
	/	/	/	▓		其他			
						/			
						/			
						/			

在上述将家具木材产业链作为目标产业链的全产业链中，假设把目标产业链市场调整为"消费者木质家具产业链市场"。在该市场中，消费者既是目标客户方，也是用户。我们来看一下在调整后的目标产业链的基础上绘制的全产业链图谱范围，如图13-2所示。

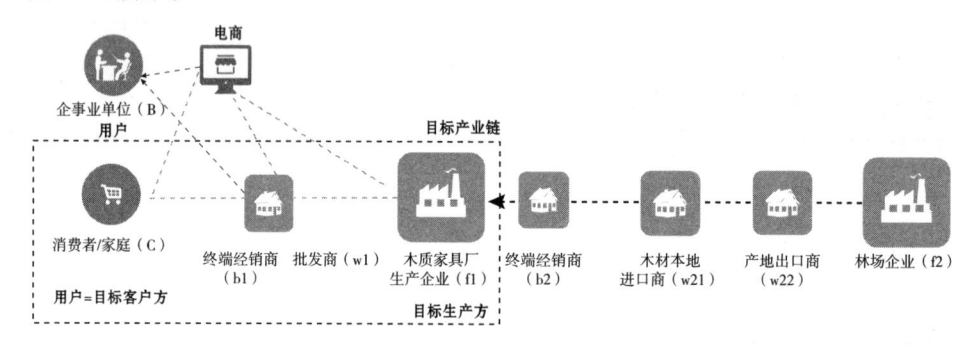

图13-2 基于消费者木质家具产业链市场的产品强关联的全产业链市场

全产业链产品流转细分市场的图谱中不包含下游产业链的网络结构交易图表，如图13-3所示（见第232页）。

以上是在用户和目标客户方不完全一致的情况下，根据三种不同网状交易结构绘制的全产业链产品流转细分市场图谱X1-1。考虑到产业的复杂性，不排除表格还会发生变形。掌握了以上设计思路，就可以根据实际产业链的情况，调整自己所需要的图谱格式。前文中的图表仅供参考。

完成了上述图谱X1-1的设计工作，我们再来总结如何获取以上图谱中深灰色空格部分的外部数据。

获取外部数据需要专家和助理研究员调动市场内的资源，一方面获得该市场官方（政府）或相关研究机构的一些数据，另一方面对市场中的有关用户、客户方、生产企业等进行现场走访，组织讨论，并采用非随机抽样的方式获得相对靠谱的数据。通过两部分数据的对比和经验判断，形成最终外部数据。

举个简单的例子，表13-6是以餐馆冻品目标产业链作为示例的X1-1（1）消费者冻品采购消费交易环节的图表，经有关企业家调动产业资源，最后整理汇总数据后形成的表格。

表 13-6 数据采集后的产业链产品及流转细分市场

用户分类——定类/定序分类	简述采购理由	合计占市场占比	合计采购金额（单位：亿元）	牛羊猪及家禽冻品	卤制品冻品	屠宰后冻品	水产冻品	供应商分类——定类/定序分类
消费者（居家消费）	便宜	21%	400	144	40	180	36	电商
	放心可以直接挑，习惯	12%	240	94	36	91	19	大型KA
	方便，价格稍贵	67%	1280	499	192	486	102	中小型KA
	合计	100%	1920	737	268	757	157	/
消费者（在外消费）	聚会	5%	320	115	32	144	29	大型餐饮连锁
	方便，外卖服务，家庭消费	64%	4160	1498	416	1872	374	中小餐馆
	办公需要	31%	2000	600	360	940	100	特通（食堂等）
	合计	100%	6480	2213	808	2956	503	/
养殖场/工业原料	过期/或质量差消耗	34%	72	72				牛羊猪及家禽冻品生产企业
		12%	25		25			卤制品冻品生产企业
		48%	102			102		屠宰后冻品生产企业
		6%	13				13	水产冻品生产企业
	合计	100%	212	72	25	102	13	/
汇合冻品市场总计			8612	3022	1101	3815	673	/

注：以上数据并不代表现实产业链结构现状，仅用于本书示例

非随机抽样调研有个小技巧。每张三维图表都由买方、产品品类和卖方组成的。考虑到调研工作的烦琐，可以在助理研究员的帮助下，选择某一方（买方或卖方）作为重点进行数据采集，另一方为辅，用来验证数据即可。

在消费者和供应商的交易结构表格（表13-6）中，由于消费者数量过于庞大，数据调研可能存在较大的偏差。因此可以选择对有经验的供应商端进行调研，获得的相关数据会更加客观。当然，如果在助理研究员的帮助下，进一步访谈多年来给

灰狼群效应
产业数字化的临界点革命

用户（目标客户方）									零售供应商（本书示例）		
基于消费者木质家具目标产业链的零售市场网交易结构示意图									基于消费者木质家具目标		
用户分类——定类/定序分类	简述采购理由	合计占市场比例	合计采购金额（亿为单位）	下游木质家具产品分类（以金额亿为单位）——定类/定序分类					零售供应商分类——定类/定序分类	简述采购理由	合计占市场比例
				实木家具	人造板家具	红木家具	办公家具	其他			
消费者（一二线城市新房）							/		家庭家具电商自营店	/	
									线下商场家庭家具加盟店	/	
									线下全屋装修公司	/	
									精装修房开发商	合计	
	合计								其他		
消费者（三四线以下城市新房）									线下商场家庭家具加盟店		
										合计	
									线下全屋装修公司		
										合计	
	合计								精装修房开发商		
消费者（一二线城市二手房）									家庭家具电商自营店		
									线下商场家庭家具加盟店	合计	
									线下全屋装修公司		
									精装修房开发商	/	
									其他		
	合计								办公家具电商自营店	/	
消费者（三四线城市以下二手房）									家庭家具电商自营店	合计	
									线下商场家庭家具加盟店		
									线下全屋装修公司		
									精装修房开发商		
									线下商场办公家具加盟店		
	合计									合计	
企事业单位				/	/	/			办公家具电商自营店	其他	合计
									线下商场办公家具加盟店		
	/								线下全屋装修公司		
	/								精装修房开发商		
					/				其他		
	合计								/		
	总计								总计	/	

图13-3　下游产业链的全产业链产品及流转细分市场图谱（产品角度）X1-1

232

第三部分
灰狼群生态的形成

业链的流通市场网交易结构示意图

合计采购金额（亿为单位）	下游木质家具产品分类（以金额亿为单位）——定类/定序分类					/	目标生产方分类	林场分类
	实木家具	人造板家具	红木家具	办公家具	其他	供应商分类——定类定序分类		
							实木家具厂	国内林场
					/	家庭木质家具生产企业直销	人造板家具厂	北美林场
					/	线下商场家庭家具加盟店	红木家具厂	俄罗斯林场
				/		其他		……
				/		家庭木质家具生产企业		
				/		其他		
						/		
				/		家庭木质家具生产企业		
				/		其他		
						/		
			/			家庭木质家具生产企业直销		
			/			线下商场家庭家具加盟店		
			/			其他		
						/		
	/	/	/			办公木质家具生产企业直销		
						线下商场办公家具加盟店		
						/		
	/	/	/			办公木质家具生产企业		
						其他		
						/		
						/		
						/		

233

供应商提供冻品的专业冻品经销商、冻品生产企业，那么该表中的数据可靠性会得到加强。

通过以上分析说明，大家可以了解到整张表格的数据是相互关联的。数据的采集填写，不一定从左往右，而是从助理研究员熟悉的产业链环节中的对应角色去获取相应更加靠谱、更加客观的数据,然后再将数据向左右延展。这种做法更加高效。

最后要注意：图谱 X1-1 是由全产业链的不同交易环节、不同网状交易结构映射的多个三维表格组成的，其中不同交易环节映射的市场规模数据不一定一致。比如，消费者鲜花产业链市场中，有消费者到终端经销商的交易结构图表，有终端经销商到产地批发商的交易结构图表，也有产地批发商到种植方的交易结构图表。这三张图表中的相关市场规模数据差异会比较大，如图 13-4 所示。

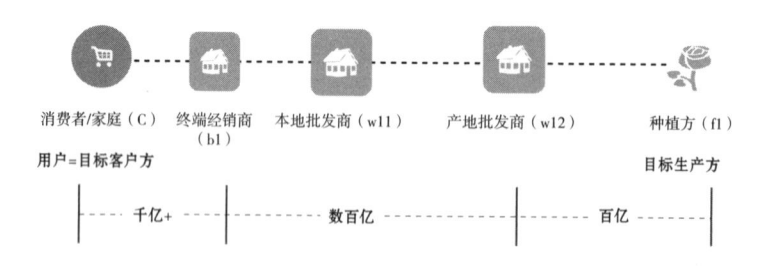

图 13-4 鲜花消费者目标产业链市场中不同交易段的市场规模

产生这种现象的原因是每个环节形成的三维表格中，供货方是往上游延伸的新交易环节映射表格中的购买方。该角色采购产品、卖出产品的价格差异很大，导致相邻的两张交易结构图表中的市场规模数据并不一致。比如，图 13-5 中，消费者从花店购买花的市场规模达千亿级别，这是结合鲜花品类形成的三维零售表格。花店从批发商购买的价格远低于零售价，因此花店到批发商形成的流通环节三维流通交易表格中，市场规模合计只有数百亿元。

二、全产业链产品流转结构及特征图谱 X1-2

通过对图谱 X1-1 的学习，读者可以获得全产业链产品流转细分市场相对准确的交易数据，下面来讨论全产业链产品流转结构与特征图谱 X1-2。

第三部分
灰狼群生态的形成

考虑到全产业链中产品的类别和形态可能有很多种，既有上游的原料形态，又有目标产业链生产方生产后的商品形态，同时还有可能存在目标客户方生产出给下游产业链用户的商品形态。如果要对这些不同类产品间的结构关系和特征全部扫描和分析，那么就会需要耗费较多的精力和资源。因此，在绘制图谱前做好产品分类非常重要。

用手机芯片目标产业链来举例，图 13-5 是相应的全产业链示意图。

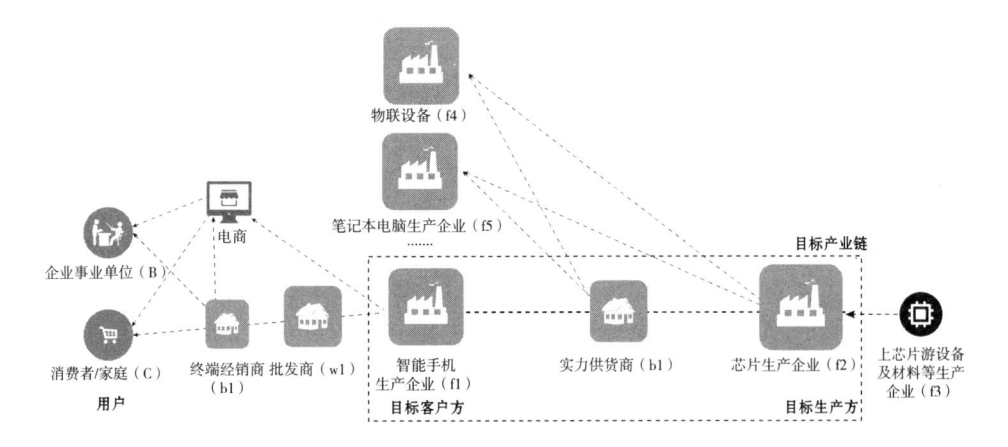

图 13-5 基于手机芯片目标产业链的"产品强关联的全产业链市场"

在该全产业链中，上下游产品之间的结构关系明显，为此绘制相应的示例图表，见表 13-7。

表 13-7 下游用户产品结构及有关特征

用户主要产品类	产品品类生命周期（早/中/成熟/衰退）	产品SKU生命周期（年数）	流通环节费用在产品成交价中的占比	其中：流通物流成本占比	其中：金融费用占比	其中：其他特定服务费用占比	目标产业链相关产品内部的成本结构比					需求价格弹性			用户端成品产品正常季度的价格需求弹性波动（%）			用户端成品产品过去三年每年的价格需求弹性波动（%）		
							核心处理芯片价值占比	存储芯片价值占比	通信芯片价值占比	感知芯片价值占比	其他占比	合计占比	淡季度价格弹性波动	旺季度价格弹性波动	两类平均价格弹性的差值	2017/2016价格同比	2018/2017价格同比	2019/2018价格同比
智能手机													特殊情况（季度弹性波动超过30%以上，前三个原因描述）：			特殊情况（季度弹性波动超过30%以上，受目标产业链相关产品影响的前三个原因描述）：		
笔记本电脑													特殊情况（季度弹性波动超过30%以上，前三个原因描述）：			特殊情况（季度弹性波动超过30%以上，受目标产业链相关产品影响的前三个原因描述）：		
物联设备													特殊情况（季度弹性波动超过30%以上，前三个原因描述）：			特殊情况（季度弹性波动超过30%以上，受目标产业链相关产品影响的前三个原因描述）：		

第三部分
灰狼群生态的形成

在产业链市场交易的经济环境中，每个产品都有物理属性和经济属性。表13-7主要考虑了产品的经济属性。可以根据企业家的诉求，在表13-7的纵列中增加相应的产品物理属性。

下游产业链产品的经济属性主要分为四部分：产品生命周期、流通环节费用在产品成交价中的占比、产品内部的成本结构比、产品需求弹性与价格波动分析。其中产品生命周期包括两部分，一部分是产品品类的生命周期阶段，比如智能手机属于成熟期；另一部分是产品SKU生命周期，比如在智能手机这个品类中，一款智能手机从上市到下市的平均时间周期。

流通环节费用在产品成交价中的占比，强调的是下游产品从出厂价到交付用户手上的成交价两者之间的差价占成交价的比例，这是渠道流通交易和服务环节在产品最终售价上的体现。其中，还要额外看物流、金融、特定服务等服务价值在产品最终售价上的体现。

产品需求价格弹性代表了供需变化因为产品价格波动的一些经济特性。另外，通过分析多年形成的季度/年度价格的波动情况，企业家可以洞察该类产品价格波动背后的原因，包括市场原因和上游产品变动原因。考虑到大多数产业有淡旺季的现象，因此表中分为淡季和旺季，如果有些产业不存在淡旺季，那就根据实际情况修改表格。表13-7中也只是选取了三年时间来看相关产品价格的波动周期，有些产业属于中长周期波动，读者也可以根据实际情况做一些微调。

同时，一些产业链市场存在价格异常波动的情况。比如，近几年国内出现了猪肉涨价的现象，外行人士也需要了解这个市场的异常性，从而对该市场有更全面的认知。因此表格中有专门的异常波动情况定性描述。

针对目标产业链的产品品类绘制同样的表格，表13-8作为示例。

表 13-8 目标产业链目标客户方的产品结构及有关特征

目标客户方主要产品类	产品类	产品SKU生命周期	流通环节费用在产品成交价中的占比	其中：流通物流成本占比	其中：金融费用占比	其中：其他特定服务费用占比	上游产业链相关产品内部的成本结构比					需求价格弹性	目标产业链相关产品正常季度的价格波动（%）				目标产业链相关产品过去三年每年价格需求弹性波动（%）		
							基体材料价值占比	封装材料价值占比	制造材料价值占比	其他	合计（上游产业链产品价值结构占比）		淡季季度价格弹性波动	旺季季度价格弹性波动	两类平均价格的差值		2017/2016价格同比	2018/2017价格同比	2019/2018价格同比
核心处理芯片													特殊情况（季度弹性波动超过30%以上，前三个原因描述）：				特殊情况（季度弹性波动超过30%以上，受原料相关产品及技术影响的前三个原因描述）：		
存储芯片													特殊情况（季度弹性波动超过30%以上，前三个原因描述）：				特殊情况（季度弹性波动超过30%以上，受原料相关产品及技术影响的前三个原因描述）：		
通信芯片													特殊情况（季度弹性波动超过30%以上，前三个原因描述）：				特殊情况（季度弹性波动超过30%以上，受原料相关产品及技术影响的前三个原因描述）：		

第三部分
灰狼群生态的形成

当然，表 13-8 只列举了一部分芯片种类，便于读者理解。针对上游原料产品结构及特性图，考虑到一般情况下再分析原料端的产品结构的意义不大，因此可以简化结构部分的内容。最终，根据手机芯片目标产业链的全产业链产品结构和特性绘制设计的图谱 X1-2 可见图 13-6（见第 240 页）。

在以上讨论的智能手机芯片目标产业链中，用户和客户方并不一致，因此有下游产业链成品品类存在。如果用户和目标客户方是同一个角色的话，那么图谱 X1-2 的绘制设计将更为容易，本书不再举例说明，读者可以自行尝试绘制。

图谱 X1-2 中的数据获取途径分为定量和定性两部分。定性部分由该市场中有丰富经验的助理研究员讨论确定；定量部分，一方面结合助理研究员的经验，另一方面可以抽取一些典型企业的历史经营数据，结合相应市场中权威媒体或相关统计机构的统计数据（包括历史数据和交易数据）也能够获得。

图谱 X1-2 对头狼企业认知全产业链的各个细分市场，重新确认目标产业链的范围，有很重要的作用。另外，在头狼企业构建灰狼群生态时，图谱 X1-2 对导入生态的产品细分品类选择也会起到很重要的作用。而且，考虑到产品品类价格波动情况，结合该产品品类的市场规模，在头狼企业为灰狼群生态的企业设计、赋能供应链金融产品[1]时，图谱 X1-2 也能起到很大作用。

目标产业链角色图谱

第二套图谱，即目标产业链角色图谱，主要围绕着目标产业链相关的关键角色进行解构和分析。这些角色主要是指目标产业链的交易角色和服务角色，包括传统产业链中的关键角色，也包括灰狼群对此产业链初步分析后重新定义分工的角色，

---

[1] 供应链金融产品包括"保理""预付""仓单"等。金融机构针对买卖双方中缺少资金的一方，在该交易商品货值的公允评估基础上，设计相应供应链金融产品，给予其信贷资金。金融机构在设计这类商品供应链金融、贷中管理相应的信贷资金、贷后处理可能的不良贷款时，都要考虑该类商品的价格波动情况及市场规模。

灰狼群效应
产业数字化的临界点革命

基于手机芯片目标产业链的下游产品结构与特性示意图

| 用户 | ← | 芯片供应商 | → | 智能设备生产企业环节（本书示例） |

用户主要产品品类	品类生命周期	SKU生命周期	目标产业链相关产品在下游产品中的产品价值占比					需求价格弹性	用户端成品产品正常季度的价格需求弹性波动			用户端成品产品过去三年每年的价格需求弹性波动		
			核心处理芯片价值占比	存储芯片价值占比	通信芯片价值占比	感知芯片价值占比	其他	合计占比		淡季度价格弹性波动-百分比	旺季度价格弹性波动-百分比	两类平均价格的差值-百分比	2017/2016价格同比-百分比	2018/2017价格同比-百分比	2019/2018价格同比-百分比
智能手机	成熟期	1.5-3年								特殊情况（季度弹性波动超过30%以上，前三个原因描述）： a11. b11. c11. 特殊情况（季度弹性波动超过30%以上，受目标产业链相关产品影响的前三个原因描述）： x11. y11. z11.					
笔记本电脑	成熟期	1.5-3年								特殊情况（季度弹性波动超过30%以上，前三个原因描述）： a21. b21. c21. 特殊情况（季度弹性波动超过30%以上，受目标产业链相关产品影响的前三个原因描述）： x21. y21. z21.					
物联设备	成长期	1.5-2年								特殊情况（季度弹性波动超过30%以上，前三个原因描述）： a31. b31. c31. 特殊情况（季度弹性波动超过30%以上，受目标产业链相关产品影响的前三个原因描述）： x31. y31. z31.					

基于手机芯片目标

用户主要产品品类	品类生命周期	SKU生命周期
核心处理芯片	成熟期	1.5-3年
存储芯片	成熟期	1.5-3年
通信芯片	成长期	1.5-2年
……	……	……

图 13-6 用户——上游原料生产商的全产业链产品结构和特性图谱 X1-2

第三部分
灰狼群生态的形成

```
┌─────────── 芯片供应商 ─────────┬──────── 芯片生产商 ────────┬──── 供应商 ────┬─── 原料生产商
```

产业链相关产品结构及特性示意图

目标产业链相关产品在下游成品中的产品价值占比				需求价格弹性	目标产业链相关产品正常季度的价格需求弹性波动			目标产业链相关产品过去三年每年价格需求弹性波动		
基体材料价值占比	封装材料价值占比	制造材料价值占比	其他	合计（上游产业链产品价值结构占比）		淡季季度价格弹性波动－百分比	旺季季度价格弹性波动－百分比	两类平均价格的差值－百分比	2017/2016 价格同比－百分比	2018/2017 价格同比－百分比	2019/2018 价格同比－百分比
						特殊情况（季度弹性波动超过30%以上，前三个原因描述）： a11. b11. c11.						
						特殊情况（季度弹性波动超过30%以上，受原料相关产品及技术影响的前三个原因描述）： x11. y11. z11.						
						特殊情况（季度弹性波动超过30%以上，前三个原因描述）： a21. b21. c21.						
						特殊情况（季度弹性波动超过30%以上，受原料相关产品及技术影响的前三个原因描述）： x21. y21. z21.						
						特殊情况（季度弹性波动超过30%以上，受原料相关产品及技术影响的前三个原因描述）： a31. b31. c31.						
						特殊情况（季度弹性波动超过30%以上，受原料相关产品及技术影响的前三个原因描述）： x31. y31. z31.						
……	……	……	……	……		……						

比如特殊服务商、特殊交易商等。

大家已经知道这套图谱分为三类子图谱,第一类是目标产业链关键角色的基本信息图谱 X2-1,第二类是目标产业链的交易角色经营分析图谱 X2-2,第三类是目标产业链服务角色经营分析图谱 X2-3。接下来我们将逐一讲述这三类子图谱。

一、目标产业链关键角色基本信息图谱 X2-1

首先来讨论这套图谱中的第一类子图谱——目标产业链关键角色基本信息图谱 X2-1。

继续用餐馆冻品目标产业链来讨论该子图谱的获取,用其目标客户方餐馆的分类中的"中小餐馆"角色群体来举例说明,见表 13-9。

表 13-9 目标客户方(中小餐馆角色)在产业链市场中的基本信息示例

角色分类	角色名称	角色画像	行政划分	每个省会城市、直辖市(不含县)	每个地级市(不含县)	每个县城(含乡镇)
目标客户方	中小餐馆	人数 2~10 人;简易装修,夫妻店为主,店面年净利润在 5 万~30 万元之间,基本有二维码收费工具,60% 以上参与互联网平台外卖业务。	区域数量	34	334	2851
			角色数量/个区域	22000	7000	2000
			合计角色数量(万个)	74.8	233.8	570.2
			采购金额(万元/月)	0.7	0.4	0.2
			合计采购规模(万元/年)	8.4	4.8	2.4
			不同区域市场规模(亿元/年)	18.48	3.36	0.48
			合计不同区域市场规模(亿元/年)	628.32	1122.24	1368.48

注:图中数据仅用于示例,并不准确。

表 13-9 涉及该角色在市场中的一些基本信息,包括角色画像、角色数量、采购规模等。下面分别讨论有关数据的获取。

先来说下角色画像。在大自然的森林中,生物学家用照相机等仪器来记录森林中动植物的样貌特征,并将其科学地归纳至相应种类。显然,在产业森林中没有仪器可以把物种的样子拍下来，但我们可以通过"打标签"，归纳总结出角色画像来描述相应分类的物种。

如果角色是消费者（C），他们的标签通常有两类。第一类是普通标签，包括收入范围、年龄、所在城乡级别、职业背景、家庭人口数量和日常活动场景等；第二类是该角色和目标产业链产品品类相关的行为标签，比如平均采购频率，使用相关产品的偏好、场景等。

如果角色是企事业单位等机构，那么他们的标签也有两类——普通标签和产品相关行为标签。普通标签包括该机构的职员人数、企业性质、企业信息化程度、企业营收规模和企业所在城乡级别等；产品相关行为标签包括平均采购频率，使用、经销相关产品的场景及频率等。

在助理研究员的协助下，把一个角色的不同维度标签组合在一起，就获得了该角色的定性描述（画像）。

其他数据的获取，由于助理研究员对市场非常熟悉，因此通过助理研究员和团队采取非随机抽样再进行一定的讨论，会相对比较容易地获得其他数据。

要注意由于角色所处城乡环境不同，和产品品类相关的采购或经销规模在一般情况下会有明显的差异。在表 13-9 中，不同级别的行政区域的中小餐馆采购冻品的金额也存在明显的差异。

把这些采购数据统一汇总后，还可以和全产业链中相应的市场规模数据进行校验复核。虽然结果不一定完全一致，但每个角色相应的数值差额只要在合理的误差区间内，就可以视为相对准确的有效数值。因为这种差异是客观存在的，有一定的经验原因、样本误差原因，以及特定角色采购销售之间存在的进销差价的原因，等等。

本篇所阐述的产业链图谱解构量化方法论的核心，在于"尽可能准确，而非精确"地看一个产业链的全貌。

表 13-10 是完整的关键角色基本信息图谱 X2-1。

表 13-10　完整的关键角色基本信息图谱

角色分类	角色名称	角色画像	行政划分	每个省会城市、直辖市（不含县）	每个地级市（不含县）	每个县城（含镇）
目标客户方	中小餐馆		区域数量			
			角色数量/个区域			
			合计角色数量（万个）			
			采购金额（万元/月）			
			合计采购规模（万元/年）			
			不同区域市场规模（亿元/年）			
			合计不同区域市场规模（亿元/年）			
	大型及连锁餐馆		区域数量			
			角色数量/个区域			
			合计角色数量（万个）			
			采购金额（万元/月）			
			合计采购规模（万元/年）			
			不同区域市场规模（亿元/年）			
			合计不同区域市场规模（亿元/年）			
	……					
	特通（食堂）					
	……					
终端经销商						
目标生产方						
特殊交易商						
其他交易角色						
特殊服务商						

接下表

244

第三部分 灰狼群生态的形成

续表

角色分类	角色名称	角色画像	行政划分	每个省会城市、直辖市（不含县）	每个地级市（不含县）	每个县城（含镇）
通用服务角色	冻品物流		角色网点数量/个区域			
			角色网点数量（万个）			
			服务金额（万元/月）			
	全国服务商		合计服务规模（万元/年）			
			不同区域市场规模（亿元/年）			
			合计不同区域市场规模（亿元/年）			
角色分类	角色名称	角色画像	企业名称		市场渗透率	
专属服务角色	冻品电商平台	……	合计			
其他服务角色	点餐软件	……	合计			

245

表 13-10 分为上下两部分，一部分是交易角色，另一部分是服务角色。在了解该图谱的时候需要注意一些关键细节：

1. 虽然以目标产业链内的关键角色为主，但如果头狼企业或市场中的其他经营主体还希望了解其他紧密关联产业链的有关角色，也可以将其添加到图谱中。比如在表 13-10 中，除了目标客户方中小餐馆、大型餐馆及连锁餐馆，企业家还增加了"特通"角色；在服务角色分析中，还增加了与下游产品品类相关的点餐软件等企业角色。

2. 通过表 13-10 我们也可以看到冻品产业链的各种角色分布，尤其是餐馆等交易角色，按照不同行政区域进行的数据统计分析。一般情况下，角色的地理分布有三种形态：第一种分布形态，即使城乡市场规模不同，但同一类角色在特定地区内有一定的分布规律；第二种分布形态，某类角色由于历史原因——比如某些市场的生产企业可能只集中在全国几个特定区域内，因此集中在几个特定区域；第三种分布形态，是在全国无规则分布。

第一种分布形态，表 13-10 中的中小餐馆角色分析就符合这种情况。第二种分布形态，比如木质家具生产企业主要有五大产区，包括珠江三角洲家具产业区、长江三角洲家具产业区等。在进行该类角色的表格设计时，就用角色集中的几个地区名分别替换图谱中的"一、二、三级城市"即可。第三种分布形态，就如同图谱中的信息技术服务商角色分析，属于无规则分布。由于这种特殊性，不再追求分析其角色的地理分布情况，更关注该类信息技术服务商中前几家龙头服务企业为产业链的交易角色提供服务所形成的在各个城乡的渗透情况。

至此，我们讨论完了目标产业链关键角色基础信息图谱 X2-1，接着再来讨论第二张子图谱，即目标产业链交易角色经营分析图谱 X2-2。

二、目标产业链交易角色经营分析图谱 X2-2

交易角色经营分析图谱由三部分内容组成：角色的交易场景分析、角色的经营数据分析、角色的痛点和需求提炼分析。

我们先以餐馆冻品目标产业链为例，来看角色的交易场景分析，见表 13-11。

第三部分 灰狼群生态的形成

表 13-11　目标产业链关键交易角色的交易场景分析表

角色分类	角色名称	定性分析				定量分析		
^	^	决策人身份	采购人身份	采购对象分类	向不同采购对象采购原因/场景（5W1H①）	复购情况		
^	^	^	^	^	^	交易频次/月	交易金额（元）/次	交易额（元）/月
目标客户方	中小餐馆			次终端				
^	^			三级经销商				
^	^			二级批发商				
^	大型及连锁餐馆			三级经销商				
^	^			二级批发商				
^	^			一级批发商				
终端经销商	次终端			三级批发商				
^	^			二级批发				
特殊交易商	三级批发商			二级批发				
^	^			一级批发				
目标生产方（从一级批发商角度来看与目标生产方采购交易）	一级批发商			卤制品生产商				
^	^			水产冻品生产商				
^	^			屠宰冻品生产商				
^	^			……				
其他交易角色	特通（食堂）			次终端				
^	^			三级经销商				
^	^			二级批发				
……	……					……	……	……

① 1932年，美国政治学家拉斯维尔提出"5W分析法"。经过人们的不断运用和总结，逐步形成了一套成熟的"5W+1H"模式，强调工作和事项都要从原因（何因why）、对象（何事what）、地点（何地where）、时间（何时when）、人员（何人who）、方法（何法how）去了解问题。

247

表 13-11 涵盖了各个关键交易角色在实际交易中进行交易决策和交易行为的定性描述，还有角色采购行为的量化分析部分。对该表的数据采集，我们仍建议采用非随机抽样方式进行。表 13-11 在"不同采购对象的采购原因/场景"的描述版块中提出了 5W1H 的方法。

要注意，之所以将特殊交易商纳入交易角色分析，是因为头狼企业重新定义了产业链中的各个价值角色分工。头狼企业通过调研从而获得数据认证，并以此为依据来选择伙伴、构建生态。其他研究人员或企业家也可以根据不同的研究目的，将全产业链中其他的一些交易角色纳入本图谱来分析。

比如，在表 13-11 中，读者会发现"特通"应该属于紧密关联产业链中的交易角色，但头狼企业希望了解这类角色的情况，因此把它作为"其他角色"放入该图表中。

> 在对目标产业链关键角色做分析的同时，将紧密关联产业链的一些关键角色纳入做角色经营分析，可以帮助头狼企业家通过数据验证其对最初的目标产业链边界和关键角色选择、判断的准确性，同时也有助于头狼企业最终确认目标产业链边界及其中的关键角色。这也是图谱的价值所在。

下面继续讨论目标产业链关键交易角色的经营数据，还是用餐馆冻品目标产业链来举例，见表 13-12。

表13-12 目标产业链关键交易角色的经营数据分析

角色分类	目标产业链关键交易角色	客户分析		产品分析		盈利能力			运营能力							
									应收		预收		应付		预付		存货		营业周期
		覆盖客户数	活跃客户数	活跃客户贡献收入占比	经营产品SKU数量	利润贡献最大前三类产品及占比	收入	毛利	净利	期间平均应收余额	周转天数	期间平均应收余额	周转天数	期间平均应付余额	周转天数	期间平均预付余额	周转天数	期间平均存货余额	周转天数	
目标客户方	中小餐馆																			
	大型及连锁餐馆																			
终端经销商	饮食终端																			
特殊交易商	三级批发商																			
目标生产方——加工生产方	卤制冻品生产商																			
	牛羊猪家禽等加工生产方																			
目标生产方——冻品生产方	屠宰冻品生产企业																			
	水产冻品生产企业										/									
	……		/		/		/													
其他角色（食堂）	特通	/																		

第三部分
灰狼群生态的形成

249

表13-12考察了各个角色的客户能力、产品能力、盈利能力和运营能力四个方面，并且需要继续通过非随机抽样获得相应的数据，帮助我们了解这些企业的经营现状。

要想了解产业森林中这些关键交易角色的经营行为，除了前文已经完成的角色交易场景分析、角色自身的经营数据分析，还要了解这些角色在日常经营中碰到的痛点和需求，见表13-13。

表13-13 目标产业链关键交易角色痛点和需求提炼

角色分类	角色名称	该角色痛点场景描述（最重要的三个痛点现状，结合5W1H）	痛点提炼（收入、成本、费用、资金及周转、杠杆等）	需求总结
目标客户方	中小餐馆	痛点1	痛点提炼1	需求1
		痛点2	痛点提炼2	需求2
		痛点3	痛点提炼3	需求3
	大型及连锁餐馆	痛点1	痛点提炼1	需求1
		痛点2	痛点提炼2	需求2
		痛点3	痛点提炼3	需求3
终端经销商	次终端	痛点1	痛点提炼1	需求1
		痛点2	痛点提炼2	需求2
		痛点3	痛点提炼3	需求3
特殊交易商	三级批发商	痛点1	痛点提炼1	需求1
		痛点2	痛点提炼2	需求2
		痛点3	痛点提炼3	需求3
目标生产方	卤制冻品生产商	痛点1	痛点提炼1	需求1
		痛点2	痛点提炼2	需求2
		痛点3	痛点提炼3	需求3
	牛羊猪、家禽等加工生产商	痛点1	痛点提炼1	需求1
		痛点2	痛点提炼2	需求2
		痛点3	痛点提炼3	需求3
	屠宰冻品生产企业	痛点1	痛点提炼1	需求1
		痛点2	痛点提炼2	需求2
		痛点3	痛点提炼3	需求3
	水产冻品生产企业	痛点1	痛点提炼1	需求1
		痛点2	痛点提炼2	需求2
		痛点3	痛点提炼3	需求3
其他角色	特通（食堂）	痛点1	痛点提炼1	需求1

接下表

续表

角色分类	角色名称	该角色痛点场景描述（最重要的三个痛点现状，结合 5W1H）	痛点提炼（收入、成本、费用、资金及周转、杠杆等）	需求总结
其他角色	特通（食堂）	痛点 2	痛点提炼 2	需求 2
		痛点 3	痛点提炼 3	需求 3
	其他	……	……	……

表 13-13 的设计相对简单，就是不同角色在日常经营中碰到的"痛点现状描述""痛点提炼""需求提炼"三部分内容。虽然这张表的设计看上去比较简单，但该表的定性数据的获取是非常难的。这方面内容可阅读本篇最后的补充阅读材料——"四步痛点与需求提炼法"。

汇总以上三个图表，就完成了 X2-2 图谱，如图 13-7 所示（见第 252 页）。

目标产业链服务角色经营分析图谱 X2-3

针对产业森林中的服务角色，进行经营分析获得图谱的方法和图谱 X2-2 类似，只不过由于服务角色在产业链市场中提供的是服务或以服务为主的部分产品，因此表格的设计略有不同，见表 13-14（见第 254 页）。

在表 13-14 的示例中，餐馆冻品目标产业链中没有特殊服务商转型成为灰狼群生态中的产品交易角色，因此空缺。同时，考虑到某个服务角色可能会提供多个不同类型的服务产品，因此可以对不同的场景和服务产品再做分类。比如，表中冻品资金托盘商会给不同场景下的冻品经销商提供"仓单""预付"金融产品。

下面再了解这些角色的经营情况，见表 13-15（见第 255 页）。

表 13-15 的前半部分是角色基本的盈利情况统计，后半部分年运营能力的部分内容是和产品相关的经营能力分析，比如应付、预付、存货等。大部分服务型企业不会经营产品，因此不需要填写该部分，但我们也看到有些服务角色会涉及产品的经营，比如尾货处理、备品备件维修等，这种情况下则需要填写后半部分的内容。

最后是痛点和需求的图表，见表 13-16（见第 256 页）。

灰狼群效应
产业数字化的临界点革命

角色分类	角色名称	服务产品交易行为分析							服务产品特性分析	
^	^	服务场景/产品分类	服务对象	采购对象	付费对象	采购对象决策人或决策部门	采购对象在什么样情况下发起采购服务 (5W1H)	服务交付场景及内容	采购方使用频次	提供服务周期 (天数)
特殊服务商	……	……	……	……	……	……	……	……	……	……
专属服务角色	冻品电商平台	/								
^	冻品资金托盘商	仓单产品								
^	^	预付产品								
通用服务角色	冷链物流承运方（汽运）	/								
^	其他金融机构	/								
其他服务角色	点餐软件	/								

角色分类	角色名称	年盈利能力			年运营能力					
^	^	收入	毛利	净利	应收		预收		应付	
^	^	^	^	^	期间平均应收余额	周转天数	期间平均应收余额	周转天数	期间平均应付余额	周转天数
特殊服务商	……									
专属服务角色	冻品电商平台									
^	冻品资金托盘商									
通用服务角色	冷链物流承运方（汽运）									
^	其他金融机构									
其他服务角色	点餐软件									

角色分类	角色名称	该服务角色痛点场景描述（最重要的三个痛点现状，结合5W1H）	痛点提炼	需求总结
特殊服务商	……	……	……	……
专属服务角色	冻品电商平台	痛点1	痛点提炼1	需求1
^	^	痛点2	痛点提炼2	需求2
^	^	痛点3	痛点提炼3	需求3
^	冻品资金托盘商	痛点1	痛点提炼1	需求1
^	^	痛点2	痛点提炼2	需求2
^	^	痛点3	痛点提炼3	需求3
通用服务角色	冷链物流承运方（汽运）	痛点1	痛点提炼1	需求1
^	^	痛点2	痛点提炼2	需求2
^	^	痛点3	痛点提炼3	需求3
^	其他金融机构	痛点1	痛点提炼1	需求1
^	^	痛点2	痛点提炼2	需求2
^	^	痛点3	痛点提炼3	需求3
其他服务角色	点餐软件	痛点1	痛点提炼1	需求1
^	^	痛点2	痛点提炼2	需求2
^	^	痛点3	痛点提炼3	需求3

角色痛点及需求分析图表

图 13-7　目标产业链交易角色的经营分析图谱 X2-2

252

第三部分
灰狼群生态的形成

服务计费方式描述（工时/产品金额/产生数量等）	该类服务在目标客户方产品交付总价中平均占比
……	……

角色交易场景分析图表

预付		存货		年营业周期天数
期间平均预付余额	周转天数	期间平均存货余额	周转天数	

角色经营分析图表

253

灰狼群效应
产业数字化的临界点革命

表13-14 目标产业链产品品类品类相关服务角色场景中的行为分析

角色分类	角色名称	服务场景/产品分类	服务产品交易行为分析					服务产品特性分析			
^	^	^	服务对象	采购对象	付费对象	采购对象决策人或决策部门	采购对象在什么样情况下发起采购服务（5W1H）	服务支付场景及内容	采购方使用频次	提供服务周期（天数）	服务计费方式描述（工时/产品金额/产生数量等）	该类服务在目标客户方产品支付总价中平均价中占比
特殊服务商	……	……	……	……	……	……	……	……	……	……	……
专属服务角色	冻品电商平台	/									
^	冻品资金托盘商	仓单产品预付产品									
通用服务角色	冷链物流承运方（汽运）	/									
^	其他金融机构	/									
其他服务角色	点餐软件	/									

第三部分 灰狼群生态的形成

表 13-15 目标产业链产品品类相关服务角色数据分析示例

<table>
<tr><th rowspan="3">角色分类</th><th rowspan="3">角色名称</th><th colspan="2">年盈利能力</th><th colspan="8">年运营能力</th><th rowspan="3">年营业周期天数</th></tr>
<tr><th rowspan="2">收入</th><th>毛利</th><th colspan="2">应收</th><th colspan="2">预收</th><th colspan="2">应付</th><th colspan="2">预付</th><th colspan="2">存货</th></tr>
<tr><th>净利</th><th>期间平均应收余额</th><th>周转天数</th><th>期间平均应收余额</th><th>周转天数</th><th>期间平均应付余额</th><th>周转天数</th><th>期间平均预付余额</th><th>周转天数</th><th>期间平均存货余额</th><th>周转天数</th></tr>
<tr><td>特殊服务商</td><td>……</td><td></td><td></td><td></td><td></td><td></td><td></td><td></td><td></td><td></td><td></td><td></td><td></td></tr>
<tr><td rowspan="2">专属服务角色</td><td>冻品电商平台</td><td></td><td></td><td></td><td></td><td></td><td></td><td></td><td></td><td></td><td></td><td></td><td></td></tr>
<tr><td>冻品资金托盘商</td><td></td><td></td><td></td><td></td><td></td><td></td><td></td><td></td><td></td><td></td><td></td><td></td></tr>
<tr><td rowspan="2">通用服务角色</td><td>冷链物流承运方（汽运）</td><td></td><td></td><td></td><td></td><td></td><td></td><td></td><td></td><td></td><td></td><td></td><td></td></tr>
<tr><td>其他金融机构</td><td></td><td></td><td></td><td></td><td></td><td></td><td></td><td></td><td></td><td></td><td></td><td></td></tr>
<tr><td>其他服务角色</td><td>点餐软件</td><td></td><td></td><td></td><td></td><td></td><td></td><td></td><td></td><td></td><td></td><td></td><td></td></tr>
</table>

表 13-16 目标产业链产品品类相关服务角色痛点、需求分析示例

角色分类	角色名称	该服务角色痛点场景描述（最重要的三个痛点现状，结合5W1H）	痛点提炼	需求总结
特殊服务商	……	……	……	……
专属服务角色	冻品电商平台	痛点1	痛点提炼1	需求1
		痛点2	痛点提炼2	需求2
		痛点3	痛点提炼3	需求3
	冻品资金托盘商	痛点1	痛点提炼1	需求1
		痛点2	痛点提炼2	需求2
		痛点3	痛点提炼3	需求3
通用服务角色	冷链物流承运方（汽运）	痛点1	痛点提炼1	需求1
		痛点2	痛点提炼2	需求2
		痛点3	痛点提炼3	需求3
	其他金融机构	痛点1	痛点提炼1	需求1
		痛点2	痛点提炼2	需求2
		痛点3	痛点提炼3	需求3
其他服务角色	点餐软件	痛点1	痛点提炼1	需求1
		痛点2	痛点提炼2	需求2
		痛点3	痛点提炼3	需求3

表 13-14、表 13-15、表 13-16 三张表格中的数据，都需要助理研究员及团队找到相应的样本企业进行数据采集、分析，并结合专家的产业经验，对相关统计数据进行讨论再填写。

通过对产业链服务角色的三个经营方面（交易场景分析、经营数据分析、痛点和需求分析）的调研，并得到定性、定量的提炼总结，我们就可以相对全面地了解到目标产业链中不同类别服务企业的经营现状，也就构成了 X2-3 图谱。图 13-8 就是餐馆冻品目标产业链服务角色经营分析图谱的示例。

要注意的是，特殊服务商如果是偏交易业务为主的情况下，比如像农村养鸡养鸭的经纪人有着很强的服务属性，但主要是通过围绕农户的商品交易获得收入，可参照特殊交易商经营分析的相应表格设计。

前文讲述了从产品和企业角度获取一个初步确定的目标产业链的全产业链图谱体系的过程。整个过程的方法论可以浓缩为四步（简称 PECA）：

第三部分
灰狼群生态的形成

1. 找到助理研究员（key person），让他和他的团队能够主动参与整个图谱的制作过程。

2. 根据初步确定的目标产业链用户、目标客户方、目标生产方，结合目标产业链的产品品类，确定和产品品类强相关的全产业链范围（entire of industry chain）。

3. 对全产业链范围内的有关角色和产品做分类（classification）。其中需要分类的角色包括全产业链（含目标产业链）的关键交易角色和目标产业链的服务角色。而产品分类则分为两步：第一步，对目标产业链的产品进行分类；第二步，按照该产品分类的强关联性，对全产业链中其他的紧密关联产业链市场做产品分类。

4. 完成全产业链图谱体系（atlas）。该图谱体系分为两套。一套从产品类别形态的角度出发，对全产业链进行扫描，从而获得产品及产品流转过程中的相关数据。这些数据包括了不同的产品特性、产品结构表，以及产品流转产生的不同细分市场。另一套从价值角色的角度出发，对目标产业链最初确定的目标客户方、终端经销商、生产方、特殊交易商、特殊服务商、专属服务商和通用服务商等关键角色进行容错的角色分析。

角色分析又可以从两个角度来看，第一个是从产业森林的角度出发，分析这些角色物种的画像、数量、分布；第二个是从微观的角度出发，走近这些角色，观察它们的经营活动，包括交易场景分析、经营数据分析和提炼痛点、需求。

通过这四步，我们基本可以解构所关注的产业森林的原始生态。这种解构能够让我们得到具有"相对准确的量化"和"相对全面的客观"特征的全产业链图谱。研究人员、企业家及专业人士能够凭借此图谱发现产业森林中的机会和威胁，看到之前可能忽视的一些战略点，并在此基础上进一步做更多的、自己感兴趣的专题研究分析。

全产业链图谱能够帮助企业的高管团队在同一条水平线上理解企业所在产业链市场的相关信息，对他们讨论企业发展和制定公司战略也会有较大的帮助。

完成该图谱并不需要很长时间。企业在对产业链市场研究的课题相对聚焦或者对数据/信息要求不是很苛刻的情况下，结合优秀的助理研究员，采用PECA方法，花费1~2个月的时间就可获得相应的全产业链图谱。如果对准确性要求更高，最

定性分析						
角色分类	角色名称	决策人身份	采购人身份	采购对象分类		向不同采购对象采购原因/场景（在什么样情况下谁会向该采购对象发起采购服务）（5W1H
目标客户方	中小餐馆			次终端		
^	^			三级经销商		
^	^			二级批发商		
^	大型及连锁餐馆			三级经销商		
^	^			二级批发商		
^	^			一级批发商		
终端经销商	次终端			三级批发商		
^	^			二级批发		
特殊交易商	三级批发商			二级批发		
^	^			一级批发		
目标生产方（从一级批发商角度来看与目标生产方采购交易）	一级批发商			卤制品生产商		
^	^			水产冻品生产商		
^	^			屠宰冻品生产商		
^	^			……		
其他交易角色	特通（食堂）			次终端		
^	^			三级经销商		
^	^			二级批发		
^	……			……		

角色分类	目标产业链关键交易角色	客户分析			产品分析		盈利能力			应收	
^	^	覆盖客户数	活跃客户数	活跃客户贡献收入占比	经营产品SKU数量	利润贡献最大前三类产品及占比	收入	毛利	净利	期间平均应收余额	周转天数
目标客户方	中小餐馆										
^	大型及连锁餐馆										
终端经销商	次终端										
特殊交易商	三级批发商										
目标生产方-加工生产方	卤制冻品生产商										
^	牛羊猪家禽等加工生产商										
目标生产方-冻品生产方	屠宰冻品生产企业										
^	水产冻品生产企业										
^	……	/	/	/			/			
其他角色	特通（食堂）										

图13-8　目标产业链服务角色经营分析图谱X2-3

第三部分
灰狼群生态的形成

定量分析			
复购情况			
交易频次/月	交易金额（元）/次	交易额（元）/月
……	……	……

} 角色交易场景分析图表

运营能力								
预收		应付		预付		存货		
期间平均应收余额	周转天数	期间平均应付余额	周转天数	期间平均预付余额	周转天数	期间平均存货余额	周转天数	营业周期

} 角色经营分析图表

接下图

灰狼群效应
产业数字化的临界点革命

角色分类	角色名称	该角色痛点场景描述 （最重要的3个痛点现状，结合5W1H）
目标客户方	中小餐馆	痛点1
		痛点2
		痛点3
	大型及连锁餐馆	痛点1
		痛点2
		痛点3
终端经销商	次终端	痛点1
		痛点2
		痛点3
特殊交易商	三级批发商	痛点1
		痛点2
		痛点3
目标生产方	卤制冻品生产商	痛点1
		痛点2
		痛点3
	牛羊猪家禽等加工生产商	痛点1
		痛点2
		痛点3
	屠宰冻品生产企业	痛点1
		痛点2
		痛点3
	水产冻品生产企业	痛点1
		痛点2
		痛点3
其他角色	特通（食堂）	痛点1
		痛点2
		痛点3
	其他	……

第三部分
灰狼群生态的形成

接上图

痛点提炼 （收入、成本、费用、资金及周转、杠杆等）	需求总结
痛点提炼 1	痛点 1
痛点提炼 2	痛点 2
痛点提炼 3	痛点 3
痛点提炼 1	痛点 1
痛点提炼 2	痛点 2
痛点提炼 3	痛点 3
痛点提炼 1	痛点 1
痛点提炼 2	痛点 2
痛点提炼 3	痛点 3
痛点提炼 1	痛点 1
痛点提炼 2	痛点 2
痛点提炼 3	痛点 3
痛点提炼 1	痛点 1
痛点提炼 2	痛点 2
痛点提炼 3	痛点 3
痛点提炼 1	痛点 1
痛点提炼 2	痛点 2
痛点提炼 3	痛点 3
痛点提炼 1	痛点 1
痛点提炼 2	痛点 2
痛点提炼 3	痛点 3
痛点提炼 1	痛点 1
痛点提炼 2	痛点 2
痛点提炼 3	痛点 3
……	……

角色痛点及需求分析图表

多 3 个月时间就能够完成这项工作。

全产业链图谱体系是一个新工具，虽然这个工具已经历经多年的完善和实践，但仍然存在着很多不足。欢迎更多的读者能够参与不同市场和产业的实践，从而进一步完善该工具。

头狼企业可以通过全产业链图谱体系，使企业内部不同背景的精英们同频讨论灰狼群生态的构建。团队可以通过全产业链图谱体系一起讨论最终的目标产业链边界，确定灰狼群生态的角色。全产业链图谱体系也为头狼企业在产业森林中构建灰狼群数字生态，实现成长，最终完成产业链重构提供了帮助。头狼企业还可以通过对全产业链图谱体系的分析，对最初的产业链战略做进一步验证，以确认其正确性。

完成了全产业链图谱体系，头狼企业就完成了灰狼群生态试错的第二个黑箱任务，如图 13-9 所示。

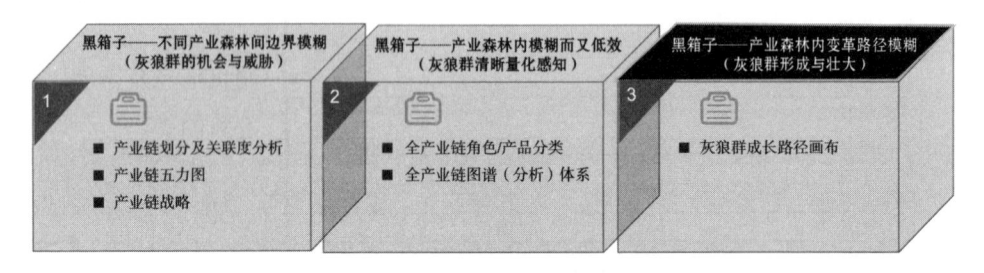

1 黑箱子——不同产业森林间边界模糊（灰狼群的机会与威胁）	2 黑箱子——产业森林内模糊而又低效（灰狼群清晰量化感知）	3 黑箱子——产业森林内变革路径模糊（灰狼群形成与壮大）
■ 产业链划分及关联度分析 ■ 产业链五力图 ■ 产业链战略	■ 全产业链角色/产品分类 ■ 全产业链图谱（分析）体系	■ 灰狼群成长路径画布

图 13-9　灰狼群生态形成的三部曲

我们将在下篇中开启灰狼群生态的第三个黑箱任务。

下篇
灰狼群的形成

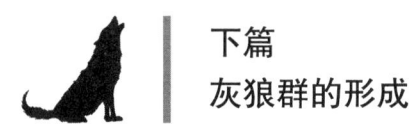

当我们完成全产业链图谱体系后,产业森林的全貌不再模糊,产业链结构一览无余地呈现在我们面前。头狼企业即将推动目标产业链市场这一片森林的变革,构建灰狼群生态,并促进生态的成长壮大。

第十四章
灰狼群的形成

灰狼群形成的一些基本规律

读者已经了解了消费互联网的数字生态是在互联网新大陆独立形成的，而灰狼群的形成则是打破旧世界，建立新世界，实现变革的过程。灰狼群新物种有着非常独特的与产业链相关的一些出生规律和成长规律。

一、灰狼群的形成起源于目标产业链市场

在绝大多数情况下，灰狼群的形成起源于目标产业链市场。头狼企业很少一开始就跨越多个紧密关联产业链，直接构建跨链复合型的灰狼群生态。因为这样做的风险很大，原因如下：

1. 不同的细分产业链市场变革需要不同的路径，在构建灰狼群的过程中，很难同时变革两个不同的细分市场。一般情况下，多个紧密关联产业链形成的全产业链市场的合计市场规模将达到数千亿乃至数万亿级别。在这个连片的产业森林中，存在不同的用户群或客户群，也可能存在不同的产品品类。这种不同角色、不同产品品类的差异性，本质上是每个细分产业链市场中流通市场和零售市场的产品供应链的差异性。这种差异性决定了不同产业链市场的内部矛盾并不一样，产业链低效的原因也不尽相同。同时变革两个产业链市场的风险非常大，因此需要从一个细分产业链市场入手，这样，成功构建灰狼群生态的概率才会更高。

2. 网状的全产业链市场难以形成灰狼群。因为不同的细分产业链市场有重合角色，所以它们交织在一起，形成了网状的交易结构。比如，前文列举的食材供应

链市场，有不同的使用食材的客户方，有不同品类的食材生产企业。在这样的市场中，链条间网状交易结构容易让人感到困惑，无从分析这个大市场中各个产品品类、各个角色和协作的现状，导致灰狼群在该市场中形成的难度大大增加。因此通过对"全产业链""紧密关联产业链""目标产业链"的梳理，从一个细分产业链市场入手，可以相对容易地形成灰狼群。

3. 头狼企业自身的顶层设计能力和资源难以支撑全产业链的灰狼群形成。如果考虑多个细分产业链市场同时形成灰狼群，必然会有不同的变革路径，出现多个灰狼群生态。读者已经了解了灰狼群生态内部天然有着互联网平台"交易在线"的特征，这意味着一个团队要从零开始同时启动多个互联网平台的建设工作，而这对团队和资源的要求和挑战都很大。

我们也看到有些头狼企业的企业家为了解决这个问题，希望把构建多个生态的过程融合成构建一个大生态的过程。这意味着无论是后台IT底层技术架构设计，还是业务逻辑设计、业务执行等，都要基于不同的生态构建强行融合，因此成功的概率很低。因为在这个融合的过程中，无法事先规划每个子生态和大生态之间的耦合机制（包括耦合结构、耦合界面、耦合标准）。每个细分产业链市场既然能够在现实中单独存在，一定有其独特的细分产业链市场特性，需要有独立团队来对不同的细分产业组织生态进行重构，也将产生不同的细分数字产业组织生态，不同的数字生态的信息化（数字化）建设的规划和进度也是不同的，因此需要大生态提供不同的资源给予支持。在这种情况下，大生态的顶层设计很难做到需求的设想，头狼企业也无法将有限的资源条件和禀赋能力在顶层设计时就提前分配好。

因此，用一个团队来完成多个细分产业链重构，难度几乎是无法想象的。每个细分产业链市场的重构和灰狼群生态的形成就是一次产业链革命。创新本身就是九死一生，即使是有能力和资源的企业家，在面对多个细分产业链市场同时创新革命时也需要慎重，更何况企业家还需要学习和理解用来进行产业革命的工具——互联网及信息技术，以及形成灰狼群的方法论。

打个不恰当但很形象的比方，就像有志于成为全科医生的医学新生，还未开始系统地学习基础医学知识，就已经幻想为多个不同病症的病人做手术。显而易见，

灰狼群效应
产业数字化的临界点革命

这样的手术失败的概率是非常高的。

在产业森林中,不少优秀的实业企业家花了数百万、数千万乃至上亿的资金,基于多个产业链进行灰狼群生态的构建,结果后悔不已。甚至还有个别雄心勃勃的实体企业的企业家,利用其传统企业每年获得的数亿利润乃至更多的资金和拥有的产业资源,试图形成跨产业链的灰狼群,但结果都不太理想。

> 由于旧世界与新世界的投入产出的函数差异性,旧世界的"实力"投入并不意味着新世界必然的"产出"。

当然,凡事皆有例外。在一些极特殊的条件下,头狼企业一开始就可以把全产业链当作目标产业链市场来构建灰狼群生态。

这些极特殊的条件,具体有两种特殊情况:

1. 基于特定人群、特定场景的全产业链灰狼群。比如,针对医院就诊人群、工厂园区的工人群体、学校的学生家长群体等,这些是许多消费品细分产业链市场中的精准用户。头狼企业要采用一定的方法紧密团结这些场景中的终端经销商(b),快速建立起"私域大流量",从而重构这些人群所消费产品的产业链,建立全产业链的灰狼群生态。比如,头狼企业在面对慢性病人群体时,如果能和医院联合,建立在线问诊和长期服务的在线体系,就可以为这部分人群提供不同品类的药品、保健品、保健器械等反向集采交易服务。

2. 基于企业场景的全产业链灰狼群。在某些产业集群所在的地区,把该地区成千上万家同一类型的生产制造企业当作最终客户方,头狼企业构建统一的原料或配件反向集采供应链,对接不同产品品类的供应商,形成全产业链的灰狼群生态。形成了这样的地理场景生态后,再去全国其他同样的产业集群地区复制这种生态。比如在佛山家具生产企业集群地区,面对成千上万家家具生产企业,头狼企业通过联合终端经销商,反向集中采购五金、木材、化工等原料配件来撬动相应的生产企业,形成灰狼群。然后再把这种模式复制到其他的几个大家具生产集群,这样就形成了家具生产企业原料配件的全产业链市场灰狼群生态。

以上是基于目标产业链市场形成灰狼群生态的第一条规律。

二、建设"点"，打通"线"，形成"面"

前文曾提及阿里巴巴在"新大陆"上建立了一个新的交易市场。其构建新市场有三步法：从点（客户及切入业务）到线（交易形成，各交易方参与），再到面（市场所有的服务方陆续参与，直至全面被裹挟）。

形成灰狼群生态需要打破产业链陈旧的网状交易结构，并在这过程中建立起新的产业组织形态。这种产业组织虽然表现为生态的数字协同紧耦合，但其实在生态内部也是一个新的在线交易市场，仍然可以借鉴阿里巴巴的三步法。

在构建灰狼群生态的过程中，尤其重要的是建设"点"——目标终端经销商。主要原因有以下几点：

1. 点的战略意义

在目标产业链市场中，目标终端经销商的选择和确认是非常重要的。一方面，这个"点"将成为目标产业链零售市场和流通市场新的重合角色，成为市场中供应链流转的关键点；另一方面，作为灰狼群生态中的关键价值角色，头狼企业通过服务目标客户方形成需求订单，再通过反向集采连接目标供应商，这是生态实现指数增长、形成飞轮效应的起点。因此，头狼企业在考虑构建灰狼群生态时，首先要团结合作的对象就是目标终端经销商。没有目标终端经销商，头狼企业就没有办法快速形成蝴蝶结形的反向集采供应链，也就没有机会实现对产业森林的变革。

目标终端经销商就是产业森林的战略点。在选择和确认目标终端经销商的过程中，除了传统的终端经销商，还有特殊交易商、特殊服务商。只有找到符合"客户距离最近、客户采购量最大、对客户影响力最强、最有可能配合头狼企业"这些标准的目标终端经销商，头狼企业才有可能在产业森林中建立起高壁垒的"私域流量根据地"。

2. 点的合作业务——"针业务"

头狼企业选择了正确的点之后就需要思考下一步的工作，即和这个价值角色的合作方式，笔者称之为头狼企业的"针业务"。

灰狼群效应
产业数字化的临界点革命

"针业务"能够让目标终端经销商紧密团结在头狼企业周围，形成头狼企业在产业链市场中的根据地。有了根据地，才有机会形成灰狼群生态。

"针业务"具有三个特征：第一，使目标终端经销商 b 的经营效能有明显提升；第二，使 b 习惯通过互联网及信息技术管理其核心日常业务形成依赖性（高频刚需）；第三，"针业务"能够被头狼企业快速批量地复制到其他 b 身上。

第一个特征的主要目的是让 b 和平台成为利益共同体；第二个特征的目的是让 b 的业务数字化，形成使用互联网及信息技术工具的习惯，为后续形成在线交易打下基础；第三个特征的目的是一旦"针业务"在少数 b 身上实验得到良好的效果，头狼企业可以在产业链市场中快速传播"针业务"。

"针业务"的设计出发点，基于目标产业链客户方或目标终端经销商的需求痛点。

比如，在宠物店产业链市场，中小宠物店的店主主要靠宠物洗澡、美容等服务收费作为收入来源，其商品选择和销售服务能力较弱。宠物服务收入依赖店主日常的人力支出，这是有瓶颈的，也是大多数宠物店规模做不大的原因。同时，宠物主人也有着宠物商品购买不便、周末带宠物去美容排队时间长等痛点。头狼企业通过综合性手段，包括提供互联网及信息技术工具、提供优质高效的供应链等，可以帮助宠物店店主为所在社区的宠物主人（客户方）提供在线预约服务、商品线上订购配送服务等。这样做一方面解决了客户方的痛点，为他们提供了综合商品与服务的线上线下业务，大幅提升了购买宠物商品的便利性；另一方面也迅速提高了宠物店的利润。

在电厂煤炭产业链市场，电厂经常有几个月账期，拥有可以晚付款的权利。虽然终端经销商具备很强的客户服务能力，但由于客户方的付款习惯，导致其资金周转慢、收款慢。这种现象成为绝大部分终端经销商做不大的瓶颈。头狼企业要协助提供动产供应链金融产品，与合理的、相对低成本的资金方合作，帮助 b 快速做大业绩。在这过程中通过供应链风控信息化技术，实现 b 在互联网上完成相应信息的提交和资金发放信息跟踪，实现辅助金融机构贷款给 b 的"针业务"，带来 b 的高黏性。

在医疗试剂产业链市场，目标终端经销商 b 面向医院供货做不大的原因有二：一方面是收款有账期，周转慢；另外一方面，试剂品种繁杂、使用复杂、更新快等原因，导致终端经销商没有能力服务更多的客户。医院领导也有痛点，各个科室采购医疗试剂的品种不同，金额小、频次高、品种更换快，无法管理好品类采购。头狼企业在"针业务"设计上，除了可以为 b 提供新型的供应链金融业务，还可以建设囊括市面流通试剂相关信息的知识库和技术服务库。这一方面帮助终端经销商通过信息化手段提高效能，增强其客户群服务能力；另一方面与医院有关信息系统对接，进一步促进 b 做好客户服务。

以上是头狼企业挖掘客户方或目标经销商的痛点和需求，然后针对"点"设计的"针业务"。当然，由于目标经销商和客户方有可能都是企业机构，因此还可以结合杜邦分析法来做痛点和需求分析，这在全产业链图谱体系分析中也提到过。该分析法的核心公式为：

$$净资产收益率 = 销售净利率 \times 资产周转率 \times 权益乘数$$

比如，从终端经销商的角度考虑，销售净利率主要来自两个方面，客户收入和产品进销差价。因此，"针业务"的设计与选择既可以从客户方面入手，利用互联网及信息化技术，帮助 b 拓客、锁客、留客、客户转介绍，从而实现高效率增长；也可以从产品进销差价入手，看头狼企业否有机会掌控产业链中能够帮助 b 形成垄断的高利润产品品类，或者基于目标客户方刚需高频的特征，有其他产业链的产品品类能够帮助 b 达到经营高利润。

在产品进销差价的"针业务"选择上，有些头狼企业会进入误区。它们在部分本产业链产品品类没有长期独特性优势的情况下，对外宣传"全网低价"，通过"烧钱"补贴的方式来拉拢终端经销商，以实现互联网化交易采购。这种做法并不可取。

这种做法可能的后果是把一个垂直产业链市场的价格透明化，导致绝大多数产业链市场出现利润率下降，市场内研发、生产型企业生存状态普遍恶化，最终产业链无法升级。关于企业进行低价竞争，感兴趣的读者可以继续阅读后文的补充阅读材料——"企业间无序低价竞争的小故事"。

接着，来讨论杜邦分析法公式中的资产周转率。影响资产周转率的因素有很多，主要体现在应收、预收、应付、预付和存货5个方面。考虑到目标终端经销商是产业链中的弱势角色，所以目标终端经销商很少会出现预收和应付的情况，比较常见的情况是应收和预付。头狼企业在短期内改变不了现有产业链市场中的这种交易行为，因此需要寻找其他方法来帮助他们。

比如，解决目标终端经销商存货压力的"共享前置仓"业务。头狼企业和优秀的生产企业合作，把生产企业堆放在自己企业库房里的生产成品大批量地转移到目标客户方所在的城市地区共享前置仓。这种做法一方面可以降低灰狼群生态中的物流成本；另一方面可以降低b在传统经营中迫不得已向商家现款支付以批量采购商品导致的较大资金压力，使b可以小批量、多批次地快捷采购和到货，资产周转率得以明显改善。

最后是权益乘数，表达的是企业的负债程度。对于目标终端经销商而言，由于其资产规模小，获得外部资金借款助力发展业务比较难，头狼企业可以通过互联网、物联网、大数据等相关信息技术进行风险控制，为他们提供基于动产的新型供应链金融服务。

"针业务"存在一种特殊现象，就是"共振"效应。"针业务"不仅解决了目标终端经销商的痛点和需求，还解决了其目标客户方的痛点和需求，那么目标终端经销商的经营效能会有更加明显的提升。这也意味着目标终端经销商会更容易被头狼企业吸纳为灰狼群生态的一员，并且在生态中对头狼企业有更强的依赖性。

比如前文举例的宠物店产业链市场，头狼企业提供的服务不仅解决了终端经销商的痛点，还为宠物主人提供了更加方便的宠物服务，让其能够在采购宠物商品时拥有"多、快、好、省、易"的购物体验。前文举例的医疗试剂产业链市场的头狼企业，则通过赋能业务不仅解决了b的痛点，还帮助医院实现统一管理采购试剂业务，为医生提供便捷、及时的远程用药技术支持等。

3. "针业务"可以用"3 个 3+1"来评估目标终端经销商 b 被赋能后的效果

头狼企业能够通过"针业务"帮助 b 实现以下 3 个经营活动指标中的至少 1 项：收入增加 3 倍，成本降低 30%，周转速度提高 3 倍，或者解决 b 产品或服务场景中至少 1 个核心痛点或需求。

通过对目标终端经销商的痛点或需求进行分析、归纳得到的"3 个 3+1"，体现了 3 个财务指标（收入、成本和周转效率）和 1 个场景痛点或需求。

在传统产能过剩的产业链市场中，目标终端经销商大都是狐狸企业，头狼企业只有找到"针业务"才能和其建立起信任关系。

> 头狼企业和目标终端经销商的信任关系的建立，不是依赖头狼企业短期的、间歇性的、局部的产供货"低价"业务，而是头狼企业赋能目标经销商，帮助目标终端经销商实现具有长期价值的"经营效能提升"的业务。

以上花了较大篇幅讨论了建设"点"的方法论。有了点，才能继续讨论如何把产业链打通，实现交易在"线"。而且，在此基础上实现吸纳服务商，形成"面"的最终目标也会相对容易得多。

星星之火可以燎原，当头狼企业团结了大量目标终端经销商，并且彼此之间有了很强的黏性和信任度，那么汇集目标终端经销商碎片化、大量的采购需求后，"订单决定了生产"，头狼企业挑选优质的供应商，打通供需在线交易"线"（链）就将成为水到渠成的事情。而这也会对传统产业链的商流产生巨大的影响，因此这是灰狼群形成的第二个里程碑。

当灰狼群生态内部的在线交易达到一定的规模，那么也就意味着生态内部的新产业组织方式和在线市场已经成熟。在这样的前提条件下，传统产业链市场的服务商也将在线参与到新市场的建设中。而这就是灰狼群形成的第三个里程碑。

建设"点"，打通"线"，形成"面"，这是灰狼群生态形成的一个基本规律。由于一些头狼企业的资源条件和禀赋能力比较强，头狼企业的企业家为了加快速度，可能不会依次完成"点""线""面"的三个里程碑，而是在同一个时间实现两个及以上的里程碑。但无论里程碑实现的过程如何变化，这三个里程碑在灰狼群生态的构建过程中始终是缺一不可的。

三、统一战线

在头狼企业打破产业链市场过去无序的交易结构，重构蝴蝶结形产业链的新数字生态的过程中，统一战线对于头狼企业而言尤为重要。

灰狼群的形成及壮大过程，是对传统存量产业链市场蛋糕重新分配的过程。在这个过程中，必然会触动不同的利益阶层、不同角色的企业群体。因此，头狼企业团结一部分优秀的企业，与另外一部分落后的企业做斗争是常态，而且这种斗争不是持续一两年，可能需要三五年甚至10年以上，才有可能建立起灰狼群生态在千万亿级体量的产业链市场中举足轻重的地位。灰狼群生态的统一战线是长期的。

形成统一战线依靠的是文化建设和价值创造。在形成灰狼群生态的过程中，团结不同角色有不同的方法，头狼企业可以"以利诱之、以情感之、以武威之、以恐吓之"。以上这些手段在短时间内都可以对灰狼群生态中的企业群体起到一定的效果，但长期而言无法形成紧耦合的生态。因此，文化建设与价值创造才是形成统一战线的核心要件，一方面要建设灰狼群生态的文化，另一方面要基于角色创造长久的价值。

灰狼生态的统一战线也并非一成不变的。在产业链市场的内部存在着"中间阶级"。形成灰狼群生态需要目标终端经销商、目标供应商和目标生产方的参与。在实践中，笔者也看到由于头狼企业产业资源条件和禀赋能力的局限性，为了快速发展的需要，头狼企业经常也会团结以上价值角色以外的其他角色，即"中间阶级"。

比如，汇通达为了吸引更多农村夫妻电器店加入灰狼群生态，就选择和城市的电器批发商（特殊交易商）合作，成立合资公司，进而利用批发商的资源来发展目标终端经销商。

抓住灰狼群生态发展遇到的主要矛盾，把能够团结的"中间阶级"也团结起来。随着灰狼群生态的发展，会出现不同的"中间阶级"，头狼企业与之可以结成暂时的联盟,解决当时的主要矛盾。"争取多数、反对少数、各个击破",把对原则的坚持和统一战线的策略灵活性相结合,会使灰狼群生态的成长更加顺畅。

灰狼群形成的路径——灰狼群商业模式画布

灰狼群生态的形成,是数字生态与头狼企业两个主体同步形成、壮大的过程。数字生态与头狼企业之间又互相影响、互相促进、互相依赖。这种现象具有很强的特殊性,不同于一个现象一个研究主体的传统观念。

在研究灰狼群时,应该把哪个主体作为主要的研究对象?不同的研究者有不同的选择。绝大多数的从业者和研究者习惯从传统工业时代的"个体"角度出发,选择头狼企业作为其研究的核心对象,本书则选择了少有人关注的"灰狼群生态"作为研究的核心对象。这种选择是基于这个新物种独特的利他属性而确立的。

> 利他使得灰狼群生态中的各个企业团结形成产业命运共同体,灰狼群生态的出生和成长是否可以使产业链实现最优,使生态内部实现正和博弈,是头狼企业存在的前提。这与之前传统的工业企业或数字平台企业具有利己属性,从市场角度出发寻找机会,实现自身企业成长的过程,有着天然的不同。

从灰狼群生态的角度出发进行其成长路径的研究,离不开"商业模式画布"这个工具。

商业画布兴起于消费互联网,该工具主要是帮助新经济企业家、投资人理解一家企业和产业链市场中各种角色之间的商业关系,从而快速了解这家企业在产业链市场中的经营思路和未来的资本价值。

由于美国硅谷是消费互联网浪潮中创新创业的圣地,因此硅谷对商业模式画布的研究尤为繁荣。2008年,著名商业模式创新作家、商业顾问亚历山大·奥斯特瓦德(Alex Osterwälder)提出了商业模式画布(BMC)的概念;后来又出现了杰罗恩·克拉伊恩布林克（Jeroen Kraaijenbrink）的战略示意图和阿什·莫瑞亚（Ash Maurya）的精益创业画布。

这些商业模式画布从顶层设计上帮助企业家从企业战略层面到具体产品业务层面去思考公司业务规划的核心发展要素和制约要素。但各自有所侧重，这三个工具的顶层设计思路是有差异的，见表14-1。

表14-1 不同商业模式方法论的比较

模式	战略示意	商业模式画布	精益创业画布
作者	杰罗恩·克拉伊恩布林克	亚历山大·奥斯特瓦德	阿什·莫瑞亚
目的	定义一个企业的总体策略，观察不一致性出现以及新产品的开发，基于此发展改良的策略	帮助你创造商业价值，覆盖战略示意图2/3的内容	商业模式画布基础上更有针对性的变形，帮助某一个特定的客户快速细分，并定义商业模式
受众	成熟企业、创业企业	成熟创业、创业企业	创业者、新的主创团队
额外的元素	危机、价值或目标、组织环境、趋势或不确定性		问题、解决方案、关键指标
失去的元素	问题、关键指标	竞争对手、危机、价值或目标、组织环境、趋势或不确定性、问题、关键指标	危机、价值或目标、组织环境、趋势或不确定性、客户关系
何时应用	定义长期的策略以及开发未来视野	当价值目标、组织环境相对明显时，作为一个价值主张的工作起始点	假如你管理一个新的主创团队，想要遵守精益创业的准则

通过表14-1大家可以看到，这三个商业模式画布的应用场景有很大的差异性。但总体而言，这些商业模式画布都能为一家企业在产业链市场中的形成给予相应的指引。但在实践中，无法用其中任何一张画布作为蓝本来指引人们了解灰狼群生态这种新型产业组织复杂系统的形成过程。

笔者结合以上画布思路、灰狼群生态形成的基本规律，以及灰狼群生态形成

第三部分
灰狼群生态的形成

过程中头狼企业自身的成长，重新做了灰狼群生态的商业模式画布，见表14-2。

表14-2 灰狼群生态形成的商业模式画布

灰狼群终局形态：目标产业链灰狼群生态交易角色选择及画像			
目标客户方1	目标客户方2	目标终端经销商（b）角色及画像	目标供给商（S）的角色及画像
		角色名称： 合作角色选择（精选或全部）： 合作角色画像：	角色名称： 合作角色选择（精选或全部）： 合作角色画像：
痛点及需求提炼	痛点及需求提炼	痛点及需求提炼	痛点及需求提炼
产品品类			
交易形态	交易形态	交易形态	交易形态 /
互联网"四流"、市场其他服务的重构及头狼企业在目标产业链中所起的作用	商流（交易流）规划		
^	资金流及金融业务规划		
^	物流规划		
^	信息流规划		
^	其他服务流规划		
头狼企业盈利来源业务	X业务		
^	Y业务及连锁形态		
^	Z业务		
产业链促进中心建设（产业数字化新基建）	物流体系 产业技术孵化 供应链金融资金方 生态协同基金 其他创新服务（包括培训、园区建设等）		
目标产业链灰狼群生态MVE[①]画布			
MVE业务——针业务（信任业务）			
核心创始人团队（PKSD） 懂产业"四流"团队			

接下表

① MVE指侯宏在《多平台组合的演进与设计——企业视角的产业互联网战略升级》中提到的最小可行化生态（minimum viable ecosystem，简称MVE）。

续表

目标产业链市场的核心产业资源	物流仓储资源： 资金及供应链金融资源： 信息技术资源： 目标终端经销商资源： 供给商资源： 政府资源： 产业其他资源（研发/服务/流通等）资源：		
赋能目标经销商（b）"针业务" （解决核心痛点/需求的业务方案）			
关键指标（创造核心价值点）			
针业务收入及成本费用分析			
市场拓展模式			
实现点向线转变（MVE的成功标准）			
产业链战略			
MVE——打通目标产业链的供应链，实现在线交易业务			
目标客户方1	目标客户方2	目标终端经销商（b）角色及画像	目标供给商（S）的角色及画像
		角色名称： 合作角色选择（精选或全部）： 合作角色画像：	角色名称： 合作角色选择（精选或全部）： 合作角色画像：
产品品类			
交易形态	交易形态	交易形态	交易形态
			/
互联网"四流"、市场其他服务的重构和头狼企业在目标产业链的在线交易市场阶段性中所起的作用	商流（交易流）规划		
	资金流及金融业务规划		
	物流规划		
	信息流规划		
	其他服务流规划		
头狼企业阶段性盈利来源业务	X业务		
	Y业务及连锁形态		
	Z业务		
单城市（地区）头狼企业收入及成本费用分析			

接下表

第三部分
灰狼群生态的形成

续表

产业链促进中心建设 （产业数字化新基建）	物流体系 产业技术孵化 供应链金融资金方 生态协同基金 其他创新服务（包括培训、园区建设等）
	IT整体与分步规划

灰狼群生态商业模式画布的重要作用，就是了解灰狼群生态从出生到成长，再到最后实现产业链最优的路径。要知道，灰狼群生态在成长的不同阶段，由于产业内外环境变化、特定产业结构、头狼企业的资源条件和禀赋能力，最终形成的灰狼群生态并不是一成不变的，需要根据上述三个因素的变化不断地对灰狼群生态进行调整和优化。

灰狼群生态商业模式画布一共分为两部分，第一部分是灰狼群生态形成的终局画布，第二部分是灰狼群生态形成的路径画布，即"从0到1"的过程。

一、灰狼群生态的终局画布

灰狼群生态的终局画布是实现一个目标产业链市场效能最优的最终产业链价值角色的组织形态。通过对该画布相关内容的确认，头狼企业可以清晰地了解灰狼群生态的最终形态和自身的盈利来源。下面就画布的内容分别做说明。

1. 确定终局的灰狼群生态的角色组成。头狼企业通过全产业链图谱体系选择并确认目标客户方、目标终端经销商、目标供应商和目标生产方的价值角色，形成了最终的C（B）→b→s数字产业组织。

2. 确定角色最终的筛选和合作方式。尤其是目标终端经销商、目标生产方和目标供应商，需要慎重考虑是"精选"还是"普遍合作"。

3. 确定灰狼群生态终局角色的痛点和需求。在全产业链图谱体系中，已经搜集了各个终局角色的痛点和需求。头狼企业可以通过利他赋能解决这些角色的痛点和需求。只有解决了这些角色的问题，灰狼群生态才能长期存在，并实现发展。

4. 灰狼群生态中产品品类及各角色的在线交易形态。在线交易离不开货物，这意味着它也离不开产品品类。要通过终局思维确定目标产业链的产品品类，然后再考虑每个角色参与在线交易的形态。

如果目标客户方是消费者，由于消费者受消费互联网的影响，已经形成了在线交易的习惯，那么在C-b之间就有可能采用在线交易模式——团购、商城、拍卖、精选、预约抢购等。如果目标客户是企业机构，那么要根据客户方对产品的购买习惯，确定是采用在线交易模式还是线下交易模式。目标终端经销商与目标供应商之间同样需要在线交易，因此也需要思考并确定合适的在线交易形态。

5. 确定在灰狼群生态的终局形态下，产业链"四流"的变化及头狼企业在其中起到的作用。大家已经通过本书了解了灰狼群生态形成的蝴蝶结形供应链，也了解了在这种新型供应链结构下"四流"的改变。结合不同的灰狼群生态，在终局形态下"四流"的变化并非完全一致，因此需要对其有清晰明了的描述。

这种描述分为两个方面，一方面描述"四流"新的流动形态，另一方面描述头狼企业在其中扮演的角色。比如针对交易流，就需要简明扼要地描述"C/B→b→s"三者之间的交易形态，同时描述头狼企业在目标终端经销商与目标供应商的交易中起到的作用。头狼企业是在其中充当产业链在线交易的"批发商"并有较高的交易收入，还是作为"创新舵主"收取产业链价值创造的创新收益差价，获得较低的交易收入，两种形式决定了头狼企业不同的收入和盈利模式。

1. 分析在终局情况下，作为头狼企业主要盈利来源的业务。之前读者已经了解，如果头狼企业希望获得盈利，需要至少实现"X、Y、Z"三个业务中的一种，因此对该盈利来源及相应的业务要做简明扼要的描述，包括业务描述、盈利来源，以及测算盈利的最大空间。

2. 产业链促进中心。产业链促进中心是对一类机构的统称。这类机构会协助头狼企业推动灰狼群生态加速形成，它们在灰狼群生态的成长壮大过程中起着重要的促进作用。

比如，一些大型的第三方物流仓储企业与头狼企业合作后，头狼企业不需要建设仓库就可以拥有现代化智能物流仓储设施，头狼企业则以为它们提供稳定的业务作为回报。比如，特定的产业资金方参与灰狼群生态，帮助头狼企业实现新型供应链金融业务等。

通过分析终局画布中的"四流"重构情况，头狼企业可以对传统目标产业链市场中过去存在的"四流"做未来的新规划。在这个过程中，需要梳理清楚哪些产业链的服务工作由生态中的一些价值角色承担，哪些由头狼企业自己承担，哪些通过和别人合作来实现，并将梳理得到的结果归入产业链促进中心。

以上是灰狼群生态的终局画布。通过该画布可以了解灰狼群最终的形态和生态，以终为始，那么头狼企业在生态发展的过程中就不会迷失方向。

二、灰狼群生态实现在线交易的 MVE 路径画布

通过灰狼群商业模式画布的第一部分——终局画布，大家可以预想未来产业森林中灰狼群数字生态内部的千万家企业各自分工、高效运转，头狼企业挥斥方遒的美妙图景。

万丈高楼平地起，虽然预见了美好的未来，但头狼企业在构建灰狼群数字生态的过程中必然面临创新创业的高风险性。

创新创业的高风险性是普遍存在的。在全球创新高地硅谷，这种现象早就被注意到。为了降低创新创业风险，埃里克·莱斯于 2012 年 8 月在其著作《精益创业》一书中，首度提出了同名的方法论。该方法论有两个假设——价值创建假设和增长假设，并提供了三个实施工具——MVP（打造最小可行性产品或方案，minimum viable product）产品或方案、客户反馈和产品的快速迭代。

精益创业方法论的提出，帮助企业家在创新创业过程中用最少的资金和资源实现最大概率的成功。本书采用同样的方法论来总结灰狼群生态的形成和成长路径，即 MVE 路径画布。该路径画布分为两部分：第一部分是建设"点"，即"针业务"的建设规划；第二部分是打通"线"，即实现生态在线交易业务的规划。

先来看第一部分画布涉及的要素：

1. 核心团队的 PKSD 特征。盘点头狼企业是否拥有相应的核心团队、物流、供应链金融、产业经验及资源、互联网运营及信息技术的人才，且互相之间是否有互

补性。

2. 产业链的核心资源。盘点核心企业包括其高管、股东所拥有的产业链市场资源，这些资源涵盖产业链市场内的"四流"资源和各种价值角色企业的人脉关系资源。

盘点"四流"资源的主要目的是评估在灰狼群形成的过程中头狼企业承担链服务的能力，即赋能各个生态角色加入生态的能力。人脉关系资源解决的是头狼企业动员其他角色，并让他们团结在自身周围的能力。这两者一个是拉力，一个是推力。

最后一个是头狼企业在灰狼群形成过程中，是否有政府相关资源的支持。有了政府相关资源的支持，灰狼群生态形成的速度也会变得更快。

3. 介绍"针业务"。关于如何设计"针业务"，详细内容在前一节中已经有描述。而在画布有关"针业务"要素的填写中，需要简明扼要地讲清楚"针业务"的对象是目标客户方和目标终端经销商中的哪个角色，抑或兼顾两者，"针业务"解决了他们的哪些痛点或需求，又是采用什么业务来解决的，以及最终是否实现了团结目标终端经销商并将其纳入生态。

4. 结合"针业务"的"3个3+1"衡量指标，对"针业务"进行评估，并确认"针业务"的可行性。

5. 分析"针业务"的收入和成本费用。通过"针业务"赋能，头狼企业可以实现单个目标终端经销商效能的明显提升。因此，需要盘点头狼企业在单点赋能过程中投入的时间、资金和资源，以及相应获得的收入，并在此基础上评估该业务规模化复制的可行性和可靠性。

6. 市场拓展模式。该模式主要是指灰狼群生态形成过程中，针对目标终端经销商拓展模式的盘点和确认。一般有三种模式——渠道、直销和合资。渠道意味着和第三方合作，以拓展目标终端供应商；直销意味着需要做好预算，有足够的资金支撑数量庞大的市场人员在全国乃至全球和目标终端经销商（b）合作；合资模式就是类似汇通达和城市电器批发商成立合资公司，拓展目标终端经销商（b）。

7. 生态从"点"到"线"的阶段标准。当头狼企业完成了"点"的初步建设，思考何时打通"线"，实现供应链的在线交易，初步建立灰狼群生态时，要结合多个因素来做这个关键决策。

首先考虑团队从"点"到"线"过程中能力的延展性,其次是考虑打通"线"、实现新"四流"变革所需要的产业链资源条件和禀赋能力的准备情况,最后是考虑单"点"的进展情况,即需要多少目标终端经销商的订单,才能在市场中形成反向集采的商品规模效应,以撬动目标供应商主动合作。

8. 产业链战略。这是路径画布在这个阶段的最后一个要素。因为灰狼群生态的形成需要较长的一段时间,在这个过程中,头狼企业仍然要以终为始,想清楚在自身能力和资源禀赋有限的情况下面临的产业链五力的威胁与机会,提前做好相应的准备工作,时而"低头赶路",时而"抬头看路"。

以上是在形成灰狼群生态 MVE 路径的过程中,头狼企业在"针业务"阶段需要思考的要素。下一阶段是实现目标产业链在"线"交易的规划路径画布。

在 MVE 这部分规划中,有一部分要素与终局画布的要素重叠,因此不再赘述。区别在于在这个阶段,头狼企业的团队能力与产业链的资源条件、禀赋能力还是有限的,头狼企业要结合有限的资源条件和禀赋能力来做相应的规划及盘点。

对新出现的要素"分析单城市或地区头狼企业收入和成本费用",笔者将做进一步说明。

对单城市或地区头狼企业的收入和成本费用的分析,也是对灰狼群 MVE 路径在一个地区的盈利模型分析。在一个产业链市场中,目标客户方分布在全国乃至全球,目标终端经销商也随之分布。头狼企业打通"线"并不是一蹴而就的,头狼企业在反向集采的过程中不仅要考虑到集采的规模效应,同时也要考虑到物流的规模效应,因此选择一个区域或城市形成反向集采,是打通"线"、验证 MVE 能否高效运转的常见方法。

该过程需要提前分析单个城市或地区的头狼企业收入、成本费用,这有助于评估灰狼群生态复制到其他城市发展的可行性。收入分析主要是假设在单个城市或地区,完成一定的市场份额占有可实现的头狼企业收入;成本费用则是在一个城市或地区完成"针业务"、打通"线"达到一定市场份额,头狼企业需要投入的资金。有了收入和成本费用,单城市或地区头狼企业的盈利模型也就可以简单得出了。

这些数字测算和财务模型的构建，涉及头狼企业核心团队的财务工作，具体细节就不在本书进行讨论了。

至此，灰狼群形成的三部曲和三个黑箱都已经详细介绍完。

下一章，读者将随笔者一起继续了解当灰狼群新物种孕育在中国普遍存在的地理产业集群地区时，是否存在一些特殊的成长过程，同时了解灰狼群生态在这过程中是如何和本区域的经济互相影响的。

第三部分
灰狼群生态的形成

第十五章
地理产业集群地区的灰狼群生态形成

随着制造业的高速发展,中国作为"世界工厂"的地位逐渐确立,各地有特色的企业集群在中国已经非常普遍。在当下的存量市场中,如何将本地产业集群生产优势转变为产业链优势,获得全产业链市场的话语权和影响力?不少地方政府也很关心这个话题。

从产业集聚、产业集群到数字产业集群

产业集聚和产业集群的概念在学术界经常被混淆,在产业集中的地区实践认定中也常被混为一谈。浙江大学教授赵伟在其文章《产业集群与产业集聚的分界》中,首先提出了这两个概念的本源:

"产业集群是个管理学概念,由管理学家(或者战略理论家)麦克尔·波特提出,原本置于他所提出的著名的竞争优势理论框架之下……波特认为,集群直接或间接地强化着特定产业的竞争力。"

"产业集聚是个较为古老的经济学概念,最早由经济学大师阿尔弗雷德·马歇尔提出,是对特定产业在特定地域集中现象的一种概括性描述。克鲁格曼将其引入新经济地理学框架下,进而提出核心—外围模型……新经济地理学视野下也有地理集中效应,称作集聚经济……"

赵伟教授然后做了总结:

"进一步看下去,集群与集聚两个术语所代表的理论对于地域因素强调程度不同……波特认为……他谈的集群是'支持性产业'形成的因素……克鲁格曼核心—外围模型本质上属于一种'有区域无国家'框架。这个框架下国家显得可有可无,但区域很重要……"

从上述内容我们可以看到产业集聚是经济学概念，强调了地理因素，没有强调产业集中的地理区域内"支持性产业"和关联产业链之间的紧密合作关联性。产业集群是管理学概念，并不强调区域地理因素，而是强调特定产业竞争优势的四个关键影响条件，同时也提到关联性产业集群是特定产业强化竞争力的一个重要因素。

经济与合作发展组织（OECD）的集群分析报告[①]则将产业集群在企业层面定义为围绕一个或几个核心企业形成的专业化供应商。

在科技部中国科技促进发展研究中心有关报告[②]中，产业集群被定义为：一个由商业企业集团和非商业组织构成的集团，集团内的成员存在是其他任何成员企业的个体竞争力的一个重要因素。支撑集群集结的是供销关系或共同的技术、共同的顾客或分销渠道、共同的劳动力市场。

从以上定义中我们可以看到，最早因为某个垂直产业链中同样功能角色集中而形成的产业集中地区，比如物流园区、技术高新区、"三来一补"园区和中小产品生产企业集中的经济开发区等，都属于产业集聚，是中国改革开放后不同时间段基于地方政府政策引导形成的基础产业群。这种产业集聚是物理环境下的集聚，同类型企业之间没有太多的交际，原因有三点：第一是知识外溢，那些企业的技术知识可在不同企业员工间交流传播；第二是分享的劳动市场，同一类技术工人汇聚于特点地域，企业容易找到需要的人手；第三是分摊基础设施成本，形成了产业集聚优势，所以在促进地方经济的发展过程中起到了非常好的支撑作用。

OECD 和科技部中国科技促进发展研究中心有关报告中关于产业集群的定义更符合企业间的"1+N"模式。随着经济的发展，各地通过招商引资和自己培育产生了一些细分垂直产业的龙头企业，通过一定的政策引导措施把与龙头企业配套的上

---

① Hertog P D, Bergman E M. In Pursuit of Innovative Clusters. 2001.
② 由柳卸林、段小华撰写，并发表于科技部中国科技促进发展研究中心第 90 期调研报告，题为《产业集群的概念、特征与结构》。

第三部分
灰狼群生态的形成

下游企业集中在同一个地理空间,形成了产业集群。最典型的是汽车、生物医药、电子信息等领域的龙头企业建立的产业集群。

产业集群特征是通过契约关系形成相对高效的产业链,从而提升该龙头企业在该产业中的竞争力,引领地方经济结构进一步升级。但也存在着不足之处,比如招商引资来的龙头企业尤其是外资企业容易搬迁,一旦搬迁,会严重影响本地经济。大多数本土培育的龙头企业的产业链市场份额占比并不高,也不能对该产业链市场产生较大的影响,在本地带动企业群发展的能力也有限。市场竞争激烈的情况下,一旦该龙头企业决策失误,就很容易影响该产业集群的整体生存情况,而且在本地培育一家龙头企业所需周期较长。

按照迈克·波特的定义,产业集群并不完全是"1+N"的模式,只要能够集中关联的行业形成"N+N"的模式,即可算作产业集群。比如,义乌小商品、寿光蔬菜、晋江鞋业等都在一个区域内形成了"市场销售企业+生产企业"的模式,对各自的垂直产业链市场产生了较大的影响力,这些区域也就具有产业集群的特征。

虽然产业集聚、产业集群不是一个范畴的概念,但是如果在当地形成产业集群形态,那么将促进当地经济的发展。

> 假设把国内现有的产业集群形态视作初级阶段,那么本书提到的灰狼群生态就是产业集群发展的高级形态。灰狼群基于现有的产业集中地区,通过互联网及信息技术实现了跨区域数字重构产业链生态。因此,灰狼群生态在此语境下也可以被称为"数字产业集群"。[①]

[①] 本书讨论的数字产业集群均指"一剩二碎三自由"市场中的灰狼群生态。具备这些特征的产业链市场在中国是主流市场。产业链市场还存在着直销产业链市场、寡头垄断市场等其他特征市场,这些市场的数字产业集群形态或者已经成熟,或者比较特殊,因此不在本书中展开。

构建地理产业集群和融入数字产业集群

在国内，比较典型的地理产业集群有同类产品的生产企业集群地区、同功能高新技术企业集群地区，以及龙头企业的企业集群地区。针对这三种不同的地理产业集群，接下来分别讨论数字产业集群的构建与融入。

一、同类产品生产企业集群地区的数字产业集群构建

在中国，这种特征的企业集群地区是最常见的。一般而言，这种企业集群地区会连接两个不同的产业链市场，如图 15-1 所示。

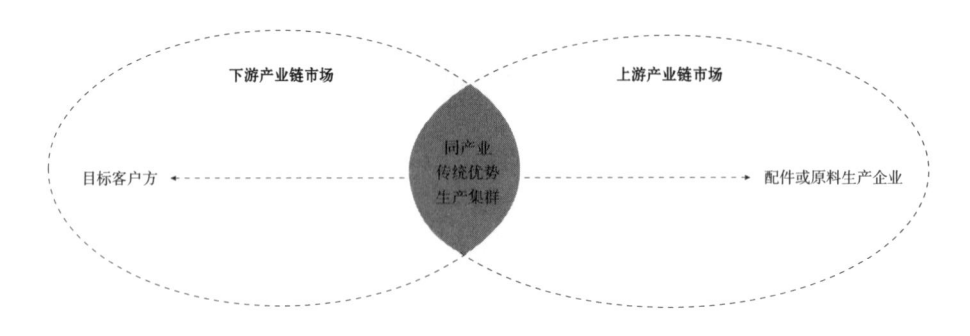

图 15-1 同产业的中小生产企业集群地区产业链

在图 15-1 中，我们可以看到集群地区的生产企业作为供给方，在下游成品产业链市场中只占据了全国该市场的部分市场份额；同样在上游配件和原料产业链市场中，当地集群的生产企业作为客户方，采购的配件和原料也占了部分上游市场采购份额。

假设这两个产业链市场都符合"一剩二碎三自由"的特征，再来讨论后续数字产业集群的构建。

1. 下游产业链市场的数字产业集群的构建。生产企业是该产业链市场的弱势方，该产业链市场的目标客户方、目标终端经销商是强势方。基于这个产业链市场，如果当地一部分优秀生产企业的企业家有足够的胸怀与产业链市场中的其他企业抱

团，开放各自的目标终端经销商资源，再推选一个 PKSD 团队，按照本书的灰狼群商业模式画布的路径出发，就有可能快速(1~3年)实现一个链主企业的初步建设，实现下游产业链市场全国性的初步整合，有机会建立起数字产业集群。

当地有了数字产业集群的链主企业，全国乃至全球的成千上万家企业都会汇集在链主企业的在线交易系统中进行交易结算，本地 GDP 会实现指数级增长；同时，本地生产企业生产的优秀产品会进入生态，并快速送达全国乃至全球市场，因此这些企业的经营收益会出现非常明显的增幅。

还有一种情况是下游产业链市场已经出现了数字产业集群及链主企业，那么这些优秀的生产企业可以一起出资设立专项基金，采用产业链战略中的链接战略投资链主企业形成链接，吸引该链主企业入住本地的生产企业集群地区。

链主企业入住后，会优先在本区域挑选优秀的生产企业进行合作，采购相关产品，促进本地生产企业的营收增长。不仅于此，这些优秀的生产企业同样可以出资协助被投资的链主企业，帮助其在目标客户所在的市场设立前置仓，将自己生产的货物放在离客户方最近的地方；同时，根据资金宽裕情况，生产企业还可以和链主企业合作，共同参与下游产业链中大量中小企业的供应链金融服务，深度融入数字产业集群。

在这个过程中，链主企业还可以将该产业链的其他服务角色引入当地，比如负责设计、技术研发等内容的企业，一起形成高效运营的数字生态，如图 15-2 所示。

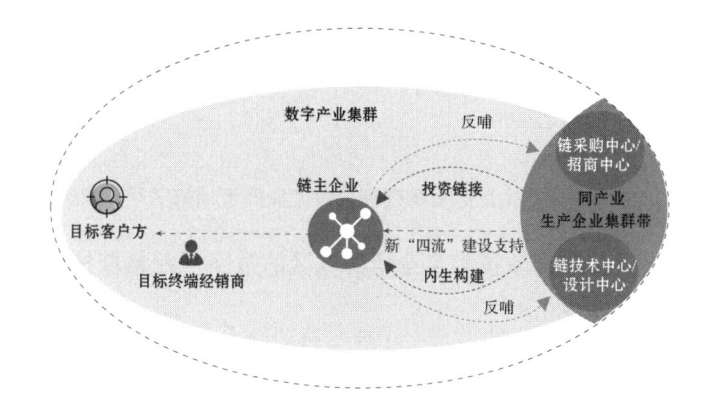

图 15-2 同产业生产企业产业集群与下游产业链市场数字产业集群的关系

2. 上游原料及配件产业链市场数字产业集群的构建。如果当地一部分生产企业的优秀企业家能够开放自己的采购资源，推选一个中立的 PKSD 的团队，按照本书的生态商业模式画布路径，就有可能快速（1～3 年）实现一个"上游的采购原料及配件的数字产业集群"的初步建设。

这样的数字产业集群一方面能够帮助本地生产企业降低采购成本，另一方面能够被逐步复制到其他同类的生产集群地区，实现上游产业链市场全国性的整合。本书前面提到的家具生产灰狼群生态就是这种数字产业集群的实例。

当地产业集中地区推举一家链主企业，内生构建一个数字产业集群生态。即使上游已经有一个数字产业集群和链主企业，也不用太担心，因为本地的生产企业是该产业链市场的目标客户方，也是产业链市场的需求强势方，相对产业链市场内部其他的数字生态力，本地生产企业处于强势地位。本地的生产企业可以采用的产业链战略是多样化的，当然，也可以考虑采用链接战略，投资链主企业入住当地，如图 15-3 所示。

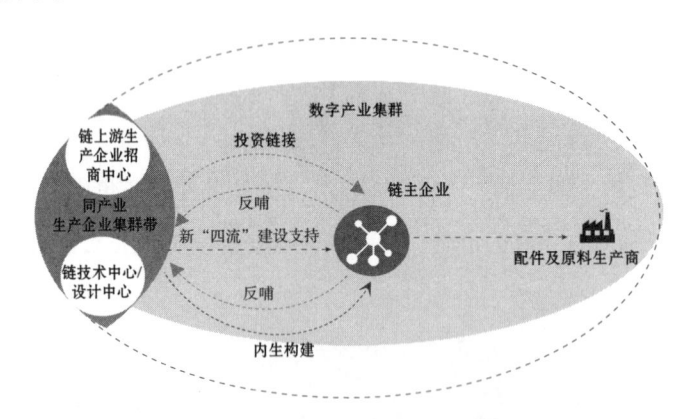

图 15-3　同产业生产企业产业集群与上游产业链市场数字产业集群的关系

二、同功能服务的高新技术企业集群地区的数字产业集群构建

这类集群地区一般有两种形态：一种是特定垂直产业链市场中，有一定研发属性的高新技术生产企业集群，高新技术指医疗、生物、新能源等；另一种是普遍应用于多个产业链市场的功能型高新技术企业集群，比如物联网、大数据等技术。

对第一种属于特定高新技术领域的生产研发企业集群，可以参考上一小节同类产品生产企业集群地区走向数字产业集群的方法来实践。第二种则有其特殊性，如图 15-4 所示。

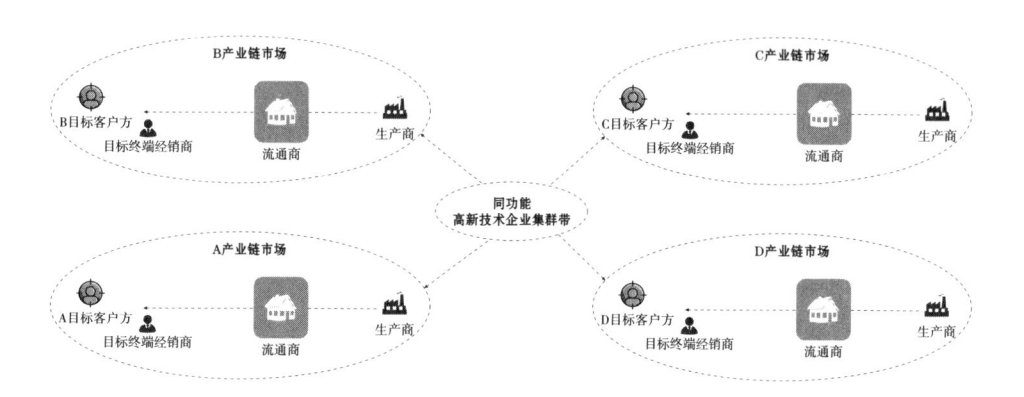

图 15-4　同功能泛产业链高新技术产业集群与紧密关联产业链市场的传统无序关系

可以看到，功能型高新技术企业集群的企业群体为多个产业链市场的特定角色提供相关的技术支持和服务，每家企业都自发无序地在各个产业链市场中寻找合适的合作对象。大多数情况下，科技成果的转化周期长、难度大。

所以，当地一定数量的、优秀的、功能互补的技术型企业如果能够团结起来，成立风险投资基金去投资相关产业链市场中的数字化链主企业，那么这些先进的技术型企业就可以很快地融入各个垂直产业链市场中的数字产业集群，从而获得很好的经济效益。当然，这些企业如果还有更多的资金，也可以在链主企业构建生态"新四流"的过程中给予支持，促进技术与生态更加紧密的融合。

总结一下，功能型高新企业集群通过与链主企业的协同合作，可以降低单个优秀技术企业在市场中单打独斗所需要支出的高额市场费用，能够快速找到各个产业链市场中新技术落地应用的场景，快速获得多个产业链市场中的技术成果转化应用的市场份额，形成技术与市场的良好对接。

当地技术集群地区也将形成优质技术集中的马太效应，如图 15-5 所示。

灰狼群效应
产业数字化的临界点革命

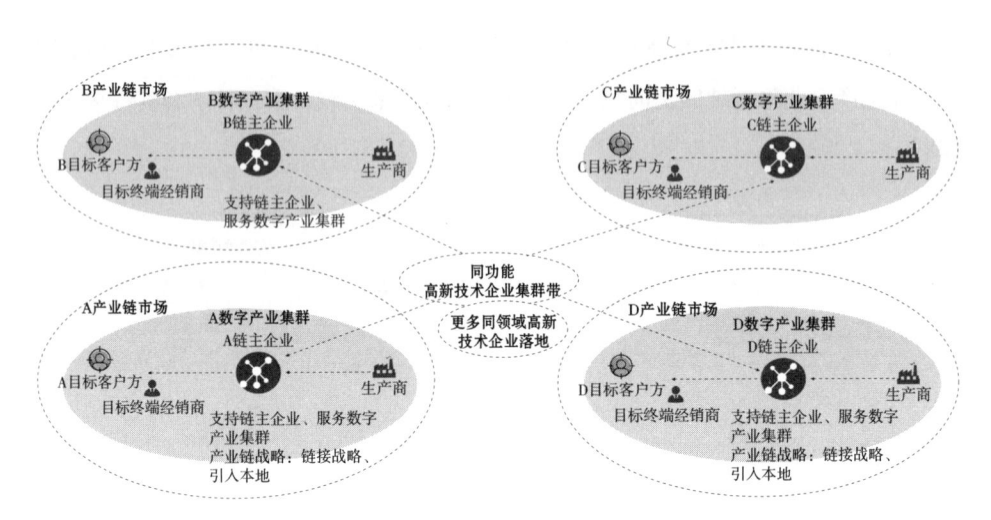

图 15-5　同功能泛产业链高新技术产业集群与紧密关联产业链市场的数字集群产业关系

三、有产业龙头企业的产业集群地区的数字产业集群构建

垂直产业链市场中的大部分龙头企业能够发展壮大的主要原因有三：一是企业家自身的努力，二是依赖于本地地理区位、企业自身的资源条件和禀赋能力优势，三是地方政府的支持。

龙头企业在相应市场有一定的影响力和资源能力后，会把视野面向全国乃至全球，因此龙头企业能否在本地带动整体相关产业经济的发展，与从产业链角度做完整和系统规划的关联较小。在大多数情况下，龙头企业在本地发展产业经济的规划主要是基于地方政府的引导与企业自身发展的需要。

下面我们进一步探讨在数字生态时代，龙头企业与当地生产企业集群是如何融合发展，从而形成数字产业集群的。

传统产业链市场的龙头企业，在进入数字生态的产业经济时代时有两个选择：一是基于自身主营业务所在的产业链市场，建立自己相对封闭的"1+N"老虎数字生态；二是走向开放的"N+N"数字产业集群。

如果龙头企业决心走向开放的数字产业集群，那么根据其在产业链中的不同功能，就会有不同的发展路径。

第三部分
灰狼群生态的形成

第一种是流通性贸易龙头集团。这种龙头企业有一定的自身优势，一方面有生产企业供应商的议价能力，另一方面有供应链高效运转的经验。其走向数字产业集群的核心关键是找到"针业务"，赋能更多产业链市场中的优质目标终端经销商，并团结这些目标终端经销商的碎片化流量资源，去掉中间的低效流通环节，和生产供应商形成数字产业集群。

比如，汇通达创始人汪健国原来就是电器流通领域的翘楚。汇通达把电器卖场业务卖给了百思买后，基于自身多年积累的流通领域的经验和资源，快速地在乡镇电器市场构建数字产业集群。另一家在中国排名前五的煤炭贸易流通集团，由于其拥有超过20年的经营历史，得以在构建思路正确的前提下，耗时三四年就孵化出一个相对成功的跨区域数字产业集群（GMV超百亿规模）。

第二种是生产型龙头企业，如图15-6所示。

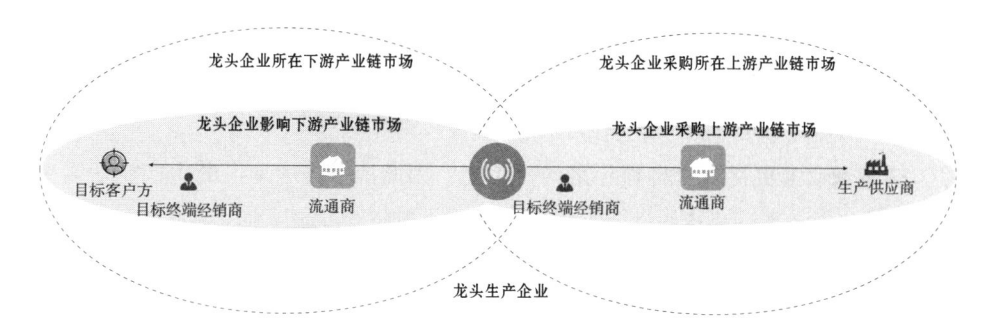

图15-6　生产型龙头企业在"一剩二碎三自由"特征市场中的产业链格局

龙头企业在构建数字产业集群的过程中有两个选择：一个是基于自身在下游市场的影响力和产业资源，构建数字产业集群；另一个是基于自身较强的议价能力，形成上游产业链市场的数字产业集群。下面分别来阐述这两种数字产业集群的构建。

1. 在下游产业链市场构建数字产业集群

由于数字产业集群的核心是整个产业链中角色的重新分工和协作，龙头企业碰到的最大难题是自身有较多的产品和业务线投向市场，已经形成相对封闭的"金字塔"交易网络。如何让封闭网络外的其他优秀经销商、优秀生产商相信该龙头企业已经放弃成为老虎企业，想为整个产业链市场做利他赋能的事情，成为开放的链

灰狼群效应
产业数字化的临界点革命

主企业，形成蝴蝶结形反向供应链，是非常有挑战的事情。

产业链市场内这些角色的信任和认同，是数字产业集群构建的前提。

生产型龙头企业有一定的规模体量和在相应产业链中的影响力，因此可以采用聚焦优势业务发展构建数字产业集群的做法。

该龙头企业重新梳理自己的业务，限制自己主营产品及业务线的范围，逐渐收缩在市场中没有竞争优势或没有潜在竞争优势的自营产品及业务线规模，聚焦于有明显竞争优势的产品和业务线。同时，组建专业团队开始数字产业集群的构建，找到"针业务"，赋能并团结产业链市场两端的优秀目标终端经销商，再在汇集碎片化流量后进一步反向链接优秀的其他品类生产商，让他们融入数字产业集群。以上就是龙头企业通过采用灰狼群商业模式画布的路径，构建数字产业集群的过程。

笔者接触过很多这样龙头企业的企业家，他们现在是数字产业集群构建的主角。他们意识到在传统工业时代，自己企业的成长有着可预见的天花板，但在向数字化产业经济迈进的过程中，他们有机会改写产业的发展史。

这些企业家更喜欢单打独斗来构建生态，因此产业集中地区的生产企业需要等待数字产业集群初步建成，才有可能作为生产供给端，融入数字产业集群。

当然，我们也看到有些生产型龙头企业已经有优秀的品牌、稳健的流通体系、稳定体量的主营业务。在此情况下，如果要关闭自己一些仍有不错盈利但产品竞争力一般的业务，那么从封闭生态迈向开放的数字产业集群的过程将会发生巨大的变化，容易在企业自身内部引起利益冲突。采用相对独立的孵化方式来构建数字产业集群是可行的做法。

产业龙头企业可以挑选原集团的核心高管成立团队，并投入一定的资金和资源，同时给予团队良好的激励。团队按照市场化的方式推动链主企业独立运营。

产业龙头企业有时候会采用控股的做法来孵化链主企业，但这种做法有较多局限性：第一，由于实际运作团队不是大股东，在成长过程中，企业融资时风险投资机构的顾虑会比较大，融资难度也较大。第二，在龙头企业控股链主企业的情况下，委派至链主企业的相关人员通常会习惯用传统工业时代的管理方式来管理新型互联网企业,导致管理方式"水土不服"。这种情况在消费互联网时代也出现过,龙头企业投巨额资金建立自己的电商平台,99%以上的概率是铩羽而归。这些龙头企业过于相信在传统经济时代的成功商业规则,高举高打,不了解数字经济的发展规律,也不愿意采用"精益创业"方法论。第三,当龙头企业控股链主企业时,该链主企业在构建数字产业集群的过程中,要获得市场内其他角色的信任与参与的难度比较大。主要原因在于大家都会怀疑这家链主企业能否保证自身独立,在这个生态中成交的商业信息是否会轻易地被其大股东即竞争对手所了解。

在产业互联网时代,类似的现象不断出现。比如,笔者曾经和国内传统产业链市场中某知名集团的企业家交流,该企业家能轻松地道明该企业孵化一个产业互联网链主企业能够动用的资金和资源,但是他始终讲不清实现的路径,也讲不清要如何让其他优秀的市场参与者加入其构建的数字产业集群。

总而言之,对生产型龙头企业来说,要么自己打造开放数字产业集群;要么投资或支持本产业链市场的优秀链主企业,形成业务协同。自己融入数字产业集群是相对可行的操作,而自己去控股创办一个链主企业,让其构建数字产业集群生态则相对困难得多。

2. 上游产业链市场数字产业集群的构建与融入

传统的生产型龙头企业是上游产业链的需求方,有较强的采购议价能力,在构建上游数字产业集群时更具有优势。不过,同样存在着自己构建或支持建设两种不同的数字产业集群形成的方法。

对于龙头企业而言,利用其采购优势,通过招募适合经营上游产业链市场中业务的人员形成独立公司(非控股),就可以构建上游的数字产业集群;也可以通过投资或参与"新四流"改造的方式,与上游产业链市场中已有的链主企业形成业务的链接协同。

如果龙头企业独立控股构建上游的数字产业集群,让同行生产企业作为客户方在其生态中采购原料或配件,这种方式也会使其面临与下游产业链市场构建数字产业集群时候类似的窘境,即如何得到同行的持续信任,以及如何让同行愿意参与生态构建。

还有一种做法就是与本地同产业集群地区的生产企业采用联合孵化的方式，找到并扶持优秀的 PKSD 团队来独立运营上游集采的数字产业集群平台。这与前文相应章节"具有碎片化中小生产企业特征产业集中地区的上游产业链市场的数字产业集群构建"方法基本类似。

汇总以上龙头企业构建与融入数字产业集群的做法，可以得出图 15-7。

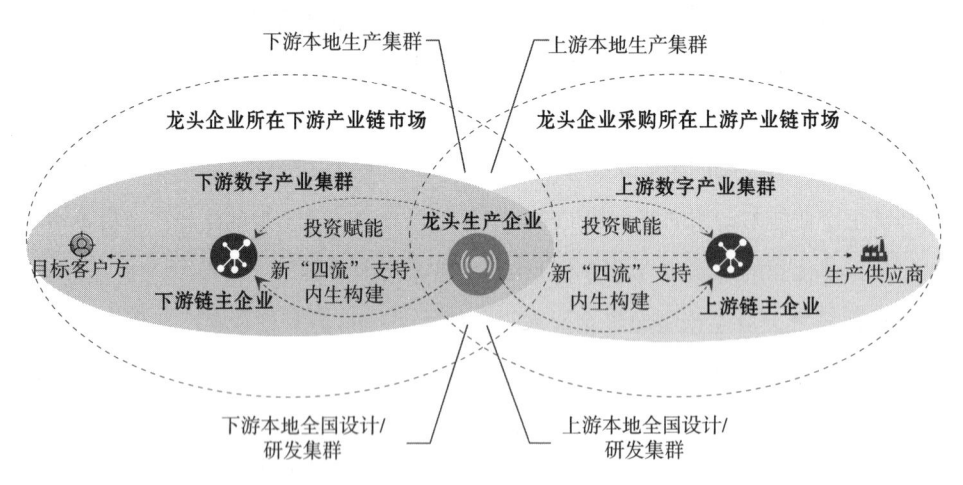

图 15-7 生产龙头企业与数字产业集群、地方产业经济的关系

在图 15-7 中我们可以看到，本地经济也会受到数字产业集群的影响，有机会出现产业链不同价值角色（包括上下游全国性的研发设计企业、上下游的生产企业）在地理位置上的集聚。本地经济也最终与上下游的数字产业集群形成强协同关系。

以上总结了三种特征的产业集中地区升级方式、融入数字产业集群的一些路径，但没有基于每条路径列举对应的案例。这么做是有原因的，因为现在是地理产业集群走向数字产业集群的早期阶段，地方产业数字化的历程才刚刚开始，暂时还没有明确的、清晰稳定的案例可以来具体描述。

笔者只不过看到了一些地理产业集群地区正野蛮生长，出现了数字产业集群的早期形态。同时，笔者也参与了一些省市的产业数字化的顶层规划工作，依稀看到了具有上述三种特征的地理产业集群在未来发展的一些脉络。

第三部分
灰狼群生态的形成

第十六章
灰狼群形成带来的其他思考

一个小故事引发的"产业链的建链、补链、强链"

2020年，受内蒙古有关单位邀请，笔者参与了内蒙古草牧业数字产业集群规划的初步讨论。内蒙古是国内最大的草牧业产地之一，其草牧业产业集群相关的产业链市场情况如图16-1所示。

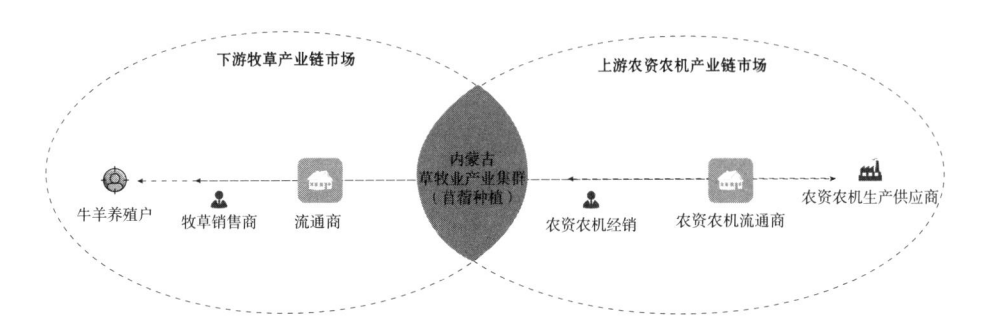

图 16-1　内蒙古草牧业产业集群的上下游产业链市场

在简短的调研过程中，我们初步发现了苜蓿种植过程及流通过程中的一些问题，这些问题涉及上下游产业链市场：

1. 苜蓿种植、收割的农机主要来自国外。由于市场推广难、研发投入高、市场相对分散，国内的农机企业和相关科研院所即使有了农机方面的科技成果，也无法将其转化为普遍的生产力。

2. 苜蓿种子大量采用国外种子公司的产品，国内领先的科研企业已经有不错的替代产品，但培育推广的进度相对缓慢。

3. 在收获苜蓿的过程中存在较大的浪费现象，虽然苜蓿的国内产量超过200万吨，但仍存在较大缺口，需要从其他国家进口。2019年，苜蓿进口量超过130万吨。苜蓿这种植物，根据其生长规律，一年可以收割三到四次，每次收割后都要在地里晾晒以脱水干燥，然后加工、打捆和存储。自然晾晒导致富含营养的叶片容易脱落，总营养物质和饲料单位损失都在20%以上。

4. 苜蓿收获后的品质不稳定。在苜蓿三到四次的收割晾晒时期里，大概率会碰到雨天。一旦淋雨，苜蓿的品质就会下降。同时，苜蓿种植、收割到压块存储的过程中随意性强，也导致了品质不稳定。

5. 苜蓿种植户普遍存在低卖现象。牧民在苜蓿种植过程中普遍存在贷款现象，除了银行会给予他们较优惠的贷款利率，民间借贷利率并不算低。苜蓿干草在冬天价格高，其他时间价格低，两个时段的价差达每吨数百元。农民考虑到还债压力、贮藏仓库容量有限等原因，往往在苜蓿干草低价时期也不得不快速销售，以获得回款。

6. 流通环节存在客大欺店现象。由于下游的牛奶企业及养殖企业逐步规模化，寡头竞争市场逐渐形成，这些企业对苜蓿经销商和种植户都有较强的议价能力和压款能力。

以上这些问题由于调研时间较短，笔者未能进行全产业链图谱体系解构与分析，验证其典型性和普遍性。这些问题如何解决，政府的办法有限，可以在中观层面出台一些政策做些引导，或者在微观层面分别协调相关市场主体，比如金融机构、苜蓿产业有关研究院、设备公司来参与。但这些做法树一个典型容易，想要实现产业链推广，解决根本问题却很难。

中国的市场化已经比较发达，面对碎片化的市场，每个角色都在追求自身利益的最大化，导致整个产业链是低效的。每个垂直产业链市场往往都存在类似的大量细节而又关键的问题。这些成为政府和产业链的每个价值角色都很难管、不愿意管、管不了的"三不管"产业链问题。它们是发展中国家尤其是中国特殊的碎片化产业链市场导致的。

"三不管问题"使绝大多数产业链无法高效运行，实现产业链最优，也使中

第三部分
灰狼群生态的形成

国的产业链无法升级,但政府又很难插手其中。国外发达国家的产业链市场,通过"无形的手"形成了市场中的寡头企业,从研发、生产到销售全部自己负责。因为寡头企业在市场中的巨大影响力,它们在推动解决这些产业链问题时相对容易,优秀的种子、优质的肥料、先进的技术、装备和种植生产方式都能够得到快速的应用,实现利己,最终形成发达的产业链。

在研讨会上,结合上述产业链存在的问题和目前的国情,笔者提出了数字产业集群的初步思考方案,受到了该省有关单位领导的认同,详情如图 16-2 所示。

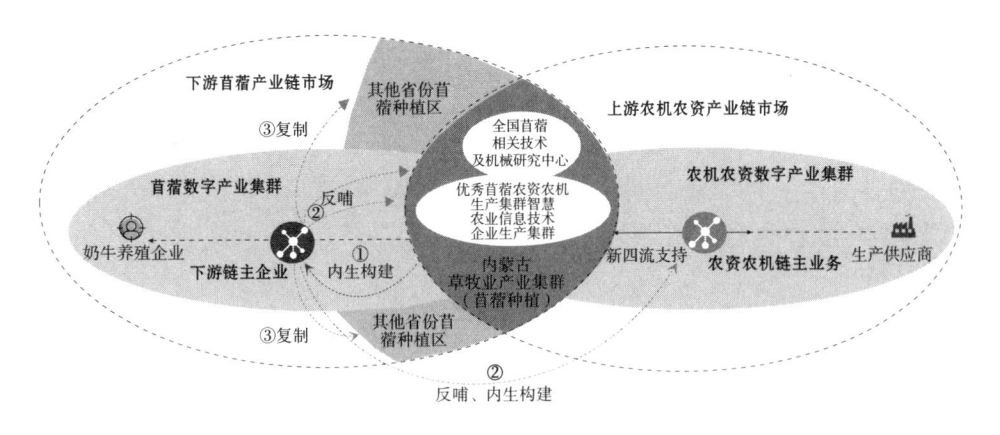

图 16-2 内蒙古草牧业数字化产业集群构建路径

在图 16-2 中我们可以看到,内蒙古培育草牧业数字产业集群分为三步。

1. 在内蒙古省内发现和培育一家草牧业的数字化链主企业,本书称之为"内生构建"。该链主企业最好是苜蓿的大型种植企业或苜蓿流通领域内有实力的企业。该企业主要承载在省内有关政府部门的支持下,内生构建数字产业集群的功能。

地方政府协助该链主企业,要做的几件事情:

(1)协助链主企业在内蒙古苜蓿种植的各个区域建设烘干、打捆、压块产线,以及数字化贮藏仓库,协助其推广青贮技术。这样能够提高苜蓿的品质和产量,提高农民的收入。而农民也就自然愿意使用这样的服务,并在不自觉中与链主企业建立互相信任的紧密合作关系。链主企业通过数字化手段来管理整个过程。

(2)在已经建设的数字化管理物流仓储体系的基础上,协助链主企业与省内金融机构对接合作，设计并建立苜蓿产业数字化新型供应链金融产品"仓单质押"。由链主企业支持金融机构，在农民收割苜蓿交给链主企业进行数字化仓储之后，基于精准的"仓单"，金融机构以"惠农"低利率贷款为农民放款。农民就可以把一部分苜蓿留在冬天高价时再出售，进一步提高收入。

（3）在政府的支持下，链主企业与下游养殖和牛奶生产的寡头企业形成稳定的价格长协机制，并与金融机构合作，协助奶牛场等获得价格相对较低的金融产品服务。

通过以上方式，能够在微观上提升农民和牧民的收入，并且把农民团结在链主企业周围，使链主企业与奶牛场等形成较高程度的协同合作，完成数字产业集群的初步构建，也能实现产业链初步高效运转。

同时，从自主可控角度来看，由于提高了牧草质量和收获产量，在一定程度上能缓解国家对牧草进口依赖的问题。

2.由于链主企业在初步建立牧草流通的下游数字产业集群后提高了生态中牧民和农民的收入，链主企业对他们也有很强影响力和话语权。因此，可以在该区域内进行第二步操作，设立苜蓿产业基地，吸引智慧农业、农资、农机先进技术研究及生产企业落地。

链主企业通过自身和外部的专家一起评估筛选出国内苜蓿产业的先进技术公司，协助它们落地。而由于几十万乃至上百万的牧民、农民都是其生态中的一员，开展苜蓿新技术、新产品的培训及推广就会容易很多。

牧民、农民通过链主企业提供的小程序或App，一方面可以了解自己苜蓿的仓储及销售情况，另一方面可以提交农资、农机等采购需求，这样就实现了反向集采。通过链主企业的对接，这些先进的苜蓿农资、农机先进技术公司可以获得大批量订单，从而有合理利润持续研发和生产。这样，在原有草牧业下游数字产业集群的基础上，内生构建了牧草采购的上游农资、农机产业链的数字产业集群，从而大幅提升了上下两个产业链的运作效率。

3.将该模式复制到苜蓿种植的其他重要省份或自治区，包括甘肃、黑龙江、河北、宁夏、新疆等，苜蓿数字产业集群就可以扩大到全国。最终，实现全国苜蓿上下产业链市场的产业数字化和产业升级。

以上方案只是抛砖引玉，是在产业链信息不充分的情况下做的建议，迫于本书篇幅，笔者也未展开方案中很多操作细节，比如链主企业按照何种节奏设计和建设数字交易网络，如何团结产业链市场中的物流配送、金融机构等其他价值角色。

如果要进一步夯实方案的可行性，还需要基于本书的全产业链图谱体系、产业链五力图、产业链战略、灰狼群商业模式画布等，用1~3个月时间完成相应课题。

通过这个小案例，我们可以了解到链主企业对产业链的重要影响。链主企业在无形中推动着市场化"建链、补链、强链"的工作。

链主企业在构建数字产业集群的过程中起着推动建链的作用。数字产业集群的产业链、价值链、数字化链构建，由链主企业驱动完成。

链主企业在构建数字产业集群的过程中起着推动补链的作用。链主企业需要把物流仓储、供应链金融、农机研发等产业链原先缺乏的"三不管"的价值功能和角色填补进数字化的产业链中。

链主企业在构建数字产业集群的过程中还起着推动强链的作用。链主企业协助在苜蓿种植产业链市场中普及更好的先进技术，包括种子技术和国产农机，从而促进产业链进一步升级。

> 链主企业在推动垂直产业链的"新基建"——数字产业集群，实现产业基础高级化、产业链现代化目标的进程中，是一种相对市场化、经过验证并且有效的尝试，值得花更多的时间去研究这种新现象。

通过这个案例我们也可以了解到，地方政府在当地链主企业构建数字产业集群中能够发挥较大的作用，促进数字产业集群更快、更健康的成长。

灰狼群效应
产业数字化的临界点革命

地方政府对灰狼群（数字产业集群）的推动作用

一、地方的"首位度"产业与数字产业集群

2018年，笔者与科技部火炬中心前副主任杨跃承联合撰写了文章《从产业集聚、产业集群到"产业共同体"——一座城市、一个产业"阿里巴巴"》，并发表在相关媒体上。我们在该文中探讨了一个产业集群所在的地方政府，如何培育出一个百亿美元乃至千亿美元市值的数字化链主企业。

杨跃承在创新前沿也看到了产业互联网浪潮的萌芽，对此有非常多的见解。他在和笔者交流地方政府面对产业互联网新经济应该采取的做法时，有如下观点：

"……工业经济时代，地方政府对区域产业和经济发展，主要采取产业集聚、产业招商、产业培育的方式，产业集中度不够高，产业链片断化，通过要素驱动拼优惠政策、拼区位优势、拼土地优势已经到了瓶颈期……互联网、大数据、云计算、人工智能等新科技和数字经济时代产业互联网、工业互联网、物联网的到来，共同引发了重大的产业革命，同时也出现了新的产业发展逻辑和方法论——产业构建。"

"产业构建就是聚焦细分产业，要设立产业技术研究院，进行确定性创业、产业培育、精准招商、重度赋能，广域地有效整合利用资源，加上产业的网络化、平台化、数字化、智能化等，营造产业发展生态，构建现代化的产业体系。"

"最终形成区域个性和'首位度'产业，打造产业大脑、产业创新共同体，构建世界级的产业集群，进而形成跨区域的全产业链创新力、竞争力、影响力和控制力……"

他这几段话表达了两层含义。第一层含义是地方政府需要改变原来地方产业经济的发展思路，从"泛产业"发展调整为聚焦"首位度"产业构建；第二层含义是地区"首位度"产业构建，是基于本地存量产业升级，通过打造产业大脑（链主企业）形成数字产业集群，最终使该产业链市场在全国乃至全球范围内形成很强的影响力和控制力。

每个链主企业与地方政府的关系，就像消费互联网时代的阿里巴巴和杭州的

关系。面临存量经济时代，地方政府在传统增量思维招商引资的道路上，选择具有本地优势的"首位度"产业，并推动该产业链市场中链主企业和数字产业集群的成长，实现全国特定市场存量蛋糕转移到本地，实现"首位度"产业指数级增长，实现工业经济向数字经济的跃迁，是非常关键的。

二、地方政府推动数字产业集群的手段——产业链促进中心

在过去的四五年间，笔者伴随着不少链主企业一起成长。在这个过程中，虽然有一些链主企业在资本的推动下，能够以一己之力构建数字产业集群，实现生态中数千乃至数万家企业的紧耦合数字化协同合作，实现百亿乃至超千亿的在线交易规模，但做到这些的企业毕竟是少数。大多数链主企业迫于自身的产业链资源条件和禀赋能力，"四流"资源有限，无法实现对一个产业链市场的改造。它们存在的资源局限性，主要体现在以下方面：

1. 链主企业发展所需的资金问题

资金问题主要体现在两方面：一方面是链主企业发展所需的股权融资资金。由于很大一部分链主企业由市场内的企业家创办，企业家本身缺乏产业互联网经验和顶层设计能力，在面对风险投资人时，表达能力和互动能力也参差不齐，因此得到风险投资资本青睐的概率比较低，所以企业会存在资金短缺问题。另一方面，链主企业在构建数字产业集群的过程中，需要赋能产业链各个角色，可能涉及物流和新型供应链金融服务，这需要不同的资金方参与其中。

2. 链主企业构建数字产业集群所需要的产业资源问题

笔者看到部分龙头企业虽然在本地有一定影响力，但没有足够的号召力组织本地的生产企业或产业相关资源方来参与数字产业集群的构建。

另外一方面，政府在政策的鼓励下，也希望能够推动数字产业集群的建设。各地在近几年纷纷提出了"链长制"，希望通过"链长制"来实现产业链的升级和本地产业经济的升级，但也存在很多需要探索的问题。比如基于数字产业集群的战略目标，如何协调好市场与政府作用的关系，如何协调好"首位度"产业本地小生态与全国乃至全球大生态的关系，如何协调好"1+N"封闭老虎生态和"N+N"开

放数字生态的关系，以及如何协调好传统增量招商和存量数字生态升级的关系。

以上这些问题的解决，还是要从数字产业集群在市场中的作用角度出发，才有可能找到答案。

我们已经了解到在工业时代，市场与企业的二分法是大多数人关注产业经济、支持产业经济发展的思维框架。因此，地方政府在传统工业时代、消费互联网时代是产业引导者，秉承市场"无形的手"的作用，推动产业发展。地方上每个企业个体都可以在符合条件的前提下，公开、公平、公正地获得各种产业促进和引导政策的红利。大多数时候，地方政府的角色是产业政策的制定者、企业微观经营的服务者。

随着产业互联网的到来，数字产业集群作为新型的紧密合作的企业间组织，已经凸显其对产业链结构的重要影响作用。在这种情况下，我们看到一些地方政府也在试图改变其传统的角色定位。

围绕数字产业集群的构建，地方政府承担特定产业链的赋能促进中心角色，主动推动数字产业集群的形成，可能是一个选择方案，如图16-3所示。

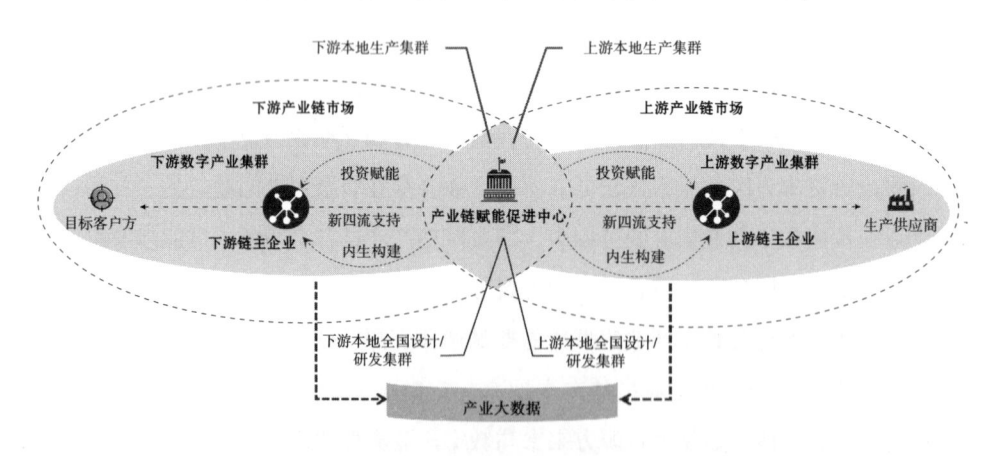

图16-3 地方政府与特定产业链数字产业集群的关系

相信读者应该对图中的框架及主要内容并不陌生。在产业集群地区的章节中，我们讨论了当地有眼光的企业家可以组织在一起，联合孵化构建或投资上下游产业链市场中的链主企业，也可以在物流仓储、供应链金融、产业资源，以及信息技术、先进生产技术、先进产业技术等方面，为链主企业及构建的数字产业集群提供支持。

地方政府的产业链赋能促进中心角色的确立，可以将当地特定产业资源优势、先进的企业家群体以及本身的政策支持形成合力，加速当地数字产业集群的建设；同时，产业链赋能促进中心角色的定位，也是"链长"的抓手，可以统一各个部门，为链主企业在数字化建链、补链、强链的过程中提供支撑。

地方政府在这个过程中也将从全国乃至全球该产业链视角，协调本地产业集群与产业链数字产业集群的发展关系，协调招商引资的增量经济与数字产业集群存量经济变革的平衡关系。

产业链赋能促进中心角色的定位，使政府能够掌握主动权，逐步形成当地的"首位度"数字产业集群。

不同地方产业的资源条件和禀赋能力不同，链主企业的资源条件和禀赋能力不同，政府的资源也不同，因此产业促进中心所提供的功能千差万别。当地政府需要根据具体情况具体分析，甚至还需要第三方专业机构的协助，才能评估并制定方案，支持数字产业集群的构建。

美国产业链结构的演变史与中国产业链结构的变化

要了解中国产业链结构的未来，需要了解美国产业链结构的演变史。

王海兵老师在《产业转型升级的过程、特征与驱动要素——美国经验与启示》一文中提到，自第二次世界大战之后，美国的产业转型升级有五个主要特征，即三次产业产值比重变化、产业在国际梯度转移、产品高附加值持续创造、不同产业加速融合发展和产业生产效率区别增长。

这五个特征，实际上指明了美国产业升级的三大法宝——市场整合、供应链整合和产业技术创新。

这三大法宝密不可分，根据产业性质不同，可能有不同的优先次序。其中，技术创新是非常重要的、原始创新的表现形式，是推动社会进步的原动力。但技术要对产业结构具有颠覆性，才能推动市场和供应链的整合与变革。

这种颠覆性技术分两种：一种是具有产业链普适性的颠覆性技术，比如推动几次工业革命的蒸汽机、电力、信息技术等；另一种是对特定产业链的颠覆性技术，比如某个造纸产业链市场的清洁制浆技术。

中国的造纸产业，尤其是文化用纸和生活用纸，受限于国内森林的砍伐限制，需要从国外进口大量的木浆，国外进口木浆占国内需求的60%以上。全球主流化学制浆工艺过程污染严重，每吨浆需要数十吨水，同时至少要排放10吨污水，耗资大且木片原材料获浆率只有50%，制浆成本高。而清洁制浆技术则能在同等制浆规模下，使资金投入只有原来的20%～30%，每吨浆耗水量只有数吨，并基本上做到污水零排放，木片原材料获浆率可达80%以上，还可以用中国数量丰富的速生竹子来制浆，产品品质达到化学制浆工艺的最高水平。这种技术就属于颠覆性产业链技术，有可能改变全球制浆的供给现状。

除了这种革命性的原创技术有可能完成产业的重构和整合，在绝大部分垂直市场中，占市场多数的是局部技术创新或改良型技术，这些技术很难对市场产生很强的话语权，因此更适宜采用产业整合（产业市场+供应链整合）实现规模效应，然后进行技术创新、快速应用的方式。这也是发达国家在各个垂直细分产业完成产业升级的主要方式，如图16-4所示。

图16-4 产业链结构"分到合"的驱动三要素

也可以从施振荣提出的"微笑曲线"理论的角度来看这三大法宝的使用及目

标实现情况，如图 16-5 所示。

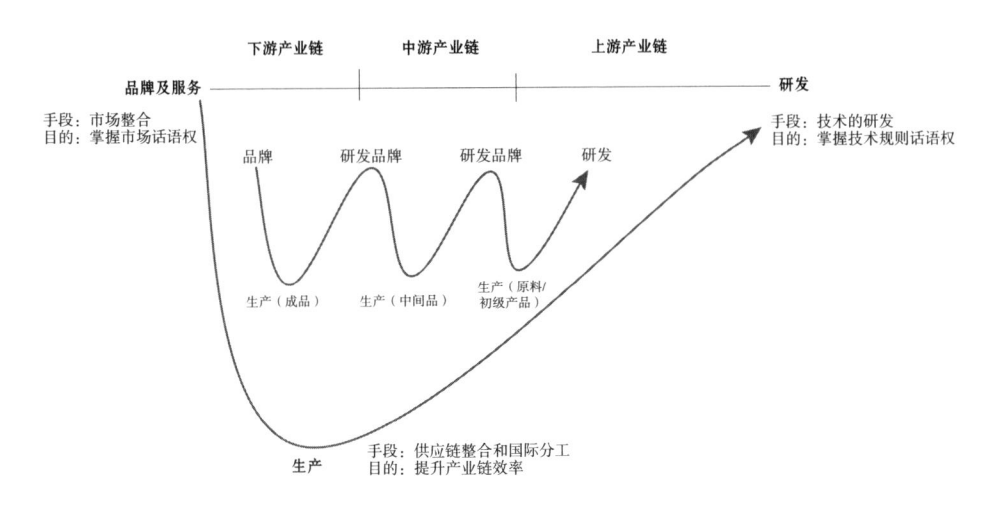

图 16-5 产业链结构整合三要素在产业链市场形成"微笑曲线"

美国及相关发达国家在几次工业革命期间，有实力的企业利用蒸汽机、电力等新技术，通过资本手段先完成某个产业链市场中生产环节的整合，形成供应链整合后的规模效应，同时收购有关品牌和渠道，实现市场整合。并且在整合过程中，这些获得寡头地位的企业由于有丰厚的利润，不断加大技术创新的力度，促进产业链的升级，制造了竞争高壁垒；同时，根据生产有关要素的国际比较优势，逐步进行全球的产业链分工和整合。

这三个手段组合在一起，形成了美国现有的产业链结构，使其在全球处于产业链的顶端。

产业链市场的有效整合，将是中国从"制造大国"走向"制造强国"的必经之路。

美国产业链整合，是有实力的企业通过资本来发起完成的。但中国存在多种原因，无法用资本的方式进行产业整合和效率提升。

1.市场的碎片化。中国是"世界工厂"，不同区域也存在经济发展阶梯现象，市场信息不对称特征长期存在。中国必然会有大小不一的生产企业，掌握着不同的客户群，同时这种生产企业数量繁多、生产的产品品种多样，无法用资本方式进行整合。大企业在绝大部分垂直产业链市场的占比较低，市场集中度低。

2.收购价值低。这些中小企业没有很高的市场占有率，没有很强的技术壁垒，也没有规范化、低成本、现代化的生产能力，更没有很好的品牌效应，没有核心竞争力，因此不具备收购的价值，更多是靠企业家的勤奋能干，维持企业的低利润运行。

3.企业家文化。笔者曾在硅谷碰到一位50多岁的创新技术公司创始人，他很自豪地表示，自己之前做了两家公司，一家公司卖给了IBM，一家公司卖给了Cisco，现在正在做第三家VR领域的技术创新公司。这是国外企业家的思路，他很清楚自己擅长什么，不擅长什么，会及时在价值高点将企业出售给更合适的其他企业。而中国企业家的文化是"宁做鸡头，不做凤尾"，更愿意把企业当孩子养。

4.其他原因。比如，资本市场的原因，并购的资本市场并不完善；经营方式原因，部分企业家通过抓机会成功，在当地建立了千丝万缕的关系，而非纯市场化运营；习惯重操旧业的原因，少数企业家即使愿意自己的企业被并购，但禁业结束后，重操旧业的可能性很大。

如果不能完成市场和供应链的整合，不能够掌控市场的话语权，那么在每个垂直产业链市场中，都会存在大量局部先进技术、改良技术的发明人、科学家和企业家，在碎片化市场中推广其新技术、新产品、新设备的难度是很大的；只有在少数寡头竞争市场，创新技术才有可能快速落地，比如在通信、造船等领域。

以上这些原因使中国的产业链结构无法像美国一样采用资本手段强行整合。"求同存异、角色互补、敏捷反应"将成为中国产业链数字化过程中产业整合的特征。

结合中国发达的互联网及信息技术，以及市场客户不断提高的产品诉求和产业升级的必然性，再结合中国市场及企业家的特点，唯一的路径就是实现碎片化产业链结构内部的生态化，培育数字产业集群和数字化产业组织，形成一个个紧密合作协同的"利他星系"。

"无形的手"已经在发挥作用，灰狼群生态现象的出现证明除了传统的资本整合道路，非资本并购的产业链数字化整合和升级道路也是可以实现的。通过这些现象，可以窥见部分中国产业森林的未来面貌。

因此，我们从产业数字化发展的角度来看待数字经济可以有新的收获，如图

16-6 所示。

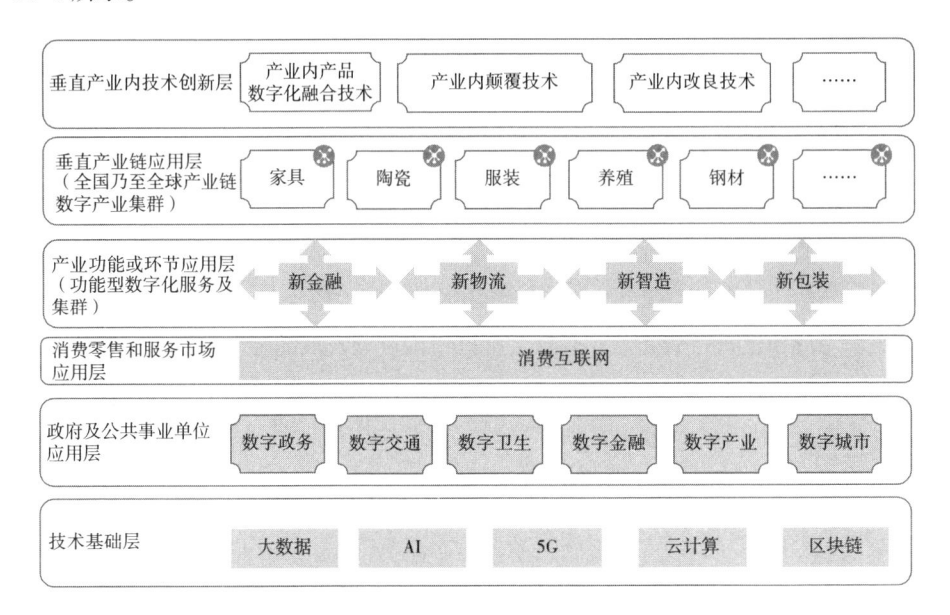

图 16-6 产业整合和升级角度看数字经济示意图

产业数字化的三个黑箱及 SSP 分析范式

众所周知，经济学和管理学起源于西方，其原因是西方的工业革命远早于中国。西方发达国家更早遇到新型的经济现象和问题，于是经济学家和管理学家深入研究、总结规律，为国家和市场主体提供宏观、中观、微观的理论指导。在一般情况下，这些经济现象都会晚一些在中国出现，因此这些理论指导也给予了我们汲取前人经验的机会。

关于数字经济的蓬勃发展，很多前沿的学者提出了自己对产业经济未来变化的一些看法和思考，比如清华大学经管学院的朱恒源教授在著作《跃迁：中国制造未来十年》提到的产业新范式（共享制造）及生产新范式（新基础设施、新生产要素、新组织形式）等；北京大学国家发展研究院教授、华南理工大学教授陈春花提出的数字时代的"共生"理念及商业范式的断点、突变。她曾说："过去产业效率是线性增长，之后速度加快变为指数型增长，都还有规律可循。但今天，从工业时代向数字时代转换最大的变化，就是从连续性思维转向非连续性思维，需要组织具有跨越能力。"

这些范式都指向随着数字化时代的到来，范式思考将会和第二次工业革命经济背景下的思考结果有很大的差异，并具有跃迁性。

笔者理解这种跃迁的本质是"个体向生态的转变""松散合作向市场功能模块化耦合协作的转变""线上、线下向OMO的转变"。因此，对数字时代的研究如果只是聚焦个体企业数字化的研究，那就很可能会一叶障目。只有从"数字生态—产业组织"的角度进行研究，才有机会把握中国产业发展的脉搏，才有可能窥见未来波澜壮阔的产业数字化变革的全貌，才有可能更加全面和立体地认知中国产业数字化的进程。

对数字生态的解读和研究，本书用灰狼群形成的过程举例时提到了三个黑箱：数字时代边界模糊导致的产业链间关系及生态竞争问题，数字时代产业链结构模糊导致的价值链角色重新定位与结构的颗粒度细化分析问题，以及数字时代生态成长路径模糊导致的产业组织生态形成与绩效评估、政府作用等问题。打开这三个黑箱，灰狼群所代表的数字生态时代的一些规律便跃然纸上，见表16-1。

表16-1　数字产业集群的SSP分析范式

名称	关联产业链结构（structure of related industry chains）	所关注的产业链市场结构（structure of main industry chain）	数字产业组织或集群（plan&performance of digital eco-industry）
主要内容	●产业链划分及关联度分析（中观） ●产业链五力图与产业链战略（微观）	●产业链角色重新定义和产品分类（微观） ●全产业链结构分析图谱体系（中观）	●VIC虚拟数字产业集群成长规律及路径（综合） ●VIC的绩效评估（中观） ●政府角色与规则（中观）
目的	解决数字时代产业链边界模糊问题	解决数字时代产业链结构及角色价值模糊问题	解决数字时代生态成长及政府定位模糊问题并如何做绩效评估

SSP分析范式的研究出发点是"数字化的产业组织生态"，有别于传统产业经济学的宏中观视野和微观经济学、管理学的微观视野。

第三部分
灰狼群生态的形成

数字时代，数字产业组织生态的特殊性在于其既能够改变产业结构，又能够进入微观竞争。因此，研究其规律既需要产业经济学宏观中观理论的支撑，又需要微观经济学和管理学中微观理论的支撑。这在 SSP 范式的三个部分都有很明显的体现。

这三部分内容是基于产业森林中数字生态的出现，进行数字生态规律研究的分析框架。

由于本书篇幅有限，且主要聚焦灰狼群生态的相关内容，因此对基于灰狼群生态延伸的 SSP 分析范式的研究框架中的其他议题，并没有做更多深入探讨。这些议题包括直销产业链的数字生态（包括工业企业之间的生产数字化协同等）、服务的数字生态、政府规制、数字化产业组织绩效的评估、区块链在其中的价值及应用、新型供应链金融在数字生态中的新体系，以及各个课题中涉及学术研究时需量化研究的部分。

欢迎更多的读者参与进来，与我们一起完善未来产业森林常见的数字生态或数字产业集群的 SSP 研究分析范式。

【补充阅读材料】

四步痛点与需求提炼法

针对一个角色的痛点及需求的挖掘，大多数研究者对这方面的方法论研究只涉及消费产品类和消费者，对企事业单位机构用户这方面的研究却比较少。

针对企事业单位机构用户，财务是运营质量的核心数据表达。而了解企事业单位机构用户痛点和需求的最核心的路径，是基于杜邦分析法分解的四个维度（利润、资产效率、周转效率和杠杆资金）与企业家深入探讨，从而得出结论。如果有些企事业单位机构用户存在多元化业务，还可以结合企业经营的不同业务质量，从聚焦到扩张、从扩张到聚焦的角度，分析用户多元化业务中的痛点及需求。

除了从以上角度来分析用户的痛点和需求，我们也可以在产业链市场中探索，因为产品或服务本身就是客户方采购或使用的场景中存在的痛点和潜在需求。

通过实践并结合这方面已经有的方法论（比如《企业创新101设计法》《创新八步法》等），锁定该类角色画像后，可采用下面的"四步痛点与需求提炼法"进行调研：

1. 心态——移情，强调自己并不真正懂得客户，需要把自己的心态放空，融入客户群里，并把自己真正想象成客户，才有可能从客户的角度观察到旁人难以觉察的现象。尽量避免经验主义，避免用直觉快速、武断地推测客户的采购、使用场景。

2. 挑选该类产品或服务的专家（企业或个人）。专家可能来自卖家，也可能来自买家。

首先，讨论在卖家即产品或服务提供者中找到专家的条件。该类专家是这个产业领域里优秀或者知名的企业或个人，也是关注该类产品或服务最新相关信息及前沿知识的快速学习者，当然还有可能是该群体中的专家或意见领袖。

从产品或服务的买家即接受者、客户中找到专家，需要注意到，当一种新产品导入市场中时，必然会存在专家客户、粉丝客户、大众客户等不同群体。其中专家客户是资深的采购或使用者，也是关注该类产品最新信息及前沿知识的快速学习者，可能是采购或使用该类产品的经常提意见者，当然还有可能是客户中的意见领袖。

如果是提供者中的企业专家，还需要分析并确定其内部和产品或服务交易相关的岗位身份。提供者可以包括企业经营负责人、设计者、生产者、推广者、销售者、财务结算者、库存管理者等身份维度。如果是客户中的专家，那么存在采购影响者、决策者、购买者、使用者等身份维度。

3. 全流程、全角色梳理痛点现状，提炼痛点。笔者建议，要到场景中去了解产业链中某类角色的痛点和需求。在日常生活中，很多从业时间比较久的企业家，因为做企业时间很长，身居高位，所以会有更多时间在应酬场合与客户交流。他们花在客户现场，涉及客户采购、运输、使用、维修及售后服务的时间越来越少，这对企业经营决策来说，就少了"第一手感知客户的材料"。任正非曾说"让听到炮声的人呼唤炮火"，也是这个道理。

基于提供产品或服务的专家企业或个人的内部场景流程，采购使用产品或服务的企业或个人客户的场景流程，确定其中不同身份的人与产品相关的行为及特征，分别对他们做深度访谈，并记录下相应的场景现状，最后整理出他们的痛点，并进行提炼，这方面可参考两种具体的调研框架方法论：

第一，由美国宾夕法尼亚大学工程学院院长维嘉·库马（Vijay Kumar）和美国伊利诺伊理工大学设计学院的帕特里克·惠特尼教授（Patrick Whitney）于2003年提出的POEMS框架。该框架的内容是人（people）、物（object）、环境（environment）、信息（messages）和服务（services）。应用步骤是：

(1)获取观察素材;(2)应用 POEMS 框架整理观察素材;(3)抽取体验设计要点;(4)集群化观察要点;(5)同身份但不同过程差异对比;(6)抽取行为特征并总结问题。

第二,由人种学家休·拜尔(Hugh Beyer)和凯伦·霍尔兹布拉特(Karen Holtzblatt)总结提出的用于实境调查的 FCPI 框架。该框架主要有四大原则:焦点(focus)、上下文(context)、合作关系(partnership)和解释(interpretation)。在行动过程中,以这四大原则为指导:焦点,指明确调查的主要目标和任务;上下文,指亲临现场,观察用户的实际工作场景和行为;合作关系,指以师徒合作关系亲身参与其中,做各种尝试并提出问题,协助师傅完成任务;解释,即对参与和体验的感触进行提炼和理解。

通过以上这些观察框架,可以观察和总结对象的行为特征,参与并体验相应的流程。相比通过问卷、访谈等方式,这些方法得到的结果更为准确、深刻,但也更依赖观察者的仔细程度和观察力,其总结的产品或服务现状及痛点提炼带有一定的主观性,所以多对几家典型的同类角色进行访谈,能使我们对该类角色的痛点理解更加全面和客观。

4.对通过以上方式梳理出来的痛点进行需求的提炼,以完成对这个角色的最终考察,为后续提供满足该需求的解决方案奠定基础。

顺便提一句,客户方如果是消费者的话,其需求提炼比较简单,离不开购物"多、快、好、省、易、爽"6个字。

企业间无序低价竞争的小故事

笔者在职业生涯早期,曾在一家大型企业任职中层经理。当时在大企业培训计划的安排下,笔者参加了一个新加坡培训机构组织的"非财务经理的财务课程"。

在该课程中,学员被培训老师分成不同的小组,代表不同的企业核心管理

第三部分
灰狼群生态的形成

团队。课程通过沙盘的形式进行，每个团队要将其所在企业当年生产的产品用自主定价的方式参与市场的竞争，并获得收益。每到财年末，根据当期企业的经营活动，核心团队要制作三张财务报表。最终获胜的团队衡量标准是，该团队经营企业的财务营收及利润表现最优。

沙盘模拟演练的企业间竞争第一个财年，培训老师告知，这一年的新产品市场处于供不应求的格局，产业链市场中不同的目标客户方会不定期采用分批招标的形式采购该产品，且需求量比较大；同时，参与竞争的各企业的产能都处于爬坡阶段，总供给严重不足。

在演练过程中，考虑真实市场竞争中企业没有足够的资源参与市场所有客户的采购，因此培训老师会限制每个企业报价参与目标客户方招标的次数。也为了财务核算方便，培训老师限定了每家生产企业对产品投标的最高价格。

当该财年结束，笔者所在团队的企业财务核算就出现了巨额亏损。很多人想不到亏损的原因是笔者所在企业在参与目标客户方招标的过程中，屡次碰到其他竞争企业将其产品的报价压得很低。这种情况导致笔者所在企业在多次投标中都无法中标，最终收入极少，无法覆盖企业当年的运营成本。

基于正常的商业逻辑，在供不应求的市场里，所有企业都应该将产品价格设为最高，那么大家都可以获得高额利润，从而快速收回前期的研发和投入成本。

笔者团队中有成员因此不能理解其他竞争企业的恶意低价行为，站起来质疑其他团队这种非理性竞争行为和他们的管理素养，并向培训老师投诉。

老师给出了答案：一个市场化的竞争市场中，信息存在不对称，这就是不完全竞争市场的特征。信息不对称，一方面意味着即使总体市场供不应求，但在局部仍然存在着其他供求形态，比如在招标过程中，出现供应大于需求的情况；另一方面，每家企业由于其自身经营需要和发展战略不一样，这种信息的私密性也导致企业间的信息不对称，比如企业家能力差异、现金流短缺、投资回报周期长短、市场占有率的不同要求、库存的积压等。这些都会影响每家企

灰狼群效应
产业数字化的临界点革命

业在市场中的独立判断。低价销售即使是在供不应求的市场中，也是常见的市场合理行为。

对于一个产业链市场而言，商品价格的波动"没有最低，只有更低"是一种常态。因此，如果头狼企业没有长期垄断资源，试图通过短暂的产品低价来建立稳定的灰狼群生态，那么操作难度是很大的。

后 记

笔者庆幸在这个时代能够看到中国的发展和富强，看到产业数字化时代的到来。

灰狼群在临界点的出现，会更加深入地影响和变革中国传统的产业经济，促进每条产业链的数字化重生，也将给每个产业链市场中的实体企业的经营带来越来越大的冲击。

这是一件"大而美"的事情，也是一件"难而正确"的事情。希望这本书能够帮助更多的实体企业家更坚定地拥抱产业互联网，拥抱产业森林更美好的明天。

拙作历时两年多完成，在此过程中数次易稿。书中的很多思考，离不开笔者之前在盛景集团的工作经历和同事们给予的很多灵感。感谢科学技术部火炬高技术产业开发中心前副主任杨跃承、《第三次零售革命》作者颜艳春老师等，也感谢盛景集团董事长彭志强为之创造了良好的环境。

感谢笔者接触和遇到的在产业互联网领域耕耘的优秀人士，笔者在他们身上汲取了营养。感谢国家工业信息安全发展研究中心系统所副所长张健、英国剑桥大学战略学博士侯宏等专业研究人士，我们一起交流探讨了对产业互联网的很多观点和看法。还要感谢B2B独角兽训练营的全体企业家学员，特别是训练营中的李善领、高茂翔、罗健辉、潘雷、沈天诗、金亦冶、焦学宁、李梦凡、周培杰、王稼乐、张雷、广宇昊等朋友。在他们的企业的成长过程中，企业家和笔者互相碰撞思考的火花，并不断进行实践，这些是本书的思想基础。

当然，还有在之前投资过程中笔者接触到的数百位优秀的新型互联网企业的企业家和创始人，其中包括潘定国、黄贵生、汪建国、王红兵、蒋昀、李碧浩等，和他们的深入交流让笔者对产业互联网有了更深刻的认知，也促使笔者进一步思考、总结、完善了关于产业互联网的一些研究体系和方法论。

另外，也感谢在写书过程中给予笔者重要建议的谷仓学院（小米生态链企业）院长洪华博士，以及给予笔者其他支持和鼓励的朋友们，包括场景实验室创办人吴声老师、博厚资本创始合伙人周剑振老师、齐家网创始人邓华金、方正多策的王哲金、蚁城科技的陈刚等。

还要感谢书中引用的有关文献的作者，感谢给予书稿耐心建议的董寰老师、米昕、肖伟、冯依群、刘华丽等朋友，以及产业互联网媒体B2B内参创始人马羽东先生的长期支持。

一并致谢其他在产业互联网领域和笔者有过深度交流的企业家、学者和投资人士。

最后，感谢家人以及在写书期间去世的父亲赵耀庭，有他们的支持，才有本书。

赵今巍

2021年5月31日

图书在版编目（CIP）数据

灰狼群效应：产业数字化的临界点革命 / 赵今巍著
. -- 北京：中国友谊出版公司，2022.1
 ISBN 978-7-5057-5364-8

Ⅰ.①灰… Ⅱ.①赵… Ⅲ.①产业结构升级－数字化－研究－中国 Ⅳ.①F269.24

中国版本图书馆CIP数据核字（2021）第230530号

书名	灰狼群效应：产业数字化的临界点革命
作者	赵今巍
出版	中国友谊出版公司
策划	杭州蓝狮子文化创意股份有限公司
发行	杭州飞阅图书有限公司
经销	新华书店
制版	杭州真凯文化艺术有限公司
印刷	浙江新华数码印务有限公司
规格	710×1000毫米　16开 21.75印张　340千字
版次	2022年1月第1版
印次	2022年1月第1次印刷
书号	ISBN 978-7-5057-5364-8
定价	68.00元
地址	北京市朝阳区西坝河南里17号楼
邮编	100028
电话	（010）64678009